SÄCHSISCHE
PERSÖNLICHKEITEN

KLAUS GERTOBERENS

SÄCHSISCHE
PERSÖNLICHKEITEN

die Geschichte schrieben

1763 bis 1815

Kein anderer Dialekt in deutschen Landen wird mit einer solchen Geringschätzung bedacht wie das Sächsische. Schaut man sich etwa britische oder amerikanische Schmonzetten oder Weltkriegs-Streifen an, ist es beinahe selbstverständlich, dass die Doofen und die Nazi-Schergen in der Synchronisation sächseln.

Wer weiß da schon, dass früher Sächsisch als das feinste Deutsch galt. Bis in die Mitte des 18. Jahrhunderts war es die gängige Geschäfts- und Verkehrssprache. Luther übersetzte die Bibel ins meißnische Deutsch, das als die Wiege des Sächsischen gilt. Goethe und Schiller kamen, um hier schönes Hochdeutsch zu lernen. Geschätzt wegen des melodischen Klanges, wurde die „zierliche Aussprache" der Sachsen gelobt, und Johann Christoph Gottsched sah 1748 im Meißnischen gar die deutsche Idealsprache: „Ganz Deutschland ist schon längst stillschweigend darüber eins geworden, ganz Ober- und Niederdeutschland hat bereits den Ausspruch gethan: daß das mittelländische oder obersächsische Deutsch die beste hochdeutsche Mundart sei."

Dispute über sprachliche Besonderheiten haben freilich von jeher Künstler und Unternehmer nicht davon abgehalten, dorthin zu gehen, wo sie am meisten Erfolg erwarten durften. Und dies war über Jahrhunderte hinweg Sachsen. In der Mitte Europas gelegen, war die Region Dreh- und Angelpunkt vieler kultureller, wissenschaftlicher und wirtschaftlicher Entwicklungen. Hier wurde der Wohlstand, der auf den Silberfunden im Erzgebirge beruhte, klug genutzt. Kultur und Architektur blühten. Künstler, Unternehmer und Baumeister wurden magisch angezogen.

So hat Sachsen wie kaum eine andere Region zur industriellen und auch kulturellen Entwicklung Deutschlands beigetragen. In dem Band „Sächsische Erfindungen" haben wir gezeigt, dass viele Alltagsgegenstände, jedoch auch eine ganze Reihe industrieller Erfindungen aus Sachsen stammen.

In diesem Buch wollen wir nun Personen vorstellen, die in und für Sachsen bleibende Spuren hinterlassen haben. Sie alle erlebten prägende Jahre hierzulande oder ließen sich hier nieder, um dann mit ihrem Schaffen von Sachsen aus der Nachwelt in Erinnerung zu bleiben. Dies heißt aber auch, dass bedeutsame Menschen, die in Sachsen geboren wurden, aber schon in jungen Jahren ihre Heimat verlassen haben, in der Regel nicht bedacht wurden. Im Hauptteil wurden nur bereits verstorbene Personen erfasst. Auch lässt sich nicht vermeiden, dass die Auswahl subjektiv ist, subjektiv sein muss. Um die Beschränkung zu mildern, finden sich im Anhang kurze Porträts von Menschen, die gleichfalls dazu beigetragen haben, Sachsen berühmt zu machen. All ihnen ist gemein, was Theodor Fontane (ein Preuße) 1895 über sie schrieb: „Daß die Sachsen sind, was sie sind, verdanken sie nicht ihrer ‚Gemütlichkeit', sondern ihrer Energie. Dies Energische hat einen Beisatz von krankhafter Nervosität, ist aber trotzdem als Lebens- und Kraftäußerung größer als bei irgend einem andern deutschen Stamm. Sie sind die Überlegenen, und ihre Kulturüberlegenheit wurzelt in ihrer Bildungsüberlegenheit, die nicht vom neuesten Datum, sondern fast vierhundert Jahre alt ist."

Das Buch ist nach Epochen gegliedert. So bekommt man einen besseren Einblick, wer wann was geleistet hat. Jeder Zeitabschnitt wird mit einem kurzen geschichtlichen Abriss eingeleitet. Da Sachsen mehrfach in großem Umfang an Territorium und Bevölkerung gewann und verlor, waren die jeweiligen historischen Landesgrenzen ausschlaggebend für die Auswahl der Persönlichkeiten.

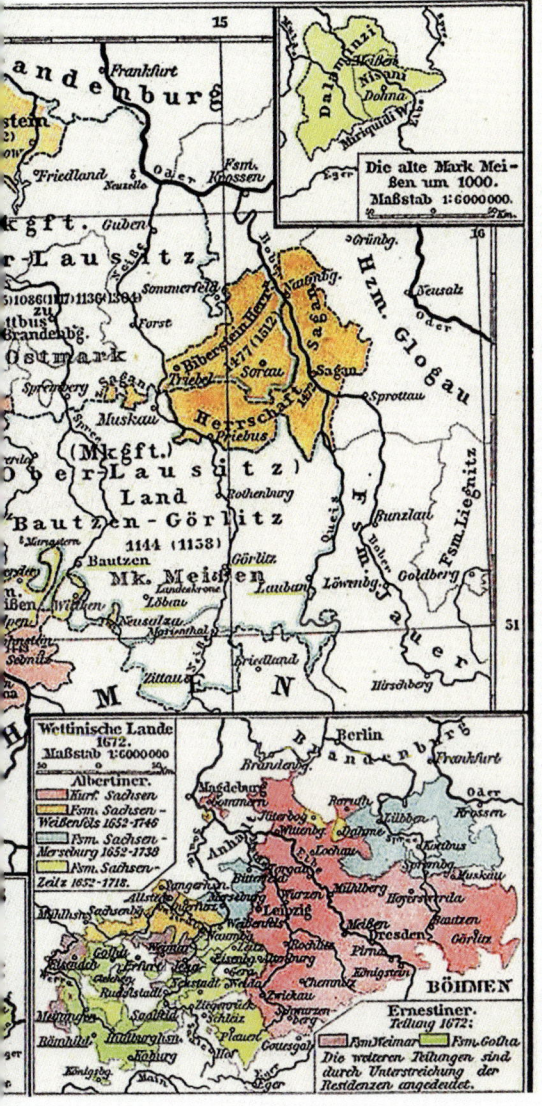

Das Kurfürstentum Sachsen nach der Leipziger Teilung 1485. Die Ernestinischen Länder sind in gelb, die Albertinischen Länder in rot gehalten.

An der Spitze des wettinischen Herrscherhauses standen seit 1464 die Brüder Kurfürst Ernst und Herzog Albrecht. 1485 vereinbarten sie in Leipzig die Teilung ihres Besitzes. Ernst hatte mit seiner Residenz Weimar den Schwerpunkt im Westen, Albrecht residierte in Dresden und besaß den Schwerpunkt im Osten. Die albertinischen Territorien wurden weitgehend zum heutigen Sachsen, die ernestinischen gingen weit verzweigt zumeist im heutigen Thüringen auf. Die Teilung sollte ursprünglich nicht von Dauer sein, sie schwächte im erheblichen Maße die zuvor sehr mächtige Stellung des Kurfürstentums Sachsen. Das einvernehmliche Verhältnis zwischen Albert und Ernst, das anfangs für eine enge Verbindung beider Landesteile sorgte, schlug nach einigen Jahrzehnten in offene Konfrontation beider Herrscherhäuser um.

929 lässt König Heinrich I. nach der Unterwerfung des sorbischen Stammes der Daleminzer inmitten slawischen Gebietes auf einem Bergplateau an der Elbe (dem heutigen Meißen) eine Burg bauen, um die beginnende deutsche Besiedlung zu sichern. Die so entstandene Mark Meißen wird zur Wiege Sachsens. Im ausgehenden 11. Jahrhundert gelangt hier das Geschlecht der Wettiner an die Macht, das 800 Jahre lang, bis zur Abdankung des letzten sächsischen Königs im Jahr 1918, die mark-meißnischen bzw. später sächsischen Landesherren stellt.

Ein großer Silbererzfund in Freiberg löst 1268 das „Erste Berggeschrey" aus, vergleichbar dem Goldrausch im Amerika des 19. Jahrhunderts. Zahlreiche Einwanderer werden angezogen, viele neue Ortschaften entstehen.

1485 fassten die Brüder Ernst und Albrecht, Herzöge von Sachsen und Erben der wettinischen Länder, den Beschluss, ihren Besitz zu teilen. Durch diese sogenannte „Leipziger Teilung" zerfällt die wettinische Herrschaft in eine ernestinische und eine albertinische Linie. Als sächsischer Kern kristallisiert sich in der Folgezeit die albertinische Linie heraus, die zunächst über das nördliche Thüringen und die Mark Meißen herrscht und wiederum Dresden als Residenz wählt. Diese Teilung, die eigentlich nicht als Dauerzustand geplant war, gilt als folgenschwerste Fehlentscheidung der sächsischen Geschichte. Langfristig ermöglichte die Schwächung des sächsischen Fürstentums den Aufstieg Brandenburg-Preußens zur Hegemonialmacht.

Unter Kurfürst Moritz beginnt um 1540 der Umbau der kurfürstlichen Residenz Dresden zu einer Renaissance-Stadt. Dresden, das nun Hauptstadt des führenden protestantischen Landes und Mittelpunkt des evangelischen Lebens in Deutschland ist, erlebt einen politischen, kulturellen und wirtschaftlichen Aufstieg.

Das zu Beginn des Dreißigjährigen Krieges 1618 auf kaiserlicher Seite stehende Kursachsen wechselt 1631 auf die Seite der Schweden. Weil dem sächsischen Kurfürsten eine Führungsrolle in der protestantischen Kriegspartei verwehrt wird, wechselt er 1634 wieder ins kaiserliche Lager zurück. Ab 1636 fallen schwedische Landsknechthaufen marodierend in Sachsen ein. Sie verwüsten das Land. Zum Ende des Krieges hat Sachsen 1648 etwa die Hälfte seiner Bevölkerung verloren.

Lucas Cranach der Ältere

Maler

Der 1472 in Kronach geborene Lucas Cranach gilt als einer der bedeutendsten Maler der deutschen Renaissance. Kein anderer Maler dieser Epoche hat sich nördlich der Alpen so intensiv mit mythologischen Darstellungen beschäftigt wie er. Die traditionellen religiösen Bildthemen formte er neu. So stellte er beispielsweise Adam und Eva als Venus und Amor dar – und malte dabei als erster Künstler außerhalb Italiens einen Frauenakt. Eine flächig-dekorative Malweise wurde charakteristisches Merkmal des „Cranach-Stiles".

Mithilfe eines hervorragend organisierten Werkstattbetriebs gelang es ihm, über ein halbes Jahrhundert hinweg eine außergewöhnliche Produktivität zu entfalten. Der hoch effizienten Arbeitsweise der Werkstatt ist ein Gesamtwerk zu verdanken, das heute noch etwa tausend erhaltene Gemälde umfasst, seine ursprüngliche Größe wird auf das Fünffache geschätzt.

Cranach stammte aus dem oberfränkischen Städtchen Kronach, dessen Namen er in leichter Abwandlung für sich selbst übernahm. Über seine jungen Jahre ist

Lucas Cranach. Selbstbildnis, 1550.

kaum etwas bekannt. Belegt ist, dass er kurz nach 1500 als Dreißigjähriger in Wien mit Grafiken, Porträts und Landschaftsbildern in Erscheinung trat, die großen Einfluss auf die Kunst seiner Zeit hatten. Etwa zur selben Zeit machte sich der wettinisch-ernestinische Kurfürst Friedrich der Weise daran, Wittenberg zur repräsentativen kurfürstlichen Residenzstadt auszubauen. 1509 wurde mit dem Bau eines neuen Schlosses begonnen. Sein Vorhaben ließ der Kurfürst von berühmten Baumeistern, Malern und Holzschnitzern künstlerisch umsetzen, unter ihnen Albrecht Dürer und Tilman Riemenschneider. Cranach war bereits 1505 dem

Ruf des Kurfürsten nach Wittenberg gefolgt und wurde dessen Hofmaler. Kaum drei Jahre später erhob der Kurfürst ihn in den Adelsstand.

Als besondere Gunstbezeigung wurde Cranach ein Wappenbrief verliehen, der eine bekrönte, geflügelte Schlange mit Rubinring im Maul zeigt. Dieses Wappentier verwendete Cranach nach 1508 zunächst noch in Kombination mit seinem Monogramm „LC" zum Signieren von Bildern. Daraus entwickelte sich dann die „Cranach-Schlange", die zum Markenzeichen der gesamten Cranach-Werkstatt wurde. Bekanntestes Werk Cranachs in den ersten Wittenberger Jahren war das 1509 erschienene sogenannte Wittenberger Heiltumsbuch: ein Verzeichnis der von Friedrich dem Weisen auf seiner Pilgerfahrt nach Jerusalem gesammelten und danach in der neu erbauten Schlosskirche ausgestellten Reliquien. Diese wurden von Cranach auf 119 Holzschnitten dargestellt.

In den darauffolgenden Jahren entwickelte sich seine Werkstatt zum bedeutendsten Zentrum der damaligen sächsischen Malerei. Neben Malschülern und Altgesellen, die oft schon selbst hervorragende Künstler waren, beschäftigte Cranach Vergolder, Tischler, Glaser, Goldschmiede, Seidensticker und andere Fachleute. Der Hofmaler war ein gewitzter Unternehmer. Er bestimmte mit seiner straff organisierten Werkstatt die gesamte künstlerische Produktion des Landes Kursachsen. Cranach malte nicht nur, er stattete Schlösser aus und entwarf Kostüme, bemalte Möbel und Stoffe, gestaltete Wappen und Medaillen und kümmerte sich sogar um den Anstrich von Häusern.

Sehr rasch gelangte Cranach zu großem Wohlstand und Ansehen. Zu seinem Imperium gehörten neben Haus und Werkstatt ein Farbenhandel, eine Druckerei und eine Apotheke. Diese glich der Zeit entsprechend eher einem Gemischtwarenladen, in dem man neben Arzneien und Kräutern auch etwa Gewürze, Konfekt, Zucker, Siegelwachs, Rattengift kaufen konnte. Wirtschaftlich am lukrativsten war jedoch der angeschlossene Weinhandel, mit dem Cranach praktisch konkurrenzlos Lieferant für gesellschaftliche Ereignisse wurde. Diese „Nebengeschäfte" machten Cranach zu einem der reichsten und einflussreichsten Bürger Wittenbergs. 1519 wurde er Mitglied des Stadtrats, dem er mit kurzen Unterbrechungen bis 1545, sieben Jahre auch als Bürgermeister der Stadt, vorstand.

Mit Martin Luther (S. 15) verband ihn eine tiefe Freundschaft. Wo immer er konnte, half der wohlhabende Cranach dem Begründer der Reformation. Bei Luthers Eheschließung mit Katharina von Bora (S. 23) waren Cranach und seine Frau Trauzeugen, und Cranach war Taufpate von Luthers ältestem Sohn Johannes. Mehrfach hat Cranach Luther gemalt. Diese Porträts bestimmen bis heute unser Bild des Reformators. In der Werkstatt produzierte Cranach das Bild

Luthers im Doktorhut auch in Serie – als „Werbemaßnahme" für die Reformation. Es verbreitete sich in alle deutschen Provinzen des 16. Jahrhunderts. Als im September 1522 Luthers deutsche Übersetzung des Neuen Testaments erschien, schmückten 21 ganzseitige Holzschnitte von Cranach dieses größte Projekt, das aus seiner Werkstatt kam.

Er war verheiratet mit einer Tochter des Gothaer Bürgermeisters. Aus der Ehe sind fünf Kinder hervorgegangen. Die beiden Söhne erhielten eine Ausbildung in der väterlichen Werkstatt.

Kurfürst Johann Friedrich der Großmütige, sein dritter kurfürstlicher Dienstherr, wurde 1547 im Schmalkaldischen Krieg Gefangener des Kaisers und nach Augsburg gebracht. Von dort forderte er Cranach auf, ihm in die Gefangenschaft zu folgen. Zunächst entschuldigte sich dieser mit Krankheit, 1550 verfasste er jedoch sein Testament, übertrug seinem Sohn Lucas, genannt „der Jüngere", die Werkstatt und reiste nach Augsburg. Ob dies aus Pflichtgefühl oder finanziellen Erwägungen geschah, ist unklar. Als Johann Friedrich 1552 aus der Haft entlassen wurde, begleitete ihn Cranach nach Weimar, in die neue Residenz des ernestinischen Herrschaftsgebiets. Hier starb Lucas Cranach am 16. Oktober 1553 im Alter von 81 Jahren.

Martin Luther
Reformator

Als radikaler Reformator der Kirche ist der am 10. November 1483 in Eisleben geborene Theologe in die Geschichte eingegangen. Martin Luther prangerte Fehlentwicklungen in der katholischen Kirche an. So kritisierte er den Papst und bestritt dessen Unfehlbarkeit. Vor allem wehrte er sich gegen die Ablasspraxis. Mit seiner Bibelübersetzung hatte er bedeutenden Anteil an der Verbreitung der Schriftsprache und ihrer einheitlichen Gestaltung.

Im Mai 1501 begann Luther sein Studium in Erfurt, 1505 promovierte er zum Magister artium und nahm das Studium der Rechte auf. Nachdem Luther im Frühsommer 1505 beinahe von einem Blitz erschlagen worden wäre, gelobte er, Mönch zu werden. Im Juli 1505 trat er in das Schwarze Kloster der Augustiner Eremiten zu Erfurt ein und legte im Jahr darauf sein endgültiges Mönchsgelübde ab. 1507 wurde Luther zum Priester geweiht. Nun begann er mit dem Studium der Theologie. 1509 erwarb Martin Luther den ersten akademischen Grad eines Baccalaureus biblicus und nahm an der Universität in Wittenberg seine Lehrtätigkeit auf. 1512 promovierte er zum Doktor der Theologie. 1514 wird er

Martin Luther, 1529.

als Prediger an die Wittenberger Stadtkirche berufen.

In dieser Zeit beginnt Luthers reformistisches Denken. Als er eine Vorlesung über den Römerbrief vorbereitet, stößt er auf eine Stelle, wo davon gesprochen wird, die „Gerechtigkeit Gottes" werde eine unerbittliche Abrechnung sein. Er kann nicht verstehen, wieso das Neue Testament den Menschen Angst vor Gott machen soll. Nach tage- und nächtelangem Grübeln kommt er zu der Ansicht, dass es keine Gerechtigkeit ist, die Gott als strenger und verurteilender Richter verlangt. Es sei vielmehr eine Gerechtigkeit, die Gott dem Sünder schenke, ein „fremde" Gerechtigkeit. Damit fällt für ihn das ganze ausgeklügelte System der Kirche mit Schuld und Sühne, mit Strafen, Ablass, Wiedergutmachung und deren Vermittlung durch Priester in sich zusammen.

Dieses Initialerlebnis zur Reformation hatte Luther, wie er selbst berichtete, in der Studierstube seines Wittenberger Klosterturms. Diese Stunde der religiösen Erkenntnis wird deshalb „Turmerlebnis" genannt. Luther hat ein Jahr vor seinem Tod diese Stunde beschrieben: „Da fühlte ich mich neu geboren. Die Tore hatten sich mir aufgetan; ich war in das Paradies eingetreten." Der Forschung ist es bislang nicht gelungen, sich auf eine einheitliche Datierung zu verständigen. Es wird aber wohl 1515 gewesen sein. Mit der Änderung seines Nachnamens von Luder zu Luther nach dem griechischen Wort „eleutheros" („Befreiter") signalisierte der Reformator seit 1517 auch äußerlich seine innere Abkehr.

Zur Zeit Martin Luthers gab es eine umfassende Volksfrömmigkeit, die sich aber hauptsächlich auf Reliquien, Wallfahrten und den Ablasshandel stützte. Zudem prägte die Menschen eine große Furcht vor dem Tod, vor Fegefeuer und Höllenqualen. Dies nutzte der Ablassprediger Johannes Tetzel (S. 196) aus Pirna, der im Auftrag des Erzbischofs von Mainz 1517 durch die ostdeutschen Lande zog und Ablässe – also Schriftstücke mit der Zusicherung der Vergebung von Sünden – gegen Geld verkaufte. „Der Taler in dem Säcklein klingt, die Seele aus dem Feuer springt", so oder ähnlich lautete einer der frühesten Werbeslogans. Tetzel führte feste „Tarife" für die Vergebung bestimmter Vergehen ein. So konnten ein Mord mit vier und ein Kirchenraub mit neun Dukaten gesühnt werden. Luther beklagte daher, dass die Menschen glaubten, keine Sünde sei so groß, dass sie nicht durch Ablassbriefe erlassen werden könne. Der Ablasshändler behauptete, mit dem Geld solle der Bau des Petersdoms in Rom finanziert werden. In Wirklichkeit diente es zur Hälfte der Begleichung erzbischöflicher Schulden: Erzbischof Albrecht II., der sich 1513 seine Kirchenämter mit Bestechungsgeldern erkauft hatte, musste das Geld nun an das Bankhaus Fugger zurückzahlen.

1517 protestierte Luther in Briefen an den Erzbischof von Mainz und den Bischof von Magdeburg gegen Tetzels Ablasspredigten. Den Briefen legte er 95 Thesen bei, die das Ablassunwesen kritisierten, eine Reihe von Dogmen der römischen Kirche infrage stellten und zur akademischen Diskussion anregen sollten. Außerdem soll Luther die Thesen an die Pforte der Wittenberger Schlosskirche geschlagen und sie gleichzeitig an mehrere Freunde und Gelehrte versandt haben.

Die Thesen fanden schnell weite Verbreitung. 1518 erhob Erzbischof Albrecht in Rom Anklage gegen Luther wegen Ketzerei. Vom 12. bis 18. Oktober 1518 wurde

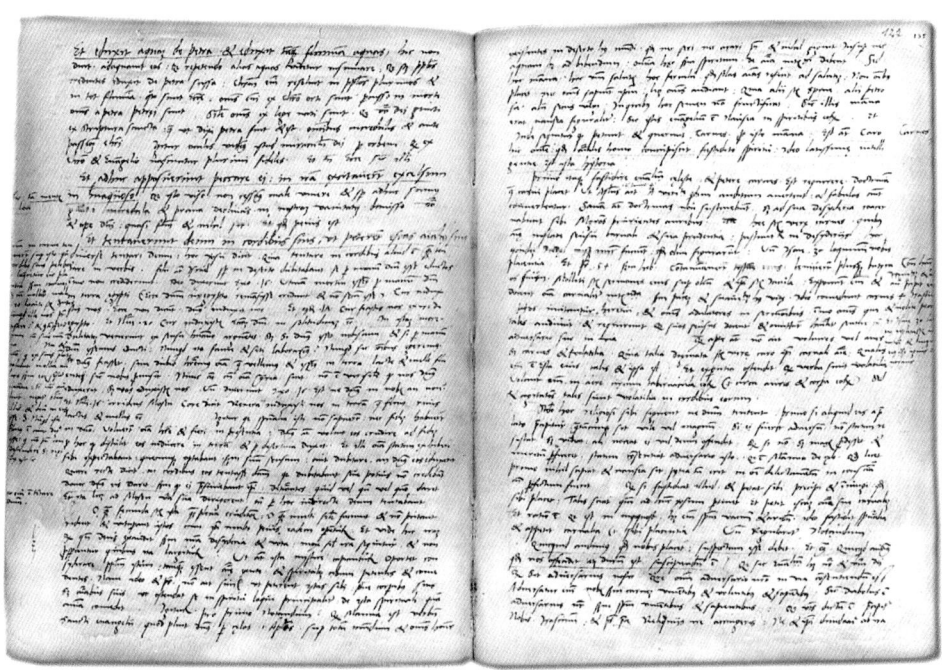

Luthers eigenhändige Niederschrift seiner ersten Vorlesung als Professor der Theologie in Wittenberg.

Luther deshalb in Augsburg von dem päpstlichen Gesandten Kardinal Thomas Cajetan verhört. Einen Widerruf verweigerte Luther jedoch unter Berufung auf das Evangelium; den Vermittlungsversuch des päpstlichen Kammerherrn von Miltitz lehnte er ab. Luthers Meinung nach setzte sich das Papsttum über den klaren Wortlaut der Schrift hinweg. Die „Leipziger Disputation" im Juni und Juli 1519 mit den Theologen Johannes Eck und Andreas Karlstadt verschärfte die Lage noch, da Luther die Unfehlbarkeit des Papstes infrage stellte. Auch auf dem Reichstag in Worms verweigert Luther den Widerruf mit dem berühmten Ausspruch: „Hier stehe ich, ich kann nicht anders, Gott helfe mir." Daraufhin wird er zum Ketzer erklärt, exkommuniziert und für vogelfrei erklärt. Kaiser Karl V. sichert ihm aber freies Geleit zu. Für 21 Tage ist er nun noch geschützt, danach gilt der Reichsbann. Keiner darf ihm helfen, und jeder ist berechtigt, ihn zu töten. Auf dem Weg zurück nach Wittenberg wird er zum Schein im Auftrag Friedrichs des Weisen von Sachsen überfallen, entführt und auf die Wartburg gebracht. Hier lebt er unerkannt unter dem Decknamen „Junker Jörg" und übersetzt in nur drei Monaten das Neue Testament in die „Sprache des Volkes". Im Frühjahr 1522 wird das Werk in Druck gegeben und erscheint im September ohne Nennung des Übersetzers. Die Erstauflage beträgt 3.000 Stück und ist binnen kürzester Zeit vergriffen, worauf erneut 3.000 Exemplare gedruckt werden. Ohne Gutenbergs bahnbrechende Erfindung wäre die Reformation nicht denkbar gewesen: Durch die massenhafte Verteilung von Flugblättern, Broschüren und Büchern wurde zum ersten Mal eine „öffentliche Meinung" erzeugt.

So brachen im Sommer 1524 Bauernaufstände aus, die sich auf Luthers Lehren beriefen. In den „Zwölf Artikeln der Bauernschaft in Schwaben" forderten die Bauern unter anderem die Abschaffung der Frondienste und der Leibeigenschaft sowie die Aufhebung der Standesunterschiede. Sie wurden teilweise von Bürgern, aber auch von einigen Rittern – wie dem fränkischen Reichsritter Götz von Berlichingen – unterstützt. In Thüringen und Sachsen führte der radikale Theologe Thomas Müntzer (S. 190) die Aufständischen an. Die Erhebungen wurden von den Landesfürsten brutal niedergeschlagen, die Anführer hingerichtet. Luther hatte versucht, auf die Aufständischen mäßigend einzuwirken. Als dies ohne Wirkung blieb, rief er die Fürsten zur Niederschlagung der »räuberischen und mörderischen Rotten der Bauern« auf. Damit verlor die Reformation ihren Charakter als Volksbewegung und wurde zur Angelegenheit der Landesfürsten, die aus der Niederwerfung der Bauern gestärkt hervorgingen.

1525 nahm das Privatleben von Luther eine entscheidende Wendung. Er heiratete mit knapp 43 Jahren Katharina von Bora (S. 23), die Ostern 1523 mit elf anderen Nonnen aus dem Kloster Marienthron geflohen war. Das eheliche Zusammenleben brachte auch das „Pfarrhaus" hervor, das es bis dahin noch nicht gegeben hatte. Luther trat nunmehr nur noch als Seelsorger und Publizist auf. Er hielt bis 1545 in Wittenberg Vorlesungen.

Martin Luther starb am 18. Februar 1546 in seiner Geburtsstadt Eisleben und wurde auf Anordnung des Kurfürsten in der Schlosskirche zu Wittenberg bestattet.

Adam Ries
Mathematiker

Der 1492 im oberfränkischen Staffelstein geborene Adam Ries war der bedeutendste Rechenmeister des 16. Jahrhunderts. Mit seinen Arbeiten zur Algebra und seinen Rechenbüchern wurde er zum Vorreiter und Wegbereiter des heutigen Rechnens. Seine Werke verfasste er in deutscher Sprache. So trug Adam Ries nicht nur dazu bei, dass mehr Menschen das Rechnen erlernten, sondern er leistete ebenso

Adam Ries, 1550.

wie Martin Luther einen wichtigen Beitrag zur Entstehung einer einheitlichen deutschen Schriftsprache. Sein Bestreben war typisch für die Zeit der Renaissance und des Humanismus, eine Zeit, in der es auch darum ging, jeden Menschen an Bildung und Wissen teilhaben zu lassen. Johannes Gutenberg hatte mit der Erfindung des Buchdrucks 1450 auch dafür den Grundstein gelegt.

Ries' erstes Rechenbuch „Rechnung auff der linihen" ist 1518 vor allem für Kinder bestimmt. Verfasst ist es nicht – wie damals für Gelehrte üblich – in Latein, sondern in Deutsch. Ries erläutert in dem Werk, wie man mit Zahlen – damals werden noch die römischen Zahlzeichen genutzt – rechnen kann. Der Titel bezieht sich auf das Hantieren mit Rechenpfennigen, die ähnlich wie die Kugeln

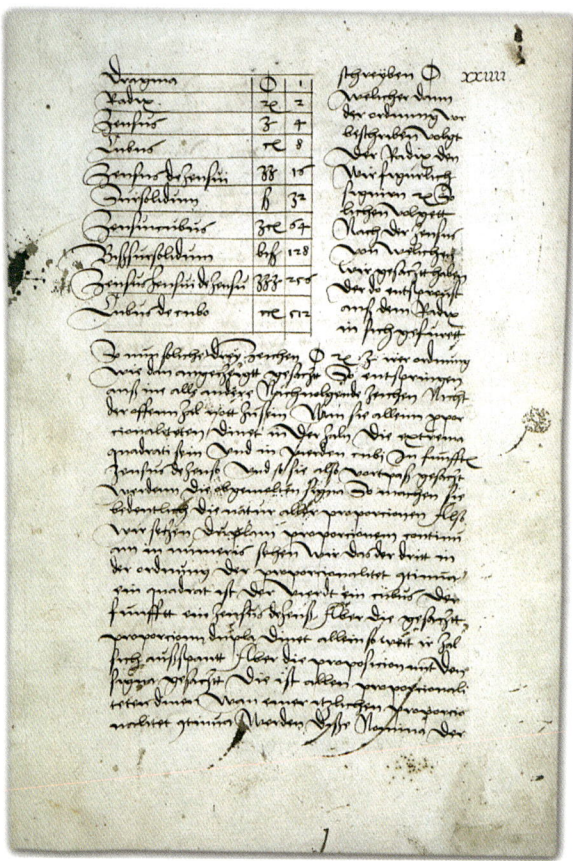

liber primus. Blatt 24r mit schema für die potenzen der algebraischen Unbekannten bis zum Grad neun, um 1550.

eines Abakus auf einem linierten Brett hin- und hergeschoben werden. Der unterste Strich steht dabei für die Einer, der nächsthöhere für die Zehner. Dann kommen die Hunderter und Tausender. Pfennige dazwischen symbolisieren Fünfer, Fünfziger und Fünfhunderter. Pfennige zu verschieben ist eine zweckmäßige Rechenmethode. Einerseits ist Papier ein teures Luxusgut. Andererseits benutzen die meisten Bürger – soweit sie nicht sowieso Analphabeten sind – römische Ziffern, die sich nicht eignen zum schriftlichen Addieren, Subtrahieren, Multiplizieren und Dividieren. Denn bereits eine einfache Aufgabe wie XLVII mal XXXIII (47 mal 33) ist in dieser Schreibweise nicht zu bewältigen. Das Ergebnis, MDLI (1551), lässt sich zudem nicht aus den in den Faktoren enthaltenen Zeichen L, X, V und I ableiten. Das Rechenbuch wird ein Bestseller. Zu Ries' Lebzeiten gibt es 42 Auflagen, nach seinem Tod wird es vielfach nachgedruckt.

Auch das zweite Buch mit dem Titel „Rechenung auff der linihen vund federn" wurde zwischen 1522 und 1656 in mehreren hundert Auflagen immer wieder herausgebracht. Hier erläuterte Ries das schriftliche Rechnen mit den indisch-arabischen Ziffern. Ein fortschrittliches Zahlensystem war bereits aus Indien über arabische Gelehrte nach Europa gekommen. Allerdings hatte es sich bislang nicht durchsetzen können. Die Kirche stand den neuen Ziffern skeptisch gegenüber, da sie aus dem Islam kamen. Zuweilen wurden sie gar als Teufelswerk bezeichnet. Aber auch die Finanzwelt sträubte sich. Für die römischen

Zahlen hatte sie Methoden erfunden, um Fälschungen in den Abrechnungen zu verhindern. Bei den indisch-arabischen Zahlen brauchte ein Betrüger dagegen nur ein paar Nullen anzuhängen. Überhaupt schieden sich an der Null die Geister. Vielen war sie als Symbol für das Nichts suspekt.

Dieses Buch wandte sich vor allem an die Lehrlinge in Kaufmanns- und Handwerksberufen. Es bot die typischen Aufgaben des Wirtschaftslebens, wie die Zinsrechnung und die Umrechnung von Währungen und Maßen. Dies war auch dringend notwendig. Das Land war zersplittert in unzählige Fürstentümer und Grafschaften. Überall galten andere Maße, Gewichte und Währungen. So maß beispielsweise eine Elle in Frankfurt rund 54 Zentimeter, in Leipzig 56 und in Nürnberg 66. Zudem waren viele verschiedene Münzen in Umlauf: Mark, Gold- und Silbergulden, Taler und Kreuzer.

Um das einfache Volk, das zu jener Zeit in der Regel des Schreibens und Lesens nicht kundig war, vor Betrug zu bewahren, verfasste Adam Ries 1533 die „Annaberger Brotordnung". Es handelte sich dabei um eine Sammlung von Tabellen. Brot hatte damals Festpreise. So gab es Groschenbrot, das doppelt so große Zweigroschenbrot und Pfennigsemmeln. Um den Schwankungen der Getreidepreise zu entsprechen, formten die Bäcker verschieden große Laibe. Sie buken kleinere Brötchen. Um wie viel leichter diese sein durften, regelte die Brotordnung. Nachdem das Tafelwerk in Annaberg die Bevölkerung erfolgreich vor Betrug geschützt hatte, erstellte Ries ähnliche Werke für Joachimsthal, Zwickau, Hof und Leipzig.

Über die Jugendzeit von Ries ist wenig bekannt. Auch von einem Schulbesuch oder Universitätsstudien ist nichts überliefert. 1523 zog Adam Ries in die Bergbaustadt Annaberg im Erzgebirge, wo er sesshaft wurde. Mit 12.000 Einwohnern war Annaberg nach Leipzig die zweitgrößte sächsische Stadt und das Zentrum des Bergbaus. Dort wirkte er als Rezess-Schreiber, führte also Buch über die Gewinne der Bergwerke. 1532 wurde er zum herzoglichen Berg- und Gegenschreiber ernannt. Nun war er für die Verwaltung der Bergwerke verantwortlich. Ein Jahr später wurde er Zehnter des Bergamtes, war also für die Abführung des Zehnten an den Landesherrn verantwortlich. 1539 erhielt er den Ehrentitel „Kurfürstlich Sächsischer Hofarithmeticus".

Im heutigen Sprachgebrauch finden sich die beiden Namensvarianten, „Ries" und „Riese". Letztere ist ein grammatisches Relikt aus der Zeit des Mathematikers als auch Personennamen dekliniert wurden. So wurde im Dativ dem „Ries" ein „e" angefügt; in dem Ausspruch „nach Adam Riese" ist dies bis heute erhalten geblieben.

Am 30. März 1559 starb Adam Ries in Annaberg.

Georgius Agricola
Begründer der Montanwissenschaften

An der Schwelle zur Neuzeit zeigte der am 23. März 1494 in Glauchau geborene Agricola, was „vernetzte Wissensstrukturen" sind. Sein fächerübergreifendes Denken, sein Forschen in Zusammenhängen war hochmodern. Er war ein umfassend humanistisch gebildeter Gelehrter und kosmopolitischer Geist, dessen Blick auf viele Gebiete gerichtet war: Berg- und Hüttenwesen, Medizin, Pharmazie, Pädagogik, Metrologie, Politik, Wirtschaft und Technik. Agricola gilt heute als Begründer der Mineralogie; er schuf wesentliche Grundlagen der Bergbaukunde und Geologie. In seinen Werken verband er gelehrtes Wissen mit realistischer Naturbetrachtung.

Agricola hieß eigentlich Pawer. Bereits als Zwölfjähriger folgte er der damals in gelehrten humanistischen Kreisen vorherrschenden Mode und latinisierte seinen Namen: Aus Pawer wurde Agricola (lateinisch für Bauer).

Seine zwanzigjährigen Forschungsarbeiten schließt Agricola in dem bergbaukundlichen Werk „De re metallica, 12 Bücher vom Berg- und Hüttenwesen" ab. Dieses Handbuch über das Bergbau- und Hüttenwesen enthält nicht nur eine Zusammenfassung der damaligen technischen Kenntnisse, sondern auch neue Erfindungen. Bis ins 18. Jahrhundert bleibt es ein unentbehrliches Standardwerk und wird für zweihundert Jahre das international am weitesten verbreitete Lehrbuch der Montanwissenschaften.

Nach dem Studium der Theologie und Philosophie von 1514 bis 1518 in Leipzig ist Agricola zunächst als Lehrer in Zwickau tätig. Bald wird ihm die Leitung der vom Rat eingerichteten „greckische Schul" (griechische Schule) übertragen, und er verfasst das „Büchlein vom einfachen grammatischen

Georgius Agricola.

Anfangsunterricht" für die lateinische Sprache. In dieser Erstlingsschrift auf dem Gebiet der Pädagogik beschreitet er einen neuen Weg der Vermittlung von Grundkenntnissen und benennt klar Aufgaben und Verantwortung des Lehrers. Als der Rat der Stadt diese Schule mit der alten Lateinschule zusammenlegt, wird Agricola deren Schulmeister. Er verbindet lateinischen, griechischen und hebräischen Sprachunterricht mit Unterweisungen in Ackerbau, Rechnen, Bau- und Messwesen und Arzneikunde. Dieses hohe Bildungsziel führt zu Reibereien mit Eltern und Rat. Agricola legt deshalb 1522 sein Amt nieder und geht erneut nach Leipzig, wo er Medizin studiert. Von 1524 bis 1526 betreibt er in Italien weiterführende medizinische Studien. Praktische Anatomie und Chirurgie sind hier bereits sehr entwickelt, denn während an anderen mitteleuropäischen Universitäten chirurgische Eingriffe an Kranken noch mit Verbot belegt sind, zählen diese wie auch die Sektion von Leichen hier zum Standard.

Nach seiner Rückkehr wurde er Arzt und Apotheker in Sankt Joachimsthal. Auch wurde sein Interesse an überlieferten mineralogischen Heilmitteln aus dem Volkswissen der Bergleute geweckt. 1531 kehrte Agricola nach Sachsen zurück, ließ sich in Chemnitz nieder und übernahm die Stelle des „Stadtleybarztes". Die Amtspflichten ließen ihm genügend Zeit für Wissenschaft und praktische Studien. Die musste er aber zurückstellen, als er 1546 „auf Veranlassung und Befehl des Herzogs" das Bürgermeisteramt übernehmen musste.

Am 21. November 1555 starb er im Alter von 61 Jahren in Chemnitz. Obwohl sich beinahe die ganze Stadt zur Reformation bekannte, hatte Agricola unerschütterlich am katholischen Glauben festgehalten. Deshalb war er so verhasst, dass sogar seine Beerdigung in Chemnitz verweigert wurde. Erst fünf Tage nach seinem Tode konnte sein Leichnam nach Zeitz überführt werden, wo ihm der Bischof eine Grabstätte in der Domkirche einräumte.

Katharina von Bora
Geistliche, Ehefrau Luthers

Ihre Bildung, ihr Selbstbewusstsein und ihre geschäftlichen Erfolge machen Katharina von Bora für die Nachwelt zur Vorzeigefrau der Reformation. Ohne sie hätte Luther nicht im bekannten Maße wirken können, er wäre im Chaos des Alltags versunken.

Die am 29. Januar 1499 auf Gut Lippendorf bei Leipzig geborene Katharina stammte aus einer wenig begüterten sächsischen Landadelsfamilie. Nach dem Tod ihrer Mutter wurde sie bereits mit fünf Jahren in das Brehnaer Benediktinerinnenkloster bei Bitterfeld gebracht. Fünf Jahre später wechselte sie in das Zisterzienserinnenkloster Marienthron in Nimbschen bei Grimma, wo sie 1515 als Nonne eingesegnet wurde und dann in den frühen 1520er-Jahren mit den Schriften Martin Luthers in Kontakt kam. Vielerorts verließen Ordensfrauen die Klöster, kehrten in den Familienkreis zurück oder fingen ein anderes Leben an. Ostern 1523 nutzten in Mariathron gleich zwölf junge Frauen die Gelegenheit zur Flucht. Unter ihnen Katharina von Bora.

Mit dieser Flucht hatten sie einen heiligen Eid gebrochen und galten als „vogelfrei". Eine Nonne auf der Flucht war rechtlos. Jeder, der ihr half, konnte sich strafbar machen. Das konnte im Extremfall bis zur Hinrichtung gehen. Die

Katharina von Bora, 1529.

Strafe für die wieder eingefangenen Nonnen hieß ewige Kerkerhaft bei Wasser und Brot. Deshalb kehrten sie nicht nach Hause zurück. Luther brachte die Frauen bei seinen Freunden in Wittenberg unter und vermittelte ihnen „ehrenwerte Männer". Katharina von Bora fand im Haus des Malers Lucas Cranach (S. 13) Unterschlupf.

1525, im Alter von 42 Jahren, heiratete Martin Luther die sechzehn Jahre jüngere Katharina von Bora. Die Eheschließung zwischen einem ehemaligen Mönch und einer entflohenen Nonne löste einen Skandal aus. Luthers wirtschaftliche Lage war zu dieser Zeit mehr als bescheiden. Doch Katharina verwandelte das verwahrloste „Schwarze Kloster", das der Kurfürst ihnen überlassen hatte, im Laufe von nur 15 Jahren in ein gut florierendes mittelständisches Unternehmen. Luther wurde zu einen der größten Grundbesitzer Wittenbergs.

Sie machte aus dem Mönchsfriedhof im Kloster einen Kräutergarten, verwandelte das Erdgeschoss in einen Schweinestall. Sie drängte Luther dazu, den angrenzenden Garten mitsamt Bach und Fischteich zu kaufen. Da auf dem alten Kloster ein Braurecht lag, begann Katharina Bier zu brauen. Luther liebte es als Nachttrunk so sehr, dass er – als er einmal monatelang in der Coburg weilte – schrieb, sie möge ihm doch ein Fässchen davon zukommen lassen. Er kaufte auf ihre Veranlassung weitere Gärten und Güter, auf denen Katharina Viehzucht und Obstanbau betrieb. 1544 auch einen Weinberg, schließlich einen Hopfengarten. Manchmal wurde sie ihrem Mann fast unheimlich: ‚Sie fuhrwerkt, bestellt das Feld, kauft Vieh, weidet, backt und braut‘, schreibt er. Luther nennt sie scherzhaft „Herr Käthe". In vielen Texten hob Luther später hervor, dass sein Werk und das der Reformation nicht so gut gediehen wäre ohne die tüchtige, sorgende und Anteil nehmende Käthe.

Die Luthers bekamen sechs eigene Kinder: Elisabeth und Magdalene – beide früh verstorben – Johannes, Martin, Paul und Margarethe. Dazu kamen elf, die sie aus der verarmten oder verwitweten Verwandtschaft aufnahmen, außerdem Knechte und Mägde, Gäste und Studenten – denn von einem Professor wurde damals erwartet, dass er eine eigene Burse, ein Wohnheim, hatte. Bald war jedes Zimmer im Kloster bewohnt, viele Menschen mussten versorgt und beköstigt werden. 40 Personen saßen täglich am Tisch in Luthers Haus.

21 Jahre lang lebten Katharina und Luther zusammen. Sein Tod am 18. Februar 1546 hat für „die Lutherin" dramatische Folgen. Er hatte sie als Alleinerbin eingesetzt – und damit gegen Gesetz und Tradition verstoßen. Erst nach einem Machtwort des Kurfürsten Johann Friedrich durfte sie das Erbe – unter der Kontrolle von Treuhändern – antreten und konnte die Kinder bei sich behalten.

Ein halbes Jahr nach Luthers Tod musste Katharina mit ihren Kindern nach Magdeburg fliehen, weil die katholischen kaiserlichen Truppen Wittenberg belagerten. Bei ihrer Rückkehr ins „Schwarze Kloster" sah sie ihre Lebensgrundlage zerstört. Ställe, Felder und Gärten waren leer und verwüstet, die Universität weitgehend aufgelöst, die Studentenpension damit keine Lebensgrundlage mehr. Sie musste sich die nächsten Jahre mit Spenden und fremder Hilfe durchschlagen.

Als im Sommer 1552 in Wittenberg erneut die Pest ausbricht, beschließt sie, nach Torgau zu fliehen. Auf der Fahrt dorthin verunglückt die 53-Jährige mit dem Pferdefuhrwerk, stürzt in einen Wassergraben und erleidet mehrere Hüft- und Knochenbrüche. Von diesen Verletzungen erholt sie sich nicht mehr.

Am 20. Dezember 1552 stirbt sie in Torgau. Ihre Beisetzung in der Marienkirche fand unter großer Anteilnahme statt.

Barbara Uthmann
Unternehmerin

Dass durchaus auch Frauen im frühneuzeitlichen Wirtschaftsleben herausragende Positionen einnehmen konnten, zeigt die um 1514 in Elterlein bei Annaberg geborene Barbara Uthmann. Sie ist eine der umstrittensten, aber auch eine der glamourösesten Frauenfiguren im 16. Jahrhundert. Sie wurde als „Wohltäterin" und „gute Fee des Erzgebirges" verklärt, aber auch – wie zu DDR-Zeiten – als kapitalistische Ausbeuterin verfemt.

Gänzlich ungewöhnlich für ihre Zeit, hatte Barbara die gleiche Ausbildung wie ihre Brüder erhalten, da sie schon frühzeitig durch Wissbegierde auffiel. So soll sie als Kind begeistert die Rechenschule von Adam Ries (S. 19) besucht haben. Der weltberühmte Rechenmeister, der zu jener Zeit in Annaberg lebte, trug damit wohl auch zum späteren Geschäftserfolg der Frau aus dem Erzgebirge bei.

Mit fünfzehn Jahren heiratete sie Christoph Uthmann, der eine Kupfergrube, mehrere Hütten sowie ein Pochwerk besaß. 1550 kaufte er zudem ein Saigerwerk, in dem in einem komplizierten Verfahren Silber und Kupfer getrennt werden. Auch verschaffte er sich ein Privileg, nach dem ihm von allen Kupferzechen die Erze zu einem vom Landesherrn festgelegten Preis abgetreten werden mussten. Als Christoph Uthmann 1553 starb, konnte Barbara erreichen, dass für sie kein Vormund eingesetzt wurde, obgleich das für Witwen im 16. Jahrhundert der überaus normale Werdegang gewesen wäre. Gemeinsam mit drei älteren ihrer zwölf Kinder betrieb sie die sehr gewinnbringende Saigerhütte weiter und investierte große Summen. Sie war so erfolgreich, dass sie noch andere Gruben dazukaufen konnte.

Das ihrem verstorbenen Mann zugesicherte Kupfermonopol wurde von Kurfürst August I. mehrfach verlängert. Die Hütte florierte – und rief den Unmut der Konkurrenten hervor, die ihr Schwarzkupfer zu festgelegten Preisen dorthin verkaufen mussten. Sie beschwerten sich beim Kurfürsten. Diesem kam das gelegen: August lehnte nach zwölf Jahren die erneute Verlängerung des Privilegs mit der Begründung ab, selbst saigern zu wollen. Damit nahm er der Hütte die Rohstoffgrundlage. Per Erlass wurde Barbara Uthmann zum Verkauf gezwungen – zu einem Preis, der weit unter dem Schätzwert des Anwesens lag.

Doch sie hatte vorgesorgt. Etwa zur gleichen Zeit, da sie die Kupferhütte geerbt hatte, hielten auch Bortenherstellung und Spitzenklöppelei ihren Einzug ins damals wohlhabende Erzgebirge. Erst 1496 zur Zeit des „Großen Berggeschreys" zur Stadt geworden, zählte Annaberg bereits ein paar Jahre später 8.000 Einwohner und damit doppelt so viel wie Dresden und ebenso viel wie die Handelsmetropole Leipzig. Mit dem Wohlstand wuchs auch das Bedürfnis nach schöner Kleidung und Luxus. So entwickelte sich die Bortenwirkerei, bei der seidene Bänder, Tressen, Borten sowie Schnüre verarbeitet wurden. Die Kleidungsstücke erhielten eine Abschlusskante, die zugleich schützen und zieren sollte.

Hier sah Barbara Uthmann eine neue Erwerbsmöglichkeit und baute eine umfangreiche Verlagsproduktion von Borten auf: Sie stellte Frauen und Mädchen das zur Herstellung von Borten benötigte Material zur Verfügung, nahm die fertige Ware gegen Entlohnung entgegen und organisierte deren Verkauf. Das Unternehmen florierte so

Barbara Uthmann.

gut, dass sie zeitweise 900 Bortenwirkerinnen beschäftigte. Als später der Bergbau weniger Ertrag brachte und dadurch die Not unter der Bevölkerung wuchs, ging auch der Absatz von Luxusartikeln zurück. Barbara Uthmann war gezwungen, nach und nach ihre Arbeiterinnen zu entlassen, bis sie den Bortenhandel gänzlich aufgeben musste. Zuvor hatte sie ein riesiges Vermögen angehäuft. Sie kaufte in Annaberg mehrere Häuser und Grundstücke.

Barbara Uthmann starb am 15. Januar 1575 und wurde mit großen Ehren auf dem Annaberger Friedhof beigesetzt.

Anna von Dänemark
Kurfürstin von Sachsen

Die am 22. November 1532 im dänischen Hadersleben geborene Anna war eine der prominentesten Fürstinnen ihrer Generation 1548, als die Tochter des Dänenkönigs Christian III. in Torgau den späteren Kurfürsten August heiratet, ist sie eine bestens ausgebildete Frau: Sie hatte zwar nicht Latein gelernt, dafür jedoch Pflanzenheilkunde und Botanik. Sie spinnt, näht, sammelt Heilkräuter, kennt sich in Haus- und Landwirtschaft aus. Zudem hatte sie nach der Einführung der Reformation in Dänemark 1537 einen streng lutherischen Religionsunterricht erhalten, der sie für ihr ganzes Leben prägen sollte.

In die Geschichte geht sie ein als „Mutter Anna", als untadelige Landesmutter, die den Kranken und Schwachen beistand, die Güter erfolgreich verwaltete und ihren Eheherrn mustergültig umsorgte.

Nach der Eheschließung lebte das junge Paar zunächst in Weißen-

Anna

Kurfürstin von Sachsen.

Anna von Dänemark.

fels, das Herzog August als Residenz zugewiesen worden war. Nach dem Tod seines Bruders Kurfürst Moritz übernahm August 1553 die Regentschaft. Dresden wurde zur Hauptresidenz. Die beiden hielten sich aber häufig in Torgau und Stolpen auf, später auch in Augustusburg und Annaburg.

Anna tat sich als Agrarpionierin hervor. Sie verwaltete die 70 riesigen kurfürstlichen Gutsbetriebe, Vorwerke, wie man damals sagte. Insbesondere ihr nahe bei Dresden gelegenes Vorwerk Ostra (im heutigen Ostra-Gehege) und später die Ländereien um Annaburg und Lichtenburg lagen ihr sehr am Herzen.

Um dem Mangel an Schlachtvieh abzuhelfen und die Viehproduktion im ganzen Land zu heben, importiert sie Vieh aus Dänemark, Holstein und Friesland, aber auch aus Polen, der Schweiz und Italien. Sie lässt Milchvieh kommen, um durch Zucht bessere Milcherträge zu erreichen. Sie bemüht sich um die Schweine- und Schafzucht und interessiert sich für exotisches Federvieh, Enten aus der Türkei und „heidnische Hühner". Sie betreibt praktische Studien über Milchwirtschaft, produziert Butter und Käse. Sie betätigt sich als Imkerin, legt Forellenteiche an und hält Murmeltiere, um „Murmentenschmalz" für medizinische Zwecke herzustellen. Berühmt ist sie als Kennerin von Heilpflanzen und Arzneien, als Sammlerin von Rezepten und Pflanzen. So besorgt sie etwa die ersten Tulpenzwiebeln und Tabakpflanzen für den Dresdner Hofgarten. Ihre Kenntnisse nutzt sie, um Salben, Kräuterauszüge und Tinkturen herzustellen.

In Schloss Annaburg unterhielt sie ein geräumiges Laboratorium und nach 1575 ein eigenes Destillierhaus. Die Anlage maß „200 Schritt im Geviert" und war mit Wall und Wassergraben umgeben. An vier großen Öfen wurde hier gearbeitet, gebrannte Wässer und Kräuterauszüge in beträchtlichem Umfang hergestellt. Dafür wurden in weitläufigen Gewölben die unterschiedlichsten Ingredienzien in großen Mengen aufbewahrt. Viele Blüten, Blätter, Früchte und Wurzeln stammten aus den kurfürstlichen Gärten. Die Wildpflanzen lieferten „Kräuterweiber". Von diesen ließ sich Anna auch beraten, dabei lehnte sie weder volkstümlichen Aberglauben noch alchimistisches Geheimwissen ab.

Das war nicht ungefährlich in einer Zeit, in der Frauen leicht in den Verdacht der Hexerei gerieten und dafür oft mit ihrem Leben bezahlen mussten. Nur ihre Zugehörigkeit zum höchsten Adel Europas und ihre ausgeprägte protestantische Frömmigkeit bewahrten sie vor einer ernsthaften Verfolgung.

1581 richtete sie in Dresden die Hofapotheke ein, in der sie Arme unentgeltlich mit Rat und entsprechenden Heilmitteln versorgte. Deshalb wird sie auch als „erste Apothekerin Deutschlands" bezeichnet.

Ihr medizinisches Wissen konnte allerdings nicht verhindern, dass sie im Laufe ihres Lebens zahlreiche Kinder verlor. Während ihrer 37-jährigen Ehe mit Kurfürst August I. von Sachsen gebar sie 15 Kinder: neun Söhne und sechs Töchter. Aber nur vier kamen ins Erwachsenenalter. Zehn starben, bevor sie das fünfte Lebensjahr erreichten. Ihr letztes Kind brachte sie mit 43 Jahren zur Welt.

Trotz ihrer vielfältigen Arbeiten nahm Anna auch Einfluss auf das politische Leben. Insbesondere im Zusammenhang mit den Religionsstreitigkeiten nach 1574 sprechen ihre Gegner von einer „Gynäkokratie" (Weiberherrschaft) am sächsischen Hof.

In Kursachsen hatte sich eine theologische Strömung entwickelt, die versuchte, Luthertum und Calvinismus anzunähern und so das protestantische Lager zu einen. Johannes Calvin vertrat im Unterschied zu Martin Luther den Gedanken, dass der Mensch für Himmel oder Hölle vorbestimmt sei. Wenn manche Menschen durch Gottes Gnade zum ewigen Leben bestimmt seien, müssten andere durch dieselbe Wahl auf Ewigkeit von Gott getrennt sein.

Zu diesen sogenannten Kryptocalvinisten zählten auch die wichtigsten Berater des Kurfürsten. Der war lutherisch gesinnt, aber theologisch nicht gebildet. Er stand ganz unter dem Einfluss seines Kanzlers Georg Cracow und seines Leib arztes Kaspar Peucer, ferner des Hofpredigers Schütz und des Superintendenten Johann Stössel. Alle vier hielt der Kurfürst für Anhänger Luthers. Als er aber erkannte, dass sie heimlich die calvinische Abendmahlslehre einzuführen suchten, fühlte er sich hintergangen und machte 1574 dem Kryptocalvinismus in seinem Land ein Ende. Dessen Führer wurden gefoltert, eingekerkert oder verbannt. So kamen Schütz und Peucer erst nach zwölfjähriger Haft frei.

Man sagte der Kurfürstin nach, dass sie August erst zu diesem unnachgiebigen Verhalten angestiftet habe. Auch nahm sie das Recht der Fürstinnen nicht in Anspruch, Gefangene loszubitten. Sie blieb unversöhnlich, auch als ihre älteste Tochter Elisabeth 1570 aus politischen Erwägungen mit dem calvinistischen Pfalzgrafen von Simmern verheiratet worden war, und beschwor die junge Frau, dem Gottesdienst am Hof ihres Gatten fernzubleiben, was zu einer schweren Ehekrise führte. Der Pfalzgraf verbot schließlich den Briefwechsel seiner Frau mit ihrer Mutter, sie führten ihn als Geheimkorrespondenz weiter. Als Elisabeth ein totes Kind gebar, schrieb ihr die Mutter, es sei besser, ihr Kind sei tot als calvinistisch.

Trotz aller medizinischen Weisheit kränkelte Anna ab 1574. Sie starb am 1. Oktober 1585. Tausende Menschen pilgerten nach Dresden, um am Sarg Abschied von ihrer „Landesmutter" zu nehmen.

Heinrich Schütz
Komponist, Hofkapellmeister

Der am 8. Oktober 1585 in Köstritz geborene Heinrich Schütz gilt als der erste deutsche Musiker von europäischem Rang. Er ist der Schöpfer der ersten deutschen Oper, „Dafne", die er 1627 komponierte. Schütz diente ein halbes Jahrhundert als Kapellmeister am kurfürstlich-sächsischen Hof in Dresden und hob hier die Musik auf ein hohes Niveau. Er ist der Bahnbrecher der deutschen evangelischen geistlichen Musik, auch schlug er den Bogen zur neuen, theatralischen Musik Italiens. Darüber hinaus war er für die Organisation der Hofkapelle mit ihren Sängern und Instrumentalisten zuständig.

Seinen Aufgaben als Kapellmeister entsprechend komponierte Schütz zahlreiche geistliche und weltliche Werke für höfische Gottesdienste oder Privatandachten, für Hoftafel und Tanz, für Hochzeiten, politische und private Veranstaltungen. Bedeutsam sind vor allem seine geistlichen Konzerte, die Psalmvertonungen, seine Kantaten mit großen Soli und dramatischen Chören sowie die Passions- und Weihnachtsoratorien. Er verstand seine Arbeit als Verkündigung des

Heinrich Schütz, 1633.

Evangeliums in der Kirche der Reformation. Seine weltlichen Werke gingen nahezu vollständig in den Wirren des Dreißigjährigen Krieges verloren. Es sollen rund 300 Manuskripte verbrannt sein.

Nach Jugendjahren in Weißenfels erhält Schütz ab 1599 eine umfassende Schulbildung auf dem Collegium Mauritianum des Landgrafen Moritz von Hessen-Kassel und beginnt 1608 ein Jurastudium in Marburg, das er 1609 abbricht, um mit Unterstützung des Landgrafen drei Jahre lang in Venedig Musik zu studieren. Er wird Schüler von Giovanni Gabrieli, der durch die freie Mischung von Vokal- und Instrumentalstimmen berühmt wurde; in Schützens Madrigalbuch, das ganz in der italienischen Tradition steht, ist Gabrielis Einfluss deutlich zu spüren. Diesen Stil mit obligatem Generalbass führte Schütz in Deutschland ein und vereinigte ihn mit der deutschen Bibelprosa. Die Basis seiner Arbeit blieb für ihn aber die Tradition der niederländischen Schule des 16. Jahrhunderts.

1613 kehrt Schütz nach Kassel zurück und wird zweiter Hoforganist. Bereits zwei Jahre später will Kurfürst Johann Georg I. von Sachsen Schütz unbedingt als „Organist und Director der Musica" an den Dresdner Hof holen. Landgraf Moritz hat keine Möglichkeit, dem höher stehenden Fürsten diesen Wunsch abzuschlagen.

Von 1645 an reichte Schütz immer wieder Gesuche um die Versetzung in den Ruhestand ein. Sie wurden von Johann Georg I. allesamt abgelehnt; erst nach dessen Tod im Jahr 1656 gewährte sein Sohn Johann Georg II. von Sachsen Schütz einen weitgehenden Rückzug. Als „ältester" Kapellmeister behielt er seinen Titel allerdings bis an sein Lebensende.

Schütz starb am 6. November 1672 in Dresden im Alter von 87 Jahren. Er wurde in der alten Frauenkirche beigesetzt. Mit ihrem Abriss 1727 ging auch seine Grabstätte verloren.

Gottfried Wilhelm Leibniz
Universalgelehrter

Der am 1. Juli 1646 in Leipzig geborene Leibniz wird als einer der letzten Universalgelehrten angesehen. Er war Philosoph und Mathematiker, Physiker und Techniker, Jurist und politischer Schriftsteller, Geschichts- und Sprachforscher. Er entwickelte ein philosophisches Weltsystem, das Mathematik und Naturwissenschaften mit der Metaphysik verband. Zudem erstellte er Pläne für ein Unterwasserboot und erfand ein Gerät zur Messung der Windgeschwindigkeit. Er erkannte die Notwendigkeit, bei Kranken re-

Gottfried Wilhelm Leibniz, etwa 1700.

gelmäßig die Körpertemperatur zu messen, und gründete eine Witwen- und Waisenkasse. Lange vor Siegmund Freud brachte er den Beweis für das Unterbewusstsein des Menschen. Auch eine Maschine für die vier Grundrechenarten konstruierte er. Zu seiner Zeit konnte das Gerät nicht so präzise gebaut werden, dass es zufriedenstellend arbeitete. Ein Nachbau im Jahr 1894 demonstrierte jedoch die Funktionstüchtigkeit seiner Rechenmaschine. Zudem entwickelte er die Infinitesimalrechnung. Diese Unendlichkeitsrechnung ist ein Verfahren, um beliebig große bzw. kleine und beliebig aussehende Flächen zu berechnen, wie zum Beispiel die Fläche eines Tintenkleckses auf einem karierten Blatt. Da der Fleck einige Karos nur teilweise bedeckt, kann man seinen Flächeninhalt nicht genau bestimmen. Bei der Infinitesimalrechnung verkleinert man diese Karos so lange, bis es keine angeschnittenen bzw. keine teilweise bedeckten Karos mehr gibt. Das heißt, man arbeitet mit (unendlich) kleinen Karos, die nicht mehr optisch wahrnehmbar, jedoch mathematisch noch erfassbar sind. Dadurch kann man jede beliebige Fläche exakt berechnen. Durch diese Rechenmethode war es nun möglich, Naturprozesse erfassbar und damit auch rechnerisch beherrschbar zu machen, indem man den zu berechnenden Prozess in unendlich kleine Phasen einteilte und diese einzeln ausrechnete.

Leibniz besuchte in seiner Heimatstadt die Schule und – mit 15 Jahren – die Universität. Seine immense geistige Aufnahmefähigkeit zeigte sich unter anderem darin, dass sich der Achtjährige mit Büchern aus der väterlichen Bibliothek autodidaktisch die lateinische Sprache aneignete, und der Zwölfjährige bereits über das Durchdenken logischer Fragestellungen die Anfänge einer mathematischen Zeichensprache als „characteristica universalis" entwickelte. Neben dem Studium der Philosophie und Rechtswissenschaft beschäftigte sich Leibniz intensiv mit Mathematik, Logik, Physik. Mit 18 Jahren war er bereits Magister, doch als er mit 20 Jahren promovieren wollte, befanden seine Professoren, dass er dafür zu jung sei. Daraufhin wechselte Leibniz an die Universität Altdorf bei Nürnberg, promovierte glanzvoll und bekam eine Professur angeboten. Er lehnte ab, weil er sich von einer akademischen Karriere nicht genügend Entfaltungsmöglichkeiten versprach. Leibniz ging 1672 zum Mainzer Revisionsgericht. 1676 wurde er Bibliothekar und Hofrat der Herzöge von Braunschweig-Lüneburg in Hannover, wo er bis zu seinem Tod blieb.

Mehrere Reisen führten ihn durch ganz Europa. 1673 wurde er zum Mitglied der Royal Society in London ernannt, 1700 zum auswärtigen Mitglied der Pariser Akademie der Wissenschaften. Seine Bemühungen um die Organisation der Wissenschaften führten im gleichen Jahr zur Gründung der Preußischen Akademien der Wissenschaften. Mit mehr als 1.100 Wissenschaftlern aus 16 Ländern stand er im Briefwechsel und unterhielt somit Kontakte zu allen führenden Gelehrten und Philosophen. Über lange Jahre hinweg führte Leibniz überdies Verhandlungen mit katholischen Bischöfen mit dem Ziel, die protestantische und die katholische Kirche zu vereinigen.

Gottfried Wilhelm Leibniz starb am 14. November 1716 im Alter von 70 Jahren in Hannover. An seinem Begräbnis nahm kein einziger Vertreter des Hofes oder der Beamtenschaft teil: Gegen Ende seines Lebens war es zum Zerwürfnis mit dem Hof in Hannover gekommen. Ihm wurden die zahlreichen Reisen vorgehalten, die er ohne offizielle Erlaubnis unternommen hatte.

Bereits 1672 konstruierte Leibniz eine Rechenmaschine, die multiplizieren, dividieren und die Quadratwurzel ziehen konnte.

1648 geht der Dreißigjährige Krieg zu Ende und hinterlässt ein politisch vollkommen bedeutungsloses Kursachsen. Die Ober- und Niederlausitz wurden zwar gewonnen, dafür muss das Gebiet um Magdeburg an Brandenburg abgetreten werden. Somit verliert Sachsen die Chance, weiter elbabwärts zu expandieren.

Nur langsam erholt sich das Land von den Kriegsfolgen. Dazu tragen vor allem die aus Böhmen eingewanderten 150.000 Exilanten bei, überdies neuerliche bedeutende Silberfunde im Erzgebirge.

Das Land erlebt einen allmählichen, jedoch stetigen wirtschaftlichen und kulturellen Wiederaufstieg. Die Zeit von 1694 bis 1763 wird „Augusteisches Zeitalter" der sächsischen Geschichte genannt. In der Regierungszeit von August dem Starken sowie von dessen Sohn Friedrich August II. gehört Kursachsen wieder zu den größten und wirtschaftlich mächtigsten deutschen Ländern. Die Residenzstadt Dresden entwickelt sich zu einer der prächtigsten Städte Europas. Als eine der ersten deutschen Städte besitzt sie öffentlich zugängliche Museen. Die Vorliebe für Barockbauten beflügelt die Bauwirtschaft und das Kunstgewerbe. Künstler ersten Ranges aus vielen Ländern Europas werden vom sächsischen Hof angezogen. 1705 wird eine Malerschule gegründet, aus der die Dresdner Kunstakademie hervorgeht. Die Dresdner Gemäldegalerie wird zu einer der außergewöhnlichsten Gemäldesammlungen Europas. Da ferner der Einfluss des Adels zurückgedrängt wird, eröffnen sich für das Bürgertum bisher nicht geahnte Perspektiven. Das Manufakturwesen blüht auf.

Ist das „Augusteische Zeitalter" einerseits geprägt durch einen kulturellen und wirtschaftlichen Aufschwung, steht auf der anderen Seite der völlige politische Zusammenbruch. Kursachsen lässt sich in militärische Auseinandersetzungen mit Preußen ein.

Im Laufe des Siebenjährigen Krieges marschieren 70.000 preußische Soldaten in Sachsen ein und besetzen 1756 Dresden. Ein österreichisches Heer, das zum Schutz Sachsens anrückte, wurde bei Lobositz von den Preußen geschlagen. Die sächsische Armee kapitulierte und wurde in die preußische integriert. Sachsen wird daraufhin systematisch ausgeplündert. Es gehen nicht nur Einfluss und Territorium verloren, sondern auch die polnische Krone. 1763 steht Kursachsen vor dem wirtschaftlichen Ruin.

Balthasar Permoser
Bildhauer

Der am 3. August 1651 in der Nähe von Traun-
stein geborene Bauernsohn Permoser schuf von
1711 bis 1728 den Figurenschmuck des Dresdner Zwingers und begründete damit Dresdens
Ruhm als Barockstadt. Als Leiter der Bildhauer-
werkstätten des Zwingers hatte er die größte
bauplanerische Aufgabe übernommen, die
Deutschland im 18. Jahrhundert zu vergeben
hatte. In vier Jahrzehnten verwirklichte er
zahlreiche religiöse und mythologische Gestal-
ten. So sind die Kanzel der Hofkirche und die
Herkulesfiguren im Großen Garten sein Werk.
Geschnitzte Kleinkunstwerke aus Elfenbein

Balthasar Permoser.

und Ebenholz haben sich im Grünen Gewölbe erhalten. In den 1720er-Jahren
beschäftigt er sich mit religiösen Werken: Die Holzfiguren der Kirchenväter Au-
gustinus und Ambrosius (ehemals am Hochaltar der Dresdner Hofkirche, heute
im Bautzener Stadtmuseum) gehören zu den Arbeiten des Junggesellen.

Permosers Nymphenbad im Dresdner Zwinger ist ein barockes Wasserkunstwerk.

Als Zwölfjähriger war er nach Salzburg gegangen, um eine Bildhauerlehre zu machen. 1669 vervollständigte er seine Ausbildung in Wien, wo er auch die Kunst der Elfenbeinschnitzerei erlernte. Ab 1675 lebte er 14 Jahre lang in Italien. Obwohl ihm die Medici ein Jahresgehalt von tausend Goldtalern für seine Dienste in Florenz geboten hatten, zog es der tiefgläubige Katholik 1689 vor, in ein Land mit einer ihm fremden Konfession zu ziehen, als ihn Kurfürst Johann Georg III. zum Hofbildhauer berief.

Am 18. Februar 1732 starb Balthasar Permoser in Dresden. Seine letzte Ruhestätte fand er neben zahlreichen Künstlern gleicher Konfession auf dem Alten Katholischen Friedhof in der Friedrichstadt; das Grabmal hatte er selbst geschaffen.

Ehrenfried Walther von Tschirnhaus
Naturwissenschaftler und Philosoph

Ehrenfried Walther von Tschirnhaus, am 10. April 1651 in Kießlingswalde (heute Slawnikowice, Polen) in der Nähe von Görlitz geboren, war ein bedeutender Naturforscher und Philosoph der Frühaufklärung, der als erster Deutscher zum Auswärtigen Mitglied der Pariser *Académie Royale des sciences* ernannt wurde. Der Mathematiker, Physiker, Chemiker und Mineraloge war Schöpfer der ersten großen Brennspiegel und Brennlinsen, Initiator der ersten sächsischen Glashütte in Dresden und Begründer der deutschen Porzellanindustrie.

Tschirnhaus suchte bereits zum Ende seines Studiums nach Möglichkeiten, Temperaturen zu erzeugen, die bis dahin noch nicht erreicht werden konnten.

Ehrenfried Walther von Tschirnhaus, vor 1700.

Er wollte sie für die Glas- und Porzellanherstellung nutzen. Dafür baute er große, meist kupferne Brennspiegel. Diese verblüfften mit einer Brennleistung von bis zu 1500°C, die er durch die Bündelung von Sonnenlicht erzeugte. Als ihm

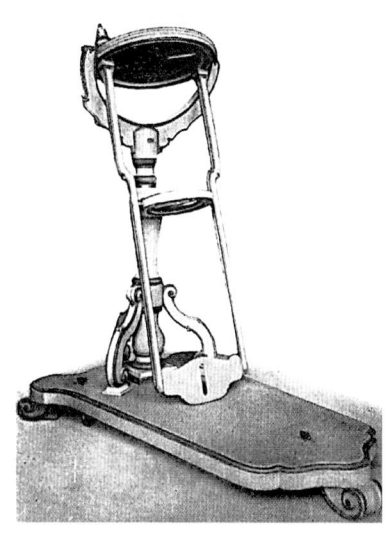

das nicht mehr ausreichte, konzentrierte er sich auf die Herstellung von Brennlinsen. Zu diesem Zweck entwickelte er die Technologie des Gießens von Glas so weiter, dass es ihm gelang, Linsen in bis dahin nicht gekannter Größe gießen und schleifen zu lassen. Mit diesen Geräten stellte Tschirnhaus umfangreiche Untersuchungen über das Verhalten der verschiedenen Stoffe unter hohen Temperaturen an. Seine Erkenntnisse waren nicht nur die Basis dafür, Wissenschaftlern verbesserte Gläser für Teleskope, Mikroskope und Brennlinsenapparate zu liefern. Damit legte er auch den Grundstein für eine Gebrauchs- und Schmuckglasindustrie in Sachsen und für leistungsfähige Schleif- und Poliermühlen. Einige der Brennspiegel und Brennlinsen sind in verschiedenen Museen zu sehen, wie etwa im Mathematisch-Physikalischen Salon in Dresden.

Aus altem deutschen Adel stammend, war Tschirnhaus von einem Hauslehrer unterrichtet worden und konnte mit 15 Jahren in die Prima des Görlitzer Gymnasiums eintreten. 1668 wechselte er zur berühmten Leidener Universität in den Niederlanden, wo er vor allem Mathematik und Naturphilosophie studierte. Seinen Aufenthalt dort unterbricht er 1672 für 18 Monate, um als Soldat für die Niederlande zu kämpfen.

Nach seiner Studienzeit begibt er sich von 1674 bis 1679 auf eine „Kavalierstour" quer durch Europa, welche ihn unter anderem nach Frankreich, England und Italien führte. Schon auf dieser für einen jungen Adligen der damaligen Zeit üblichen Tour nutzte Tschirnhaus jede Gelegenheit, um die bekanntesten Gelehrten seiner Zeit aufzusuchen, etwa Baruch de Spinoza oder Isaac Newton. In Paris schließt er enge Freundschaft mit Gottfried Wilhelm Leibniz (S. 32).

Als sein Vater stirbt und er in die Oberlausitz zurückkehren muss, leidet er darunter, dass die Kontakte zu seinen wissenschaftlichen Freunden nur schwer aufrechtzuerhalten sind. Deshalb lädt er auf seine Kosten Wissenschaftler verschiedener Fachgebiete sowie Handwerker aus unterschiedlichen Regionen Deutschlands und Europas zu sich nach Kießlingswalde ein, um mit ihnen zu forschen und zu arbeiten. Diese „Privatakademie" stellte ihre Arbeit jedoch nach und nach wieder ein, weil Tschirnhaus 1694 zum Kurfürstlich-Sächsischen Rat in Dresden ernannt wurde. Er hatte die Aufgabe, sich um die Einrichtung von Schleif- und Poliermühlen sowie um die Glasmanufakturen zu kümmern.

In seinen letzten Lebensjahren wurde Tschirnhaus durch den sächsischen Kurfürsten Friedrich August I. (S. 42) mit der Beaufsichtigung des „Goldmachers" Johann Friedrich Böttger (S. 46) beauftragt. Die beiden fanden unter Mitwirkung von rund dreißig Freiberger Hüttenleuten mit dem Bergrat Gottfried Papst von Ohain an der Spitze die Rezeptur für die Herstellung des ersten europäischen Hartporzellans. Dessen Fertigstellung im Frühjahr 1709 sollte Tschirnhaus jedoch nicht mehr erleben, er starb am 11. Oktober 1708 in Dresden.

Matthäus Daniel Pöppelmann
Architekt

In der langen Zeitspanne von 46 Jahren im Dienste des sächsischen Hofes hatte der am 3. Mai 1662 in Herford geborene Pöppelmann den „Dresdner Barock" geprägt. Als sein Hauptwerk gilt der Zwinger, den er zusammen mit dem Bildhauer Balthasar Permoser (S. 35) schuf. Er sollte in das neue, große königliche Schloss eingegliedert werden, mit dessen Entwurf Pöppelmann ebenfalls beauftragt war. Seit 1685 leitete er zudem den Wiederaufbau der in jenem Jahr durch einen Brand zerstörten Dresdner Neustadt.

Der Zwinger war im Jahre 1709 nur ein von Gebäuden aus Holz gesäumter Festplatz. Pöppelmanns Verdienst war

Matthäus Daniel Pöppelmann.

es, dass daraus eines der berühmtesten Bauwerke Dresdens und eines der bedeutendsten Barock-Bauwerke nördlich der Alpen wurde.

Die Anlage zeigt eine Stilmischung aus römischem und französischem Barock mit Einflüssen des Wiener Kaiserstils. 1719 wurde der Zwinger anlässlich der Hochzeit des Kurprinzen Friedrich August mit der habsburgischen Kaisertochter, Erzherzogin Maria Josepha, bei einem mehrwöchigen Fest eingeweiht. Komplett fertig war der Zwinger jedoch erst im Jahr 1728. Die wallseitig gelegenen

Pavillons und Galerien wurden als Orangerie genutzt und die 204 mal 116 Meter große Grünfläche mit exotischen Gewächsen bepflanzt.

Von 1706 bis 1715 baute Pöppelmann das Taschenbergpalais in Dresden für Anna Constantia Reichsgräfin Cosel (S. 44), die Geliebte Augusts des Starken. Neben zahlreichen Wohnhäusern schuf er Kirchenbauten (Weinbergkirche in Pillnitz, Dreikönigskirche), weiterhin das als „Indianisches Lustschloss" geplante Wasserpalais in Pillnitz mit chinesischen Dächern und Chinoiserie-Fresken, das Bergpalais in Pillnitz. Das Schloss Moritzburg konnte er 1723 noch beginnen, aber nicht mehr vollenden.

Mit 18 Jahren war Pöppelmann als Wandergeselle nach Dresden gekommen. Er fand am kurfürstlichen Bauamt Arbeit. Im Jahr 1686 wurde er zum Baukondukteur befördert. Da er auch als Architekt gute Arbeit leistete, wurde er nach zwanzig Jahren Schaffenszeit 1705 zum Landbaumeister ernannt. 1710 machte August der Starke Pöppelmann zum Geheimkämmerer und schickte ihn auf eine Bildungsreise nach Wien, Rom und Neapel, 1715 auf eine zweite nach Paris, Belgien und Holland. So wundert es nicht, dass sich Einflüsse des Wiener und des römischen Barock in Plänen für das Schloss zeigen. 1718 wurde Pöppelmann dann Oberlandbaumeister. Gestorben ist er am 17. Januar 1736 in Dresden.

Der Dresdner Zwinger ist Poppelmanns Meisterwerk.

Johann Melchior Dinglinger
Goldschmied, Juwelier

Der am 3. Dezember 1664 in Biberach geborene Dinglinger war einer der bedeutendsten Goldschmiede des Spätbarocks. Seine einzigartigen Prunkschalen und Kabinettstücke, wie etwa der „Hofstaat zu Delhi am Geburtstag des Großmoguls Aureng-Zeb" oder „Das Bad der Diana", sind fast vollständig im Grünen Gewölbe erhalten. Beinahe vierzig Jahre, zwischen 1694 und 1731, schuf er zusammen mit seinen beiden Brüdern, dem Goldarbeiter Georg Christoph (1668–1728) und dem Emailleur Georg Friedrich (1666–1720), Galanteriearbeiten, Kabinettstücke und Schmuck, die in der europäischen Kunstgeschichte einen einzigartigen Rang einnehmen. Die Dinglingers arbeiteten von Anfang an ausschließlich für August den Starken und kreierten die Juwelen und Insignien, die der Kurfürst bei der Krönung zum König von Polen im Jahre 1697 trug. Daraufhin wurde Johann Melchior 1698 zum Hofgoldschmied berufen.

Johann Melchior Dinglinger, 1722.

Über Dinglingers Jugend und Entwicklung ist wenig bekannt. Nach seiner Lehre zum Goldschmied in Ulm kam er 1692 als Geselle nach Dresden. Hier wurde er 1693 in die Goldschmiedeinnung aufgenommen, 1698 zum Hofjuwelier Augusts des Starken ernannt. Er war fünfmal verheiratet und hatte 23 Kinder. Sein Haus am Neumarkt zählte wegen seiner Kuriositäten – einer Sternwarte, einer Wetteruhr und einer Feuerspritze – zu den Dresdner Sehenswürdigkeiten. Dinglinger besaß auch ein Landhaus mit Weinberg in Loschwitz, heute noch als „Dinglingers Weinberg" bekannt. Dinglinger starb am 27. Februar 1731 in Dresden.

George Bähr
Baumeister

Legenden ranken sich um die Jugendjahre des Erbauers der Dresdner Frauenkirche. Von dem am 15. März 1666 in Fürstenwalde geborenen George Bähr ist keine bildliche Darstellung überliefert, auch gibt es keine privaten Briefe. So bleibt er ein nahezu Unbekannter, der sich für die Nachwelt hinter dem von ihm Geschaffenen verbirgt.

Es ist anzunehmen, dass George Bähr nach seiner Lehre als Zimmermann auf Wanderschaft ging. Jean Louis Sponsel (1858–1930), der erste bedeutende Biograph Bährs, meint mit Blick auf dessen spätere Leistung, dass Bähr die Kuppelbauten Oberitaliens und Roms gesehen haben müsse, sonst hätte er die Frauenkirche nicht bauen können, schon gar nicht die steinerne Kuppel.

Verbürgt ist, dass Bähr 1693 nach Dresden kam. Hier wurde er 39-jährig 1705 zum Ratszimmermeister berufen, obwohl er nicht einmal einen Meisterbrief besaß. Bereits in diesem Amt bemühte sich Bähr um eine Modernisierung des Kirchenbaus. Seiner Meinung nach wurden die bestehenden Kirchenbauten speziell dem evangelischen Gottesdienst nicht mehr gerecht. Zu den von ihm ent-

Bährs Hauptwerk: die Frauenkirche in Dresden.

worfenen Bauten gehören die Loschwitzer Kirche (1705–1708), die Dresdner Waisenhauskirche (um 1710), die Dreifaltigkeitskirche in Schmiedeberg (1713–1715), die Kirche in Forchheim bei Pockau (1719–1726) sowie weitere in Königstein, Hohnstein und Kesselsdorf.

Bährs Hauptwerk ist jedoch ohne Zweifel die Frauenkirche in Dresden. 1722 wurde er mit dem Bau beauftragt. Seine ersten Entwürfe sahen einen Grundriss in Form eines griechischen Kreuzes, eine Holzkuppel und einen Bau ohne Ecktürme vor. Im Auftrag von Graf Wackerbarth (S. 198) legte das Oberlandbauamt daraufhin einen Gegenentwurf vor. George Bährs Pläne wurden schließlich um vier schräg gestellte Ecktürme mit von außen zugänglichen Treppen ergänzt. Dieser Entwurf fand 1726 Zustimmung. 1734 konnte der Innenraum geweiht werden. Vollendet wurde die Kirche erst am 27. Mai 1743, fünf Jahre nach dem Tod George Bährs, mit dem Aufsatz eines (von Bähr so nicht gewollten) Kuppelkreuzes.

Einen Tag nach seinem 72. Geburtstag starb George Bähr am 16. März 1738 „an Steckfluß und Verzehrung", wie das Kirchenbuch vermeldet. Trotzdem hielten sich lange Gerüchte, Bähr sei nach einem Fall vom Kirchengerüst gestorben oder er habe durch einen Sprung vom Gerüst den Freitod gesucht. Zunächst wurde er auf dem alten Johannisfriedhof begraben. Den letzten Wunsch Bährs, in der Frauenkirche bestattet zu werden, erfüllte man erst ein Jahrhundert später auf ein Gesuch seines Urenkels hin. 1854 wurden Bährs Gebeine in die Krypta überführt. Das Grabmal verblieb zunächst noch auf dem Johannisfriedhof, wurde später aber ebenfalls in die Unterkirche gebracht. Dort kann es heute wieder besichtigt werden.

Friedrich August der I., August der Starke
Kurfürst von Sachsen, König von Polen

Eine geheimnisvolle Aura umgibt den berühmtesten Kurfürsten aus dem Hause Wettin. Der am 12. Mai 1670 in Dresden geborene Friedrich August wird als Draufgänger bezeichnet, seine Leibes- und Liebeskräfte tragen ihm später den Beinamen „der Starke" ein. Die Prachtentfaltung, die August an den Höfen des westlichen und südlichen Europa kennenlernt, versucht er auch am Dresdner Hof zu erreichen. Prägend sind vor allem die Aufenthalte in Frankreich und Italien. In Paris erlebte er die unvorstellbare Verschwendungs- und Prunksucht Ludwigs XIV., des Sonnenkönigs. Das sollte ihn zur Nachahmung verleiten. Die Förderung von Architektur und Kunst, die barocken Bauwerke wie Schloss

Friedrich August der I., nach 1718.

Moritzburg und Schloss Pillnitz, der Zwinger und die Frauenkirche, Erfindungen auf technischem und künstlerischem Gebiet, so etwa die Errichtung der ersten europäischen Porzellanmanufaktur in Meißen 1710, gehen auf seine Initiative zurück. 1722 beginnt die Neuorganisation und Erweiterung der kurfürstlichen Sammlungen. Diese wurden durch August zu dem, was ihre Weltbedeutung ausmacht. Die größten Künstler aus den Ländern Europas sind in Dresden zu Hause, und die Stadt hat als eine der ersten deutschen Städte öffentlich zugängliche Museen. August lässt zudem die sächsischen Straßen vermessen und die ersten Postmeilensäulen aufstellen.

Hohe Steuern und eine harte Politik gegen die Landstände hatten die enormen Summen erst beschaffen helfen, die August für seine Pläne benötigte. Auch galt er als verschwenderisch und prunksüchtig, er liebte pompöse Feste und Maskeraden. Der 1,76 Meter große und 121 Kilogramm schwere „sächsische Herkules" soll Hufeisen mit bloßen Händen zerbrochen haben und wurde bekannt als Mann, der schöne Frauen liebte. Mehr als ein Dutzend Mätressen sind überliefert – mit ihnen hat er acht uneheliche Nachkommen gezeugt. Nur ein einziger Sohn entstammte seiner Ehe mit Christiane Eberhardine von Brandenburg-Bayreuth.

Friedrich August kam 1694 unvorbereitet an die Macht, als sein älterer kinderloser Bruder Johann Georg IV. unerwartet an den Blattern starb. Als im Jahr 1696 der polnische König Jan III. Sobieski starb, versuchte August, den Thron zu erringen. Anders als in den Erbmonarchien Frankreich und auch Sachsen, in denen der Thron an den nächsten männlichen Verwandten des letzten Herrschers vererbt wurde, herrschte in Polen Königswahl. Dafür zahlte August einen hohen Preis. Nicht nur dass der Protestant zum Katholizismus übertrat und damit viele seiner Untertanen entsetzte: Nun hatte das kurfürstliche Sachsen, das Kernland der lutherischen Reformation und des Protestantismus, ein katholisches Oberhaupt. Allerdings sicherte August den sächsischen Untertanen die Beibehaltung der evangelischen Religion per Dekret zu. August stürzte sein Land in hohe Schulden, um die benötigten Bestechungsgelder an den polnischen Adel aufbringen zu können. Große Teile des kurfürstlichen Schatzes wurden verkauft, Ländereien abgetreten und Handelsrechte veräußert, um die nötigen Mittel aufzutreiben.

So wollte August, der sich als polnischer König August II. nannte, Sachsen als dritte Großmacht neben Brandenburg-Preußen und dem Habsburgischen Österreich in der europäischen Politik etablieren. Er ist mit seinem Erfolg aber nicht glücklich geworden. Er ließ sich in eine Auseinandersetzung mit dem expandierenden Reich des Schwedenkönigs Karl XII. ein. Im sogenannten Nordischen Krieg von 1700 bis 1721 verlor er eine Schlacht nach der anderen gegen den militärisch überlegenen Karl XII., der August II. 1704 schließlich als polnischen König absetzte, 1706 gar Sachsen besetzte. Ein Jahr lang dauerte die schwedische Besatzung und kostete den sächsischen Staat über 30 Millionen Taler. Erst der Sieg des russischen Zaren über die Schweden ermöglichte August dem Starken 1709 die Rückkehr nach Polen und die Wiedereinsetzung als König.

Nach längerem Siechtum starb der Barockfürst am 1. Februar 1733 in Warschau an Diabetes. Er hinterließ völlig zerrüttete wirtschaftliche Verhältnisse in Sachsen. Sein Leichnam wurde in Krakau bestattet, sein Herz aber wurde nach Dresden gebracht.

Anna Constantia Reichsgräfin Cosel
Mätresse des Kurfürsten August dem Starken

Sie ist die bekannteste weibliche Person der sächsischen Geschichte und war wohl die berühmteste unter den Mätressen des deutschen Absolutismus. Anna Constantia von Brockdorff kam am 17. Oktober 1680 auf Gut Depenau in der Nähe von Plön zur Welt. Sie stammte aus einem alten, aber verarmten Rittergeschlecht, war außergewöhnlich gebildet und belesen. Sie lernte mehrere Sprachen, bekam Unterricht in Mathematik und in klassischer Bildung, ritt und liebte leidenschaftlich die Jagd.

Am Hof der Herzöge von Schleswig-Holstein und Braunschweig-Wolfenbüttel hatte sie als Gesellschaftsdame gelebt, ehe man sie wegen einer unerwünschten

Schwangerschaft wieder zu ihren Eltern schickte. Um diesen Makel zu tilgen, willigte sie im Sommer 1703 in die Ehe mit dem zehn Jahre älteren sächsischen Geheimen Rat und Obersteuerdirektor Adolf Magnus Freiherr von Hoym ein und folgte ihm nach Dresden. Doch die Ehe war bereits nach wenigen Monaten zerrüttet. Hoym lehnte es ab, seine im Hause lebende langjährige Geliebte zugunsten seiner Ehefrau aufzugeben. Constantia verweigerte ihm daraufhin die eheliche „Beywohnung".

Als am 7. Dezember 1704 das Palais Hoym in Flammen steht, kommt August der Starke zufällig vorbei und

Anna Constantia Reichsgräfin Cosel.

wird auf Constantia aufmerksam, die tatkräftig die Löscharbeiten leitete. Er verliebt sich in sie und macht ihr den Hof. Als Mätresse aber gewinnt er sie erst, als er ihr finanzielle sowie moralische Sicherheiten garantiert.

August der Starke schenkt ihr das Rittergut Pillnitz mit Schloss, Dörfern, Weinbergen und Wäldern als Witwensitz und später als Erbe für die gemeinsamen Kinder. Der berühmte Hofbaumeister Pöppelmann (S. 38) darf ein prachtvolles Palais auf dem Taschenberg gleich neben dem Schloss für sie bauen.

In einem Ehevertrag wurde 1705 zudem neben einer stattlichen jährlichen Pension das Versprechen des Kurfürsten schriftlich festgelegt, die Cosel nach dem Tod seiner angetrauten Frau öffentlich anzuerkennen und ihre gemeinsamen Kinder als legitime Nachkommen zu behandeln.

Nach der Scheidung von Hoym wurde sie 1706 durch ein Bittgesuch Friedrich Augusts I. an den Kaiser zur Reichsgräfin Cosel erhoben (nach einem in Holstein liegenden Gut, das ehemals im Besitz ihrer Eltern gewesen war).

Als offizielle Mätresse stand sie nun an der Spitze der Hofordnung, über den Ministern. Über sieben Jahre lang war sie der Mittelpunkt, richtete prächtige

Bälle aus, gab glänzende Empfänge. Sie begleitete den Kurfürsten und König häufig auf seinen Reisen. Bis zum Jahr 1712 gebar sie ihm drei Kinder: 1708 Augustina Constantia Gräfin von Friesen, 1709 Friederike Alexandra Gräfin Moszynsky und 1712 Friedrich August von Cosel. Diese wurden 1724 von August legitimiert.

Doch gab sie sich nicht mit ihrer Rolle als Mutter und Gesellschafterin zufrieden. Sie mischte sich in politische Entscheidungen ein und versuchte, den Kurfürsten zu beeinflussen. Dessen Polenpolitik, die sie für falsch hält, wird ihr schließlich zum Verhängnis: Um sich enger an das Land zu binden, legt sich August 1712 eine polnische Mätresse zu.

Damit ist das Schicksal der Cosel besiegelt. Zunächst versucht August über Verhandlungen eine Trennung zu erreichen. Das schriftliche Heiratsversprechen verlangt August von ihr zurück und befiehlt ihr, sich auf Schloss Pillnitz zurückzuziehen. Gräfin Cosel weigert sich und reist 1713 nach Berlin zu ihrem Vetter Graf Rantzau.

Ihre Feinde sehen darin eine Flucht ins Ausland. Sie kennt Staatsgeheimnisse, und Preußen ist ein politischer Gegner. August befiehlt ihr mehrmals, nach Sachsen zurückzukehren, doch sie widersetzt sich. Durch direkte Verhandlungen Augusts des Starken mit dem König von Preußen Friedrich Wilhelm I. wird Gräfin Cosel in Arrest genommen und am 21. November 1716 gegen preußische Deserteure ausgetauscht.

Nach einem kurzen Aufenthalt auf Schloss Nossen kommt sie Weihnachten 1716 als politische Gefangene ohne Urteil auf die Festung Stolpen. Auch nach dem Tod Augusts des Starken 1733 erlangt sie nicht die Freiheit. Die Legende sagt, sie hätte danach freikommen können, sei aber freiwillig geblieben. Die Gefangene überlebt selbst den Sohn Augusts des Starken um zwei Jahre. 49 Jahre ist sie auf Stolpen gewesen, als sie am 31. März 1765 im Alter von 84 Jahren stirbt.

Johann Friedrich Böttger

Alchimist, Miterfinder des europäischen Hartporzellans

Mit Sicherheit ist der am 17. Januar 1682 in Schleiz geborene Böttger nicht der alleinige Erfinder des europäischen Porzellans. Allerdings ist es fraglich, ob die geniale Tat ohne die Hilfe des findigen Experimentators gelungen wäre.

Der 19-jährige Apothekergehilfe Johann Friedrich Böttger, der in Berlin in alchemistische Kreise geraten war, hatte 1701 eine angeblich „geglückte Probe" seiner Goldmacherkunst vorgelegt. Dies nahm der frischgebackene und von Finanzsor-

Johann Friedrich Böttger.

gen geplagte König in Preußen, Friedrich I., dessen Krönungsfeier sechs Millionen Taler verschlungen hatte, für bare Münze. Er bestellte Böttger an den Hof. Doch der zog es vor, nach Wittenberg in Kursachsen, kurz hinter der preußischen Grenze, zu fliehen. Er hatte – zu Recht – Angst vor den Konsequenzen.

Doch in Sachsen erging es ihm nicht besser. Seine Behauptung, Gold machen zu können, war nämlich auch August dem Starken (S. 42) zu Ohren gekommen. Böttger wurde gefangen genommen und auf die Festung Königstein gebracht. Es folgt eine zwölfjährige Arbeitshaft in Laboratorien im Dresdner Goldhaus, in der Albrechtsburg in Meißen, auf der Festung Königstein sowie auf der Jungfernbastei in Dresden.

1704 wird der Naturforscher und Physiker Ehrenfried Walther von Tschirnhaus (S. 36) beauftragt, den „Goldmacher" zu beaufsichtigen. Der lenkt Böttgers Talente in gewinnträchtigere Bahnen. Bereits seit 1693 hat Tschirnhaus immer wieder Versuche unternommen, Porzellan herzustellen. An dem aus einem Gemisch von Kaolin, Quarz und Feldspat gebrannten Erzeugnis, das seit dem 7. Jahrhundert unter strenger Geheimhaltung in China gefertigt und teuer von dort eingeführt wurde, hatten sich schon viele versucht – mit wenig Erfolg.

Nach vier Jahren mühevoller Experimente und langer Versuchsreihen in dem Gold- und Keramiklabor in den Kasematten der Jungfernbastei (der heutigen Brühlschen Terrasse) findet Tschirnhaus unter Mithilfe von Böttger und etwa 30 Mitarbeitern die Rezeptur des Hartporzellans. Zunächst eines roten Steinzeugs. Das Laborprotokoll vom 15. Januar 1708 belegt dann endlich: Der Brand eines weißen Porzellans war gelungen. Man ist sich des Erfolges jedoch nicht sicher und experimentiert weiter. Als Tschirnhaus im Oktober 1708 überraschend stirbt, ruht die Experimentierarbeit. Erst als dessen Nachlass gesichtet ist und Böttger wieder experimentieren kann, meldet er am 28. März 1709 dem König, er habe nun das Porzellan erfunden.

1710 wird Böttger die Leitung der ersten europäischen Porzellanmanufaktur übertragen, die später nach Meißen verlegt wird. 1714 erhält er die Freiheit zurück, doch war er bereits ein vom Tode gezeichneter Mann. Der Umgang mit zum Teil giftigen Substanzen, die Arbeit an den Brennöfen und der Drang, die Hitze mit Wein zu lindern, hatten seine Gesundheit auf das Schwerste untergraben. Er stirbt am 3. März 1719 in Dresden, erst 37 Jahre alt.

Gottfried Silbermann
Orgelbauer

Über die Jugend des am 4. Januar 1683 in Kleinbobritzsch geborenen Silbermanns ist wenig bekannt. Als 13-Jähriger kam er bei einem Spielwarendrechsler in die Lehre. Diese Ausbildung brach er aber wie auch eine Buchbinderlehre vorzeitig ab. Im Jahr 1702 ging Gottfried Silbermann nach Straßburg, um bei seinem älteren Bruder Andreas (1678–1731) das Orgelbauerhandwerk zu erlernen. Diese vortreffliche fachliche Ausbildung legte den Grundstein für seine Entwicklung zu einem der bedeutendsten Orgelbauer Europas im 18. Jahrhundert.

1710 kehrte Gottfried Silbermann, versehen mit den neuesten Kenntnissen und Fertigkeiten des französischen Orgel- und Kla-

Gottfried Silbermann, nach einem Scherenschnitt.

vierbaus, in seine sächsische Heimat zurück. Er lässt sich in Freiberg nieder, wo er den Auftrag zum Bau einer Orgel für den Dom erhält. Das alte kursächsische Handels- und Handwerkszentrum Freiberg ist fortan Silbermanns Lebens- und Schaffensmittelpunkt. Hier wohnt er vier Jahrzehnte, begründet seine eigene Orgelwerkstätte mit sechs, sieben ständigen Mitarbeitern. Zu dieser eher kleinen Belegschaft kommt noch eine Vielzahl an Zulieferern und Handwerkern wie beispielsweise „Schloßer, Zirckel- und Huff-Schmiede, Nadler, Gürtler, Gehäusetischler, Maler, Bildschnitzer, Vergolder".

Silbermann-Orgel in der Hofkirche Dresden.

Mit Wohlwollen wird das Schaffen Silbermanns am sächsischen Hof beobachtet: Im Jahr 1723 verleiht ihm August der Starke das Prädikat „Königlich Sächsischer Hof- und Landorgelbauer". Bemerkenswert ist auch Silbermanns Gabe, mit dem Orgelbau gute Geschäfte zu machen, wodurch er zu einem für einen Orgelbauer zur damaligen Zeit ungewöhnlichen Wohlstand gelangte. Silbermann weiß zu wirtschaften und seine Position zu festigen. So erreicht er im Laufe der Zeit nahezu eine Monopolstellung. Seine Lehrlinge mussten sich verpflichten, nach ihrer Ausbildung nicht in Mitteldeutschland tätig zu werden.

Er baut nachweislich 46 Orgeln, von denen noch 32 erhalten sind. Dies gilt sowohl für das Äußere als auch für die musikalische Ausstattung. Die bekanntesten Instrumente befinden sich in Bad Lausick, Burg (Schlosskapelle), Crostau, Dittersbach bei Stolpen, Dresden (Hofkirche), Forchheim, Frankenstein, Fraureuth, Freiberg (Dom, St. Petri und St. Jacobi) und Glauchau (St. Georg). Gottfried Silbermann hat einen über den französischen Einfluss hinausgehenden eigenen Orgelbaustil begründet, der bis in die Mitte des vergangenen Jahrhunderts in der sächsischen Orgellandschaft richtungsweisend war. Er starb am 4. August 1753 in Dresden.

Johann Sebastian Bach
Komponist

Der am 21. März 1685 in Eisenach geborene Johann Sebastian Bach gehört zu den kreativsten Komponisten der letzten Jahrhunderte. Er war ein vielseitiger Musiker, der für alle Gattungen mit Ausnahme der Oper komponierte. Er hinterließ fast 1.200 Werke. Seine größte Bedeutung erreichte er als protestantischer Kirchenmusikkomponist. Von dem Menschen Bach ist allerdings kaum etwas bekannt, da nur wenige Briefe und persönliche Notizen von ihm erhalten geblieben sind.

Kaum hatte er die Schule beendet, wurde er als Violinist am Hofe von Johann Ernst von Sachsen-Weimar angestellt. In dieser Zeit betätigte er sich bereits als Orgelgutachter. Seine glänzenden Kenntnisse und virtuosen Fähigkeiten brachten ihm 1703 die Stelle als Organist in Arnstadt ein, später dann in Mühlhausen/ Thüringen. Hier lernt er auch seine Cousine zweiten Grades Maria Barbara kennen, die er heiratet. Seit 1708 als Organist und Kammermusiker in Weimar, ist

Johann Sebastian Bach, 1748.

er sechs Jahre später Konzertmeister. In dieser Zeit entstehen die meisten seiner Orgelwerke und Instrumentalkonzerte. Im Dezember 1708 wird sein erstes Kind geboren, danach folgen sechs weitere Kinder in sieben Jahren. 1717 wird er Hofkapellmeister in Köthen. Hier heiratet er nach dem Tod seiner Frau 1721 ein zweites Mal. In Leipzig, wo er 1723 zum Thomaskantor berufen wird, wurden fünf weitere Kinder geboren, von denen drei noch im Kindesalter sterben. Als „Director musices" ist er für die Kirchenmusik an den Leipziger Kirchen verantwortlich. Oft komponiert er für jeden Sonntag eine neue Kantate für den Gottesdienst. Hier werden die Gedanken der

Predigt musikalisch vorgetragen. Insgesamt schrieb er rund dreihundert Kirchenkantaten, von denen zweihundert erhalten sind.

Obgleich er jahrzehntelang als „unbequemer Mann" im Streit mit den Behörden lag, wuchs sein Ansehen als Orgelvirtuose, Komponist und Lehrer. In Leipzig entstanden die großen Vokalwerke wie die Johannes- und die Matthäuspassion, Oratorien, die das Leiden und Sterben Jesu Christi thematisieren. Die Matthäuspassion stellt einen Höhepunkt seines Schaffens dar und ist mit drei Stunden Aufführungszeit eines der umfangreichsten Werke Bachs. 1736 wurde Bach zum königlich-polnischen und kurfürstlich-sächsischen Hofkomponisten ernannt.

Alle seine Söhne, die das Erwachsenenalter erreichen, traten in die musikalischen Fußstapfen ihres Vaters, vier von ihnen übertrafen teilweise noch zu Bachs Lebzeiten dessen Ruhm und sind bis heute bekannt: Wilhelm Friedemann Bach (1710–1784) war Organist in Dresden und Halle, Carl Philipp Emanuel (1714–1788) wurde Hofmusiker am preußischen Königshof Friedrichs II. und später Kantor und Musikdirektor am Johanneum in Hamburg. Johann Christoph Friedrich Bach (1732–1795) wurde Konzertmeister am Bückeburger Hof und Johann Christian Bach (1735–1782) schließlich wirkte als Domorganist in Mailand und als Opernkomponist in London.

Johann Sebastian Bach stirbt am 28. Juli 1750 in Leipzig. Er ist bald nach seinem Tod vergessen. Die Menschen wollen eine einfachere und leichtere Musik hören, als Bach sie geschrieben hatte. Erst hundert Jahre später fing man an, ihn wieder zu entdecken.

Nikolaus Ludwig Graf von Zinzendorf
Theologe, Begründer der Herrnhuter Brüdergemeine

Der am 26. Mai 1700 in Dresden geborene Zinzendorf gehört zu den bekanntesten und originellsten Persönlichkeiten des Pietismus im 18. Jahrhundert.

Als Reichsgraf war er Mitglied des höchsten europäischen Adels, wollte aber die Standes- wie die Konfessionsgrenzen überwinden. Er setzte sich auch für die Gleichstellung der Frauen ein – gedankliche Anstöße, die in seiner Zeit revolutionär wirkten. Er wurde heftig angegriffen, aber auch bewundert und verehrt.

Auf seinem Gut Berthelsdorf unweit von Großhennersdorf in der Oberlausitz hatte sich 1722 eine Gruppe Böhmischer Brüder angesiedelt, die im Zuge der Gegenreformation vertrieben worden waren. Sie gaben sich den Namen „Brüdergemeine". Ihr Streben war gekennzeichnet durch heitere Frömmigkeit, arbeitsames Leben, Missions-, Erziehungs- und Pflegetätigkeit. Die Mitglieder redeten

Nikolaus Ludwig Graf von Zinzendorf, wahrscheinlich 1731.

sich mit „Bruder" und „Schwester" und „du" an. Frauen hatten die gleichen Rechte wie Männer. Sie gaben dem neuen Ort den Namen Herrnhut. Bewusst wollten sie unter der „Hut ihres himmlischen Herrn" leben. 1727 zog Zinzendorf mit seiner Frau Gräfin Erdmuth Dorothea, die er 1722 geheiratet hatte, nach Herrnhut, um sich ganz der neuen Gemeinschaft zu widmen. Schon zu Beginn ihrer Ehe hatte die Gräfin die Finanzwirtschaft der Güter ihres Mannes übernommen. Nachdem ihr die Güter überschrieben worden waren, trug sie die alleinige Verantwortung für Schulden und Unterhalt.

1728 gibt Zinzendorf die erste „Herrnhuter Losung" heraus. Die Losungen empfehlen für jeden Tag einen kurzen Bibeltext zur Andacht. Sie sind inzwischen, übersetzt in 50 Sprachen, auf allen Kontinenten in einer jährlichen Auflage von rund 1,75 Millionen in Gebrauch. Darüber hinaus hat Zinzendorf etwa zweitausend Kirchenlieder gedichtet. Am bekanntesten dürfte sein Tischgebet sein: „Komm, Herr Jesus, sei Du unser Gast und segne, was Du uns bescheret hast."

Weil Zinzendorf immer weiter Glaubenflüchtlinge aufnimmt, wird er 1736 aus Kursachsen verbannt. Er versteht dieses Exil als Gottes Auftrag zur „Pilgerschaft" und reist als Prediger durch Europa und sogar nach Amerika. Während seiner elfjährigen Verbannung gründet er viele neue Stützpunkte der Brüdergemeine.

Bereits 1731 hatte Zinzendorf einen westindischen Sklaven von Kopenhagen nach Herrnhut mitgebracht. Bewegt von dessen Bericht über das Los afrikanischer Sklaven in der Karibik, zogen die ersten Missionare auf die Westindischen Inseln und legten den Grundstein für ein weltweites Diakoniewerk. Zinzendorf starb am 9. Mai 1760 in Herrnhut.

Heinrich Graf von Brühl

Premierminister

Der am 13. August 1700 in Gangloffsömmern/Thüringen geborene Brühl ist eine der umstrittensten Figuren der sächsischen Geschichte. Bei ihm laufen im „Augusteischen Zeitalter", der Regierungszeit von August dem Starken und dessen Sohn, alle Fäden zusammen. Er lässt Paläste errichten, Gärten anlegen und Kunstsammlungen aufbauen. Dafür versucht er immer neue Geldquellen zu erschließen. Er nutzt aber auch seine Macht, um ein riesiges Privatvermögen anzuhäufen. Seine Verschwendungssucht ist legendär.

Heinrich von Brühl wurde mit 13 Jahren Page am Hof des Herzogtums Sachsen-

Heinrich Graf von Brühl, um 1750.

Weißenfels, wo sein Vater als Hofmarschall tätig war. Mit 19 übernahm er die Funktion eines Silberpagen am kursächsischen Hof in Dresden. Dort wird August der Starke rasch auf Heinrich von Brühl aufmerksam. Schon bald avanciert der zum engsten Vertrauten des Kurfürsten. Ein unaufhaltsamer Aufstieg beginnt: Brühl wird Kammerjunker, Obersteuereinnehmer, Geheimer Rat und Kammerpräsident.

In der Folge kommt Brühls Karriere rasant in Fahrt. August der Starke und nach dessen Tod 1733 Friedrich August II. überhäufen Brühl geradezu mit Ämtern und Aufgaben: Er wird Finanzminister und übernimmt wenig später auch die Funktion des Außenministers. 1738 vereinen sich alle Ministerien und wichtigen Ämter auf seine Person, insgesamt fast 30 Funktionen. Am 8. Dezember 1746 wird er zum Premierminister ernannt.

Brühl war auch Direktor der Porzellanmanufaktur in Meißen. Für ihn kreierte der Modelleur Johann Joachim Kaendler in fünfjähriger Arbeit das aus mehr als 2.200 Teilen bestehende „Schwanenservice". Außer Schwänen zieren Wassermotive wie Flussgötter und Muscheln die Einzelteile. Neben Tellern, Schalen und Tassen umfasst das Schwanenservice auch Kerzenleuchter und Flaschenständer, die zu den Lieblingsstücken des Auftraggebers zählten. In dieser ursprünglichen Form wurde das Service nur ein einziges Mal hergestellt. Seit dem Zweiten Weltkrieg ist es in vielen Einzelstücken über die ganze Welt verteilt.

Die Brühlsche Terrasse in Dresden.

Nach dem Premierminister ist die Brühlsche Terrasse in Dresden benannt. Brühl hatte sie von 1739 bis 1748 auf dem Festungswall der früheren Stadtbefestigung als privaten Lustgarten anlegen lassen. Um 1814 wurde die Anlage für die Öffentlichkeit freigegeben. Zu diesem Zeitpunkt entstand auch die großzügige Freitreppe. Brühls privater Reichtum wuchs beständig. Ab 1749 residierte er häufig auf seinem Schloss Pförten in der Niederlausitz. Ferner besaß er unter anderem das Rittergut Groschwitz, Schloss Gaußig (heute Landkreis Bautzen), Schloss Lindenau bei Ortrand, Schloss Nischwitz bei Leipzig, Schloss Oberlichtenau bei Pulsnitz und Schloss Seifersdorf bei Radeberg.

Dem entgegengesetzt waren die Staatsfinanzen völlig zerrüttet. Die von Brühl zur Deckung der laufenden Ausgaben bereitgestellten Summen reichten nicht einmal für die Zinszahlungen aus früheren Schulden. Die Armee wurde von 32.000 auf 17.000 Mann verringert, mehrmals erhöhte man die Steuern. Trotzdem betrugen die Staatsschulden 35 Millionen Taler. Auch in der Außenpolitik hielt Brühl alle Fäden in der Hand. Nicht zuletzt unter seinem Mitwirken entsteht eine große Koalition mit Österreich, Russland, Frankreich, Sachsen und dem Reich gegen den Erzfeind Preußen, der sich mit England und Hannover verbündet. Daraus entwickelt sich der Siebenjährige Krieg (1756–1763). Sachsen wird von der preußischen Armee besetzt und muss den Großteil der anfallenden Kriegskosten bezahlen. August III. und Brühl flüchten nach der Kapitulation der sächsischen Armee nach Polen, wo sie bis zum Kriegsende bleiben. Als sie zurückkehren, ist Sachsen wirtschaftlich und finanziell ruiniert.

August III. stirbt am 5. Oktober 1763 in Dresden. Brühl tritt von seinen Ämtern zurück, stirbt aber bald darauf, am 28. Oktober 1763, an Brustwassersucht in Dresden. Sein Vermögen wurde umgehend vom neuen Kurfürsten Friedrich Christian beschlagnahmt, weil Brühl der Staatskasse 4,6 Millionen Taler schuldete.

Christian Fürchtegott Gellert

Dichter, Philosoph

Der am 4. Juli 1715 geborene Gellert ist der meistgelesene Dichter des 18. Jahrhunderts. Der Bürger, so Gellerts Ideal, müsse Aufklärung und Empfindsamkeit in sich vereinen.

Christian Fürchtegott Gellert kam als eines von dreizehn Kindern einer Pastorenfamilie in Hainichen im Erzgebirge zur Welt. Obwohl die Familie in ärmlichen Verhältnissen lebte, konnte Gellert die Fürstenschule St. Afra in Meißen besuchen. Anschließend studierte er von 1734 bis 1738 an der Universität Leipzig. Er hörte unter anderem Vorlesungen bei Johann Christoph Gottsched (S. 180). Wie viele andere junge Gelehrte seiner Zeit litt auch er unter Geldmangel und musste seine Studien unterbrechen, um sich als Hauslehrer bei einer fürstlichen Familie seinen Lebensunterhalt zu verdienen. 1744 kehrte er nach Leipzig zurück und schloss sein Studium mit einer Dissertation über die Geschichte der Fabel ab. 1751 erhielt Gellert eine außerordentliche Professur für Philosophie an der Universität Leipzig. Seine Seminare gehörten zu den Attraktionen der Universität.

Christian Fürchtegott Gellert.

In seinen Vorlesungen über Poetik, Stilkunde und Moral drängten sich oft mehr als 500 Zuhörer. Auch Johann Wolfgang Goethe zählte später zu ihnen.

Ganz dem Gedankengut der Aufklärung verschrieben, waren Gellerts Werke in klarem, nüchternem Stil vor allem didaktisch motiviert und so einem breiten Publikum zugänglich.

Christian Fürchtegott Gellert blieb Zeit seines Lebens in Leipzig, widmete sich jedoch in den letzten Lebensjahren nach 1751 ganz seiner Lehrtätigkeit an der Universität und schrieb kaum noch. Er starb am 13. Dezember 1769.

Johann Georg Palitzsch

Bauer, Astronom

Obwohl er sein Leben lang als Bauer arbeitete, wurde der am 11. Juni 1723 in Prohlis bei Dresden geborene Palitzsch durch umfangreiche autodidaktische Studien in der Himmelskunde, Physik, Mathematik, Botanik und Zoologie in der Gelehrtenwelt bekannt. Er berechnete und beobachtete Mond- und Sonnenfinsternisse, verfolgte den Lauf von Kometen und den Lichtwechsel von Sternen.

Johann Georg Palitzsch.

1758 machte der 35-Jährige europaweit Furore, als es ihm als Erstem gelang, den Halleyschen Kometen auszumachen, dessen Wiederkehr der englische Astronom Edmond Halley 1705 vorausgesagt hatte. Daraufhin wird er zum Astronomielehrer des jungen Kurfürsten Friedrich August III. berufen und dient ihm als Berater. Auf dessen Fürsprache hin wird Palitzsch sogar Mitglied der renommierten „Leipziger ökonomischen Societät" – trotz seiner bäuerlichen Herkunft. Wie alle anderen Bauern hatte er Frondienst zu leisten. Obwohl ihm der Kurfürst die Befreiung davon anbietet, lehnt er ab. Erst wenn die Fronarbeit abgeschafft werde, wolle er dieses Angebot annehmen.

Nicht nur auf dem Gebiet der Astronomie ist Palitzsch ein ernstzunehmender Wissenschaftler. Nachdem er sich Kenntnisse in Mikroskopie angeeignet hat, gelingt ihm 1758 mit einfachsten technischen Mitteln im Großen Garten in Dresden die Entdeckung der Süßwasserpolypen. Zudem erkennt er durch seine botanischen Studien den Wert der damals als exotisch geltenden Kartoffel als Nahrungsmittel und baut 1775 als Erster die Knollenfrucht im Elbtal an. Im gleichen Jahr regt er die Installation von Blitzableitern auf Dresdner Gebäuden wie etwa dem Residenzschloss an.

Palitzsch hinterließ bei seinem Tod eine Bibliothek von 3.518 Büchern. Darunter befanden sich viele Abschriften wissenschaftlicher Werke, die er selbst vorgenommen hatte, da die Originale für ihn unerschwinglich waren.

Trotz seiner vielen weitreichenden Studien wurde ihm die Anerkennung als Wissenschaftler versagt – er blieb immer „der gelehrte Bauer". Auf dem Mond tragen drei Krater (Palitzsch, Palitzsch A und B) und ein Tal seinen Namen. Nach ihm benannt ist auch der Asteroid 11970 Palitzsch.
Gestorben ist Palitzsch am 21. Februar 1788 in Leubnitz bei Dresden.

Gotthold Ephraim Lessing
Dichter, Philosoph

Der am 22. Januar 1729 in Kamenz geborene Lessing war der wichtigste Dichter der Aufklärung. Mit der Aufklärung begann im 18. Jahrhundert der Kampf für persönliche Freiheit und Menschenrechte. Lessing trat für Toleranz und für eine edle Gesinnung unter den Menschen ein. So half er den Humanismus der deutschen Klassik vorzubereiten. Weiter ist er Schöpfer der ersten formell eigenständigen deutschen Dramen. Damit hat er die Entwicklung der deutschen Literatur wesentlich beeinflusst. Mit seinen oft ironischen Essays trug er zur Entstehung der deutschen Literaturkritik bei. Seine Werke „Minna von Barnhelm", „Emilia Galotti" und „Nathan der Weise" gehören zu den meistgespielten Bühnenklassikern.

Lessing hatte von 1737 bis 1741 die Lateinschule in Kamenz besucht, danach bis 1746 die Fürstenschule St. Afra in Meißen, die er aufgrund seiner guten Leistungen vorzeitig beenden konnte. Aus dieser Zeit stammen auch die schriftstellerischen Anfänge. Nach dem Schulabschluss begann er ein Theologiestudium an der Universität in Leipzig. Den Wunsch des Vaters, das Studium schnell zu beenden, erfüllte Lessing nicht. Er widmete sich eher verschiedenen Themen und Vorlesungen, zum Beispiel dem Besuch der Vorlesungen des berühmten Archäologen Johann Joachim Winckelmann (S. 199).

Gotthold Ephraim Lessing. 1771.

Auch galt seine Vorliebe dem Theater. Er besuchte oft die Proben bei Caroline Neuber (S. 190). Deren Truppe führte Lessings in dieser Zeit fertiggestelltes Lustspiel „Der junge Gelehrte" 1748 mit viel Erfolg auf.

Lessing wurde von seinem Vater nach Hause gerufen, da jener befürchtete, dass er sein Studium vernachlässige. Lessing durfte bald nach Leipzig zurückkehren, begann aber ein Studium der Medizin. Weil er leichtsinnig für Schauspieler Bürgschaften übernommen hatte und von Gläubigern bedrängt wurde, musste er das Studium abbrechen und nach Berlin fliehen. Hier lebte er als freier Schriftsteller und schrieb für mehrere Zeitungen. Dauernd in Geldnot, nahm er 1760 eine Stelle als Sekretär bei General Tauentzien in Breslau an, wo er bis 1765 blieb. Lessing kehrte nach Berlin zurück und nahm seine schriftstellerische Arbeit wieder auf.

1767 erhält er eine Anstellung als Dramaturg und Kritiker am Deutschen Nationaltheater in Hamburg. Ihm schwebt ein Theater „für die ganze Nation" vor und nicht nur für die Oberschicht. Wegen der eindeutig antichristlichen Tendenzen in den anonym herausgegebenen „Fragmenten eines Ungenannten" gibt es scharfe Kritik von Seiten der Kirche. Lessing setzt das Drama „Nathan der Weise" dagegen. Darin lässt er den weisen Juden Nathan sagen: Die Menschen sollten sich in ihrer Verschiedenheit akzeptieren. Der Wert der Religionen bestehe in ihrem Streben nach Wahrheit, nach tätiger Menschenliebe. Alle Religionen hätten den gleichen wahren Kern, nämlich die Forderung, das Gute zu tun.

Das Nationaltheater wird von Privatleuten finanziert. Bereits zwei Jahre später muss das Modell wegen Geldmangel und ungenügenden Publikumsinteresses eingestellt werden. Deshalb geht Lessing 1770 nach Wolfenbüttel. Hier verwaltet er, vereinsamt und nahezu erblindet, bis zu seinem Tod am 15. Februar 1781 die weltberühmte Bibliothek des Herzogs von Braunschweig.

Samuel Hahnemann
Begründer der Homöopathie

Der am 10. April 1755 in Meißen geborene Samuel Hahnemann ist eine der herausragenden Persönlichkeiten der deutschen Medizingeschichte des 18. und 19. Jahrhunderts. Er ist der Begründer der Homöopathie, die er in seiner 1810 erschienenen Schrift „Organon der rationellen Heilkunde" zusammenfassend darstellt. Noch heute gilt dieses Werk weltweit als „Bibel der Homöopathie".

Seine Therapie, ab 1807 „Homöopathie" (griech.: „homoios" – Ähnliches, „pathos" – Leiden) genannt, beruht auf dem Grundsatz, dasjenige Heilmittel in sehr kleinen Gaben anzuwenden, das „eine andre, möglichst ähnliche Krankheit zu erregen imstande ist": „similia similibus curentur" (Ähnliches ist mit Ähnlichem zu heilen).

Das Ähnlichkeitsgesetz war geboren. So werden zum Beispiel Kopfschmerzen mit einer Substanz behandelt, die auch bei einem gesunden Menschen ähnliche Symptome auslöst. Diese Substanz gibt man dem Erkrankten in einer schwach konzentrierten Verdünnung. Hahnemann fand heraus, dass sich die Wirkung durch das Verdünnen der Stoffe sogar noch verstärkte (Effekt der Potenzierung).

Bevor Hahnemann dieses Prinzip entdeckte, zeigten ihm seine ersten praktischen Erfahrungen als junger Arzt, wie wenig er mit der herkömmlichen Medizin ausrichten konnte.

Samuel Hahnemann.

Als drittes Kind eines Meißner Porzellanmalers geboren, wuchs er in bescheidenen Familienverhältnissen auf. Doch wurde er früh an der Fürstenschule St. Afra gefördert. Mit zwölf Jahren war er in der Lage, seinen Griechischlehrer im Unterricht zu vertreten, und er verdiente sich mit Nachhilfeunterricht und Übersetzungsarbeiten vor allem dann während seines Studiums seinen Lebensunterhalt. Er beherrschte Griechisch, Latein, Englisch, Französisch, Italienisch, Hebräisch und Arabisch. Sein Medizinstudium absolvierte er in Leipzig und Wien und erwarb in Erlangen 1779 seinen Doktorgrad. Anschließend war er als praktischer Arzt in Hettstedt und Dessau tätig. 1782 heiratete er die Apothekertochter Johanna Leopoldine Henriette Küchler. Sie gebar ihm elf Kinder.

In den Folgejahren wirkt Hahnemann als praktischer Arzt sowie in Dresden als Gerichtsarzt und studiert in Leipzig Chemie. Von 1811 bis 1821 lebte Hahnemann in Leipzig, wo er nach seiner Habilitation an der Leipziger Universität Vorlesungen über seine neue Heilmethode hält. Da er sich aber vollkommen mit der Apothekerschaft überwirft, muss er die Stadt verlassen. Herzog Ferdinand von Anhalt-Köthen gestattet ihm, sich in Köthen niederzulassen und dort ohne Einschränkungen der Arzneiherstellung zu praktizieren. Hier lebt und arbeitet

Hahnemann von 1821 bis 1835, immer zwischen den Fronten von Anerkennung und Ablehnung, Spott und Bewunderung.

Als im Jahre 1831 die erste große Cholera-Epidemie in Europa ausbricht, stehen die damaligen Ärzte dieser Katastrophe machtlos gegenüber. Die herkömmlichen Therapien mit Aderlässen und Abführmitteln gefährden die Patienten mehr, als sie ihnen helfen. Die homöopathische Cholera-Behandlung dagegen erzielt beachtliche Erfolge; dies verschafft der neuen Heilkunde Ansehen in der Bevölkerung und hilft ihr bei der Überwindung bürokratischer Hindernisse und Verbote.

Fünf Jahre nach dem Tod seiner Ehefrau „entführt" ihn 1835 die 35-jährige französische Malerin Melanie d'Hervilly nach Paris und heiratet den inzwischen 80-Jährigen. Er avanciert zum Modearzt des Pariser Adels. Prominente aus aller Welt konsultieren ihn. Geistig wie körperlich fit, macht er noch mit 87 Jahren Hausbesuche. Samuel Hahnemann stirbt am 2. Juli 1843 in Paris an einer Lungenentzündung.

Johann Gottlieb Fichte
Philosoph

Der am 19. Mai 1762 in Rammenau bei Bischofswerda geborene Johann Gottlieb Fichte war ein herausragender Vertreter des Deutschen Idealismus. Für ihn war Philosophie eine „Wissenschaftslehre", so wie er sie in seinem gleichnamigen Werk auch bezeichnete. Darin ist das Ich, die Persönlichkeit, gleichbedeutend mit Geist, Wille, Sittlichkeit und Glaube. Dinge außerhalb des Ich sind gesetzte Realitäten, die das Ich als „Tathandlung" vollführt. Das Bewusstsein einer Dingwelt außer dem Menschen erkannte Fichte als ein menschliches Vorstellungsvermögen und zugleich als Freiheit. Und so kam er zu dem Schluss, dass die Welt nichts anderes als der Stoff der menschlichen Tätigkeit ist. In seiner sittlichen Philosophie forderte er die Ausbildung des Körpers und des Geistes sowie die Eingliederung in die menschliche Gesellschaft. Als politischen Anspruch erhob er das Recht auf formale Freiheit, auf Schutz vor Gewalt, auf Eigentum, auf Arbeit und auf die Teilhabe an den staatswirtschaftlichen Gewinnen.

Fichte wird als Sohn einer kinderreichen Leinenweberfamilie geboren. Er wächst in ärmlichen Verhältnissen auf. 1770 ist Freiherr Friedrich Ernst Haubold von Miltitz in Rammenau zufällig Zeuge eines Predigtspieles der Kinder des Ortes, bei dem ihm die rhetorische Begabung und Intelligenz des „Predigers" Fichte auffällt. Er finanziert daraufhin die Ausbildung des Achtjährigen. Dieser be-

Johann Gottlieb Fichte, 1808.

sucht die Stadtschule in Meißen und dann die Fürstenschule Pforta bei Naumburg.

1780 beginnt er ein Theologiestudium in Jena, wechselt ein Jahr später nach Leipzig. Allerdings verhindert seine wirtschaftliche Not, die ihn zur Arbeit als Hauslehrer zwingt, einen regulären Studienabschluss. Sein Mäzen war bereits 1774 gestorben, und dessen Familie hatte das Stipendium immer weiter verringert und dann völlig eingestellt. 1788 fand er eine Beschäftigung als Hauslehrer in Zürich. 1790 nach Leipzig zurückgekehrt, studierte er die Schriften Kants. Um diesen auf sich aufmerksam zu machen, schrieb er in wenigen Tagen seinen „Versuch einer Kritik aller Offenbarung". Er wurde schlagartig berühmt und erhielt 1794 einen Ruf an die Universität Jena. Wegen seiner Schrift „Über den Grund unseres Glaubens an eine göttliche Weigerung" wurde ihm der Vorwurf des Atheismus gemacht. Fichte wurde beschuldigt, Gott als unpersönlich dargestellt zu haben, da er ihn als eine moralische Weltordnung auffasst. Diese religiösen Querelen, die als „Atheismusstreit" berühmt wurden, führten dazu, dass er 1799 entlassen wurde.

Fichte siedelt als Privatgelehrter nach Berlin über. Seine Privatvorlesungen besuchen selbst Professoren, hohe Staatsbeamte und Minister. Als Napoleon 1806 Berlin besetzt, flieht Fichte zuerst nach Königsberg, später nach Kopenhagen. Er war zunächst ein glühender Anhänger der Französischen Revolution und ihrer Ideen. Doch nachdem sich Napoleon selbst zum Kaiser inthronisierte und die liberalen Revolutionserrungenschaften rückgängig machte, lehnt Fichte Napoleon ab. 1811 kehrt er nach Berlin zurück und wird der erste vom Senat ordentlich gewählte Rektor der ein Jahr zuvor gegründeten Universität Berlin. Wegen verschiedener Differenzen, besonders mit den Verfechtern der Burschentraditionen, bat er jedoch 1813 um seine Amtsenthebung.

Bei der Pflege von an Typhus erkrankten Soldaten infizierte sich 1813 Fichtes Frau; sie überlebte dank seiner Pflege, er selbst hatte sich aber bei ihr angesteckt und starb am 29. Januar 1814 in Berlin.

Am 17. Februar 1763 beendet der Friede von Hubertusburg den Siebenjährigen Krieg. Kriegswirren, Geburtenausfälle, Hungersnöte und Seuchen hatten verheerende Auswirkungen. Das Barock-Zeitalter in Sachsen ging schlagartig zu Ende. Für herrschaftliche Repräsentationsbauten fehlten die erforderlichen Geldmittel. So verachteten die barockverwöhnten Dresdner den nun aufkommenden klassizistischen Baustil als „Hungerstil". Auch war der mühsam erkämpfte politische Einfluss dahin, die polnische Königskrone verloren. Umso erstaunlicher ist, dass sich im mitteldeutschen Raum in der zweiten Hälfte des 18. Jahrhunderts ein wirtschaftlich-kultureller Aufstieg abzeichnet. So wurden bereits 1764 die Kunstakademien in Dresden und Leipzig gegründet. Feudale Privilegien werden beseitigt, Manufakturen gegründet. Das Manufakturbürgertum gewann zunehmend Einfluss auf den Staat, aber die Menschen waren noch sehr obrigkeitshörig, so dass nur schwache Ausläufer der Französischen Revolution (1789 bis 1795) zu spüren waren.

Trotzdem trafen sich 1791 Leopold II. von Österreich und Friedrich Wilhelm II. von Preußen im Schloss Pillnitz, um gemeinsame Maßnahmen gegen die Französische Revolution zu beschließen. Der in der Pillnitzer Konvention beschlossene Interventionskrieg, an dem Sachsen von 1793 bis 1796 teilnahm, endete mit einer Niederlage für die preußischen, österreichischen und sächsischen Verbündeten.

Nach der Besetzung durch französische Truppen wechselt das Kurfürstentum Sachsen die Seiten. Kurfürst Friedrich August III. schließt Frieden mit Frankreich und wird dafür mit dem Königstitel belohnt. Seit dem 20. Dezember 1806 darf er als König Friedrich August I. von Sachsen das Königreich Sachsen regieren. So steht er bei der Völkerschlacht zu Leipzig 1813 auf Seiten Napoleons und damit auf Seiten des Verlierers. Die sächsischen Truppen liefen zum Feind über, während König Friedrich August I. nach der Schlacht als Gefangener nach Berlin gebracht wurde, von wo er erst 1815 nach Sachsen zurückkehren durfte. Das Königreich Sachsen wird preußisch-russisches Generalgouvernement und muss auf dem Wiener Kongress 1815 – vor allem auf Betreiben Preußens – 58 Prozent seines Staatsgebietes abtreten.

Friedrich Leopold Frhr. von Hardenberg – Novalis
Dichter

Der als Novalis bekannt gewordene Dichter und Jurist war eine der herausragenden Persönlichkeiten der literarischen Frühromantik in Deutschland. Geboren wurde er als Friedrich Leopold Freiherr von Hardenberg am 2. Mai 1772 auf Schloss Oberwiederstedt im Harz. Seine Werke lassen den weltfernen Mystiker ebenso erkennen wie den hochintellektuellen Denker. Unter dem Pseudonym „Novalis" publizierte er seit 1798. Mit diesem Namen, der so viel bedeutet wie „der Neuland Bestellende", verband Hardenberg eine Mission. Unsystematisch und ungebunden sollten sich seine Gedanken in kühnen Kombinationen und unerwarteten Hypothesen geistiges Neuland erschließen. Novalis verkündet einen „magischen Idealismus", der von der Macht des Geistes über die Natur durch-

Friedrich Leopold Frhr. von Hardenberg, um 1799.

drungen ist. Allein aus dem Geiste sei die Natur zu begreifen, und durch den Geist werde sie beständig gestaltet und erneuert.

In nur vier Jahren entstanden so bedeutende Werke wie die „Geistlichen Lieder", „Die Christenheit und Europa", die „Hymnen an die Nacht". In seinem Romanfragment „Heinrich von Ofterdingen" brach Novalis Anfang 1800 als Erster mit der frühromantischen Verehrung Goethes. Er schrieb dieses Werk gleichsam als Antithese zu Goethes „Wilhelm Meisters Lehrjahre", das Novalis als „fatales und albernes Buch" abtat. Goethe habe jede Romantik zugrundegerichtet.

Novalis thematisierte dagegen den (poetischen) Weg des Menschen „nach innen", damit aber gleichzeitig in die Unendlichkeit. Dazu schuf er das Sinnbild der „Blauen Blume", die zum Hauptsymbol der romantischen Poesie wurde. Novalis hatte die literarische Vorlage in der alten thüringischen Legende von der Wunderblume gefunden, die im Innern des Kyffhäuserberges wachsen soll. Der

Sage nach wird derjenige, der diese Blume am Abend des Johannistages zu pflücken vermag, ein weiser Mann und das glücklichste Geschöpf der Welt.

Der Vater, der mit den Auffassungen der Herrnhuter Brüdergemeine (S. 51) sympathisierte, erzog den Sohn in streng pietistischem Sinn und legte Wert auf Familienbindung und Religiosität – nicht auf eine aristokratische Lebensführung. 1784 zogen die Hardenbergs nach Weißenfels, wo der Vater als Salinendirektor in kursächsische Dienste trat. Nach dem Besuch des Luthergymnasiums in Eisleben begann Friedrich von Hardenberg 1790 in Jena mit dem Studium der Rechtswissenschaften, wobei er aber bevorzugt philosophische und historische Vorlesungen hörte. Nach einigen Studiensemestern in Leipzig legte er 1794 in Wittenberg sein juristisches Examen ab.

Im selben Jahr wird er als Aktuarius nach Tennstedt geschickt, beschäftigt sich aber intensiv mit zeitgenössischer Philosophie und Dichtung. Im nahen Grüningen begegnet er der 12-jährigen Sophie von Kühn, mit der er sich im März 1795 ohne Wissen der Eltern verlobt. Um in der Nähe von Sophie sein zu können, wechselt er nach Weißenfels ins Salinenamt.

Nach dem Tode Sophies im März 1797, die an „Lungensucht" starb, ging er Ende 1797 an die Freiberger Bergakademie, wo er Bergwerkskunde, Chemie und Mathematik studierte. Auch wenn er sich intensiv mit praktischen und wirtschaftlichen Fragen auseinandersetzen musste, wandte er sich immer stärker von der Wirklichkeit ab. Die vier Jahre, die ihm nach Sophies Tod noch selber blieben, waren von hoher dichterischer Produktivität gekennzeichnet. Trotzdem machte er weiter Karriere. Pfingsten 1799 kehrte er zur Salinendirektion zurück und wurde im Dezember zum Salinenassessor und Mitglied des Salinendirektoriums ernannt. Höhepunkt der beruflichen Laufbahn war die Ernennung zum Supernumerar-Amtshauptmann für den Thüringischen Kreis am 6. Dezember 1800. Novalis, der von Geburt an sehr zart und kränkelnd war, hatte sich bereits im August 1800 mit Tuberkelbakterien infiziert und konnte diese Aufgabe nicht mehr aufnehmen. Er starb am 25. März 1801 in Weißenfels, erst 28-jährig.

Friedrich Arnold Brockhaus
Verleger

Der am 4. Mai 1772 in Dortmund geborene Friedrich Arnold Brockhaus gründete 1814 mit „F. A. Brockhaus" einen der ältesten heute noch existierenden Verlage in Europa. Die Enzyklopädie „Brockhaus" ist das bedeutendste Nachschlagewerk deutscher Sprache.

Brockhaus hatte 1793 nach einem Studienaufenthalt in Leipzig (Philosophie, Physik, Mathematik) in Düsseldorf eine kaufmännische Lehre abgeschlossen. Zunächst arbeitete er als Tuchhändler, gründete dann 1805 mit einem Partner in Amsterdam eine Buchhandlung. Nach anfänglichen Erfolgen folgten wirtschaftlich und privat glücklose Jahre. Seine Frau Sophie war 1809 gestorben, so musste Brockhaus seine sieben Kinder bei verschiedenen Verwandten unterbringen, um sich seinen Geschäften widmen zu können.

Friedrich Arnold Brockhaus.

1810 verlegt er seine Firma nach Altenburg (Herzogtum Sachsen-Altenburg, heute Thüringen). Im Winter 1812 heiratet Brockhaus zum zweiten Mal. Er wird nochmals vierfacher Vater. Einen Glücksgriff hatte Brockhaus getan, als er 1808 auf der Leipziger Messe die Rechte an dem nach sechs Bänden abgebrochenen „Conversationslexikon mit vorzüglicher Rücksicht auf die gegenwärtigen Zeiten" kaufte. Die überarbeitete Ausgabe findet so großen Anklang, dass der junge Altenburger Verlag, der in den ersten Jahren vor allem wissenschaftliche Verlagstätigkeit betrieb, nun finanziell gut dasteht. Die Kinder aus erster Ehe können wieder bei ihrem Vater leben. Gemeinsam mit seinen mittlerweile fast erwachsenen Söhnen arbeitet er in dem Verlag.

Seit 1814 firmiert sein Unternehmen als Verlag F. A. Brockhaus. Im Jahre 1817 siedelte er nach Leipzig über, das schon damals das Zentrum deutscher Buchkultur war, und richtete eine eigene Druckerei ein. Fremde Druckereien konnten die steigende Nachfrage nach dem Konversations-Lexikon nämlich kaum noch bewältigen. Er entwickelte das Werk bis zu seinem Tod im Jahr 1823 kontinuierlich weiter. Es war die Grundlage für die Brockhaus Enzyklopädie. Wissen sollte nicht nur für den exquisiten Kreis der Gelehrten zugänglich sein, sondern für das gebildete Bürgertum: „zur Belehrung, aber auch zur Unterhaltung in den Salons und guten Stuben". Brockhaus starb am 20. August 1823 in Leipzig.

Caspar David Friedrich
Maler

Der am 5. September 1774 in Greifswald geborene Friedrich war der bedeutendste Landschaftsmaler der Romantik. Seine stimmungsvollen Landschaften waren meist von symbolischen Motiven der Unendlichkeit oder Vergänglichkeit geprägt. Er sah sich als Vermittler zwischen Mensch und Natur.

Caspar David Friedrich wurde als Sohn eines Seifensieders geboren. Seine Mutter stirbt, als er sie-

Caspar David Friedrich.

ben Jahre alt ist. 1787 rettet ihm sein jüngerer Bruder das Leben, als er beim Schlittschuhlaufen einbricht. Der Bruder ertrinkt aber selbst bei dem Rettungsversuch. Beide Erlebnisse haben Caspar David Friedrich nachhaltig geprägt.

1790 begann Friedrich beim Greifswalder Universitätszeichenlehrer Quistorp eine Ausbildung zum Illustrator. 1794 ging er an die Kunstakademie in Kopenhagen. 1798 siedelte er nach Dresden über, das, von kürzeren Aufenthalten in seiner pommerschen Heimat, dem Riesengebirge, dem Harz und Böhmen abgesehen, zeit seines Lebens sein Wohnsitz blieb. Hier entstand 1808 sein erstes Ölgemälde, „Das Kreuz im Gebirge". Es war für den Altar in der Hauskapelle der Gräfin Thun und Hohenstein auf Schloss Tetschen (dem heutigen Děčín) bestimmt. Dieses Gemälde stellt einen steil und dunkel gegen den Himmel aufragenden Felsgipfel dar. Auf dessen Spitze, die Tannenwipfel überragend, steht ein hohes Kruzifix, vom letzten Sonnenstrahl beleuchtet; dahinter, ohne Horizont, die unendliche Weite des Abendhimmels. Das Bild war so neu in der Wahl des Motivs, so ungewöhnlich in Bildausschnitt und räumlichem Aufbau, dass sich sofort eine heftige Fehde entspann. Durch diese teilweise heftig geführten Diskussionen wurde Friedrich bekannt.

Friedrich war sehr patriotisch gesinnt, demzufolge kann er 1813 den Einzug der Franzosen und die Kämpfe in Dresdens Vororten kaum ertragen. Er zieht sich für einige Monate in das Fischerdorf Krippen in der Sächsischen Schweiz zurück. Hier geht er viel wandern und dokumentiert die Landschaft mit den bizarren Felsformationen in Skizzen, Zeichnungen und Gemälden. Insgesamt

22 Zeichnungen aus dieser Zeit sind erhalten geblieben. Ein Motiv sticht dabei besonders hervor: Ein großer Felsblock, der noch heute am Aufstieg zur Kaiserkrone unmittelbar hinter den Häusern von Schöna liegt, findet sich im berühmten Gemälde „Der Wanderer über dem Nebelmeer". Der Wanderer steht auf diesem Block.

1816 wurde Friedrich Mitglied der Dresdner Akademie. 1817 lernte er den deutschen Arzt, Naturwissenschaftler, Kunstphilosophen und Maler Carl Gustav Carus (S. 75) kennen, den er zeitweilig unterrichtete. Die beiden verband eine lebenslange Freundschaft. Der spätere Zar von Russland Nikolaus I. wurde auf Friedrich aufmerksam. Er war begeistert von dessen Malweise und erwarb einige seiner Werke. Er wurde zu einem seiner wichtigsten Auftraggeber. Diese Verkäufe sicherten zeitweise das wirtschaftliche Überleben des Malers.

1818 heiratete der menschenscheue und melancholische 44-Jährige die um fast zwanzig Jahre jüngere Caterine Brommer. Das Ehepaar hatte drei Kinder. Diesen persönlichen Veränderungen kann man allerdings nicht zuschreiben, dass er immer unzugänglicher wurde. In seinen letzten fünf Lebensjahren vereinsamte er immer mehr. Dazu beigetragen haben sicher die zunehmenden gesundheitlichen und wirtschaftlichen Schwierigkeiten. 1835 erlitt Friedrich einen Schlaganfall, der zur Lähmung der rechten Hand führte. Folge eines zweiten Schlaganfalls im Jahre 1837 war eine fast vollständige Lähmung. Friedrich starb am 7. Mai 1840 in Dresden. Bereits zu Lebzeiten war sein Werk so gut wie vergessen. Erst 1906, zur „Jahrhundertausstellung der deutschen Malerei von 1775–1875" in der Berliner Nationalgalerie, wurde er wiederentdeckt.

Rudolf Sigismund Blochmann
Mechaniker, Unternehmer

Der am 13. Dezember 1784 in Reichstädt bei Dippoldiswalde geborene Blochmann ist der Initiator der Gasbeleuchtung in Deutschland.

Mit 14 Jahren war Blochmann nach Dresden gekommen, um eine Ausbildung zum Mechaniker zu beginnen. 1806 arbeitete er dann bei dem Physiker Friedrich von Reichenbach in München und wurde 1809 der Assistent von Joseph von Fraunhofer in Benediktbeuren. 1818 kehrte er nach Dresden zurück, weil er zum Inspektor des Königlichen Mathematisch-Physikalischen Salons und der Modellkammer im Zwinger ernannt worden war.

Er richtete ein „Mechanisches Atelier" ein, in dem er unermüdlich arbeitete, baute Apparate zur Herstellung von künstlichem Mineralwasser für die Fabrik

Rudolf Sigismund Blochmann.

von Friedrich Adolf Struve (S. 196). Außerdem konstruierte er eine Maschine zum Bohren steinerner Röhren. So konnte eine 46 Kilometer lange hölzerne Wasserleitung durch Rohre aus durchbohrtem Sandstein ersetzt werden. Auch Maschinen zum Prägen von Gewehrkugeln und Justieren von Münzplatten erfand er.

Aber die Gastechnik interessiert ihn über alles, seit 1814 in London erstmals Gaslaternen zur öffentlichen Straßenbeleuchtung verwendet werden. Er experimentiert mit einem eigenen kleinen Gaswerk. 1820 stellt er vor seinem Wohnhaus die erste Gaslaterne auf. Doch die Stadtverwaltung reagiert zögerlich, weil sie vor allem die mögliche Explosionsgefahr im Blick hat. Im Jahr 1828 sorgt Blochmann in Dresden für die erste öffentliche Gasanstalt in Deutschland, die vom Ausland unabhängig arbeitet. Ihm ist es zu verdanken, dass in Dresden im April 1828 erstmals 36 Gaslaternen das Residenzschloss, die Hofkirche und den Theaterplatz erhellen. Anlass war die Geburt des späteren Königs Albert von Sachsen.

Im gleichen Jahr war in Burgk bei Freital eine Gaserzeugungsanlage auf Basis des Steinkohlebergbaus in Betrieb genommen worden. Die technische Leitung dieser Gasanstalt lag bis 1849 in Blochmanns Händen. 1837 wurde er damit beauftragt, in Leipzig eine Gasanstalt aufzubauen. Mit sichtbarem Erfolg: 1843 konnte Leipzig für sich in Anspruch nehmen, die bestbeleuchtete Stadt Deutschlands zu sein. Weitere Gasanstalten in Berlin, Breslau und Prag folgten.

Bis ins hohe Alter blieb Blochmann als Erfinder und Unternehmer tätig. Im Jahr 1869 ging er in den Ruhestand und starb am 21. Mai 1871 in Dresden.

Hermann Fürst von Pückler-Muskau
Gartenkünstler, Reiseschriftsteller

Der am 30. Oktober 1785 auf dem Oberlausitzer Schloss Muskau geborene Landbesitzer, Literat, Weltenbummler und Landschaftsarchitekt war eine der schillerndsten Persönlichkeiten seiner Zeit, der durch seine Schlossparks Branitz und Muskau weltberühmt wurde.

Aufgrund der unglücklichen Ehe seiner Eltern – seine Mutter ist noch keine 15 Jahre bei seiner Geburt – kommt Pückler-Muskau bereits mit sieben für vier Jahre auf das Internat der Herrnhuter Brüdergemeine in Uhyst bei Bautzen. Danach besucht er das Pädagogium in Halle. Er wird jedoch als „nicht zu bändigen" der Schule verwiesen und wechselt auf das Philanthropinum in Dessau. Auf Wunsch seines Vaters beginnt Pückler-Muskau 1801 in Leipzig ein Jura-Studium. Sein verschwenderischer Lebenswandel zwingt ihn schon nach einem Jahr, die Universität zu verlassen. Er tritt als Leutnant in die sächsische Garde du Corps in Dresden ein, wo er sich durch zahlreiche Eskapaden

Hermann Fürst von Pückler-Muskau, 1837.

den Ruf des „tollen Pückler" erwirbt. 1804 nimmt er seinen Abschied und bereist bis 1810, meist zu Fuß, die Schweiz, Frankreich und Italien.

Durch den Tod des Vaters wird er 1811 zum Standesherrn der riesigen Muskauer Besitzungen. 1812 reist er zum ersten Mal nach England. Die dortigen Parkanlagen der Adelssitze beeindrucken ihn so sehr, dass er sich der Gartenkunst verschreibt.

Im Frühjahr 1817 beginnt er, den Familiensitz auf den Kopf zu stellen. Im flachen Heideboden werden Zehntausende von Kubikmetern Erde umgesetzt, ausgebeutete Alaungruben werden in Täler und Schluchten verwandelt, Seen und Bäche angelegt, es wird gar die Neiße umgeleitet. Im Guts-Dorf wird eine Straße samt Gebäuden abgerissen und an anderer Stelle wieder aufgebaut. Überall in der Oberlausitz erwirbt er 20- bis 30-jährige Bäume, die mit eigens dafür gebauten mächtigen Pflanzwagen herbeigeschafft werden. Am Schluss sind es 800.000 Bäume und 42.000 Sträucher.

Kein Wunder, dass Pückler, der 1822 in den Fürstenstand erhoben wurde, diese Leidenschaft in finanzielle Nöte stürzt. Er versucht sich zu retten, indem er die neun Jahre ältere geschiedene Reichsgräfin von Pappenheim heiratet. Doch auch deren Vermögen war schnell aufgebraucht.

In der Lausitzer Landschaft schuf Fürst Pückler ein Gartenkunstwerk von Weltrang.

Da verfällt das Paar auf eine verrückte Idee. Sie lassen sich pro forma scheiden –
leben aber weiter zusammen. Pückler versucht daraufhin in England eine reiche
Erbin zu finden, die er heiraten könnte. Bis 1829 ist er mehrfach auf Brautschau.
Doch ohne Ergebnis; sein Plan war bekannt geworden.
Erfolgreich waren seine Ausflüge auf die britische Insel dennoch. Während sei-
ner Reisen durch Großbritannien hatte Pückler-Muskau seiner geschiedenen
Frau 48 Briefe mit Eindrücken über den „british way of life" geschrieben, die
diese ohne sein Wissen veröffentlichen ließ. Die anonym erschienenen „Briefe
eines Verstorbenen" wurden, von Goethe hoch gelobt, zu einem der größten
Bucherfolge des 19. Jahrhunderts.
Von den Einnahmen finanziert Pückler eine sechsjährige Reise durch Nordafri-
ka, den Vorderen Orient und Kleinasien. 1837 kauft er auf dem Sklavenmarkt in
Khartoum das etwa 12-jährige Mädchen Machbuba („Die Goldene"). Sie ist für
ihn Pflegetochter, Dienerin und Geliebte. Er nimmt sie mit nach Hause. Da seine
Frau es nicht zulässt, dass sie in Muskau wohnt, bringt er sie in seinem Jagd-
schloss in Weißwasser unter. Dort stirbt Machbuba jedoch bereits 1840 an Tu-
berkulose. Beerdigt wurde sie auf dem alten Dorffriedhof in Bad Muskau.
Pückler, der sich seit seiner Orientreise orientalisch kleidete, liebte auch gutes
Essen in Gesellschaft weniger, aber ausgesuchter Gäste. In handschriftlich geführten „Tafelbüchern" verzeichnete er die servierten Menüs und die anwesen-

den Gäste. Diese Bücher sind erhalten geblieben. Aber das wohl berühmteste Speiseeis der Welt, das Fürst-Pückler-Eis, hat nicht er erfunden, sondern ein Cottbusser Konditor – und es nach dem Fürsten benannt. Dabei bezog er sich optisch auf das Haus Pückler-Muskau, indem er sich der Farben des Familienwappens – Schwarz, Gelb, Rot – bediente.

Unklar ist auch, ob das Rezept für die Fürst-Pückler-Torte auf Pückler zurückgeht. Angeblich wollte er damit einer Angebeteten ein Kompliment machen. Die Torte besteht aus in Kirsch-Likör getränktem weißem und dunklem Biskuit mit einer Füllung aus Erdbeer-Creme (soll die Liebe symbolisieren), Vanillecreme (für die Leidenschaft) und Schokoladen-Creme (für die Sehnsucht), einem Überzug aus Kuvertüre sowie einer Verzierung aus kandierten Kirschen.

1845 war Pückler dann doch finanziell am Ende. Er verkaufte die Herrschaft Muskau und zog auf das ererbte Schloss Branitz bei Cottbus. Hier ließ er erneut einen Landschaftspark nach englischem Vorbild anlegen. Es gelang ihm, mehrere jahrhundertealte Bäume zu verpflanzen. Dieser Park, an dem er bis zu seinem Lebensende arbeitete, gilt heute als letzter großer deutscher Landschaftspark des 19. Jahrhunderts.

Mit 81 Jahren nahm Pückler 1866 an den Feldzügen im Krieg zwischen Preußen und Österreich teil. 1870 will er, inzwischen 85-jährig, auch in den Deutsch-Französischen Krieg ziehen. Seine Meldung wird jedoch abgelehnt.

Am 4. Februar 1871 stirbt Fürst Pückler auf seinem Schloss Branitz. Weil eine Feuerbestattung damals nicht gestattet war, hatte er verfügt, sein Herz in Schwefelsäure aufzulösen und seinen Körper in einer Mischung aus Natron, Kali und Kalk zu legen. Entsprechend seinem Letzten Willen wurden seine sterblichen Überreste am 9. Februar 1871 in einem sogenannten Tumulus versenkt, einer Erdpyramide mitten in einem kleinen See am äußersten Ende des Parkes Branitz.

Carl Maria von Weber
Komponist

Der am 18. November 1786 in Eutin/Holstein geborene Komponist gilt als Schöpfer der deutschen romantischen Oper. Sein berühmtestes Werk: „Der Freischütz". Carl Maria von Weber wird von frühester Kindheit an musikalisch ausgebildet. Mit neun Jahren schreibt er seine erste Komposition, die Orgelfassung des Martin-Luther-Liedes „Vom Himmel hoch". Mit 13 Jahren gibt er sein erstes öffentliches Konzert als Pianist und vertieft in den darauffolgenden Jahren seine musikalische Ausbildung in Wien und München. 1804 wird der 18-Jährige Diri-

Carl Maria von Weber, 1825.

gent an der Breslauer Oper. Hier führt er Veränderungen ein, die das Orchesterleben bis heute bestimmen. So müssen die Musiker und Sänger fortan getrennt proben. Auch muss sich das Orchester an eine neue Sitzordnung gewöhnen: War es früher üblich, die Bläser vorne zu postieren, entscheidet Weber, dass dort die Streicher Platz nehmen sollen. Flöten, Oboen, Klarinetten und Blechbläser werden in den hinteren Reihen platziert. Eine Anordnung, wie sie seitdem üblich ist. So kamen die Instrumente klanglich besser zur Geltung. Auch das konsequente Nutzen des Taktstocks ist Webers Werk. Bis dahin hatten die Dirigenten vom Klavier oder Cembalo aus die Aufführungen geleitet und nur ab und zu die Einsätze gegeben.

1806 leitet er das Privatorchester des Württemberger Herzogs Eugen Friedrich, der auf einem Schloss in Carlsruhe (heute Pokój bei Opole in Polen) residiert. 1807 wird er Privatsekretär bei dessen Bruder Herzog Ludwig in Stuttgart. Diese Beschäftigung findet 1810 ein jähes Ende, als Weber wegen Diebstahlverdachts des Landes verwiesen wird.

In den folgenden Jahren lebte er als Pianist in München, Leipzig und Berlin sowie am Hof in Gotha und Weimar. Zwischen 1813 und 1816 war er Operndirektor in Prag. 1817 heiratete er die Sängerin Caroline Brandt. Ihr gemeinsamer Sohn Max Maria von Weber war im 19. Jahrhundert ein bekannter Autor und bedeutender Eisenbahnpionier.

1817 wurde Weber Königlicher Kapellmeister der Oper in Dresden. Hier war sein dauerhaftestes Wirkungsfeld. Es entstanden seine drei großen Opern, „Der Freischütz" (Uraufführung 1821 in Berlin), „Euryanthe" (1823 in Wien) und „Oberon" (London 1826).

Vor allem „Der Freischütz" begründete Webers Ruhm als herausragender Opernkomponist der deutschen Frühromantik. Er wurde zu einer Art „Nationaloper" der Deutschen, weil Weber den Nerv der Zeit traf. Der Adel verlor langsam an Einfluss, die Vorboten der Französischen Februar-Revolution machten sich langsam bemerkbar. Der aufkeimende Demokratisierungsprozess machte auch vor der Oper nicht halt. Seit jeher war die italienische Opera seria die höfische Oper. Webers „Volksoper" war dazu der absolute Gegenentwurf.

Große Teile des „Freischütz", der „Euryanthe", erste Skizzen zu „Oberon" sowie die „Aufforderung zum Tanz" entstanden in seinem Sommerhaus im Dresdner Ortsteil Hosterwitz, dem heutigen Carl-Maria-von-Weber-Museum. Hier verlebte er mit seiner Familie die Sommer der Jahre 1818/19 sowie 1822 bis 1824. Er nannte diese Zeiten später die glücklichsten seines Lebens. Obwohl er bereits seit 1810 am „Freischütz" gearbeitet hatte, ist anzunehmen, dass er sich für die berühmte Wolfsschluchtszene in der Sächsischen Schweiz hat anregen lassen. Carl Maria von Weber führte, wenn er „mit der Schönheit seines Vaterlandes recht zu imponieren wünschte", seine Gäste auf die Bastei. Gleich in der Nähe befindet sich die „grausige" Felsenschlucht.

1826 reiste Weber zur Uraufführung seiner Oper „Oberon" nach London. Obwohl er gesundheitlich bereits stark geschwächt war, dirigierte er noch drei Aufführungen. Er starb am 5. Juni 1826 an Lungentuberkulose, an der er schon seit Jahren gelitten hatte.

18 Jahre später wollten einige Dresdner die Gebeine Webers in ihre Stadt zurückholen. In der Stadtverwaltung wurde es abgelehnt, die Kosten zu übernehmen. Man wollte keinen Präzedenzfall schaffen. So wurden private Gelder gesammelt. Einer der maßgeblichen Initiatoren war Richard Wagner (S. 97), der zu dieser Zeit Königlich-Sächsischer Kapellmeister an der Hofoper war. Weber wurde auf dem Alten Katholischen Friedhof beigesetzt.

Wilhelmine Reichard
Ballonfahrerin, Chemiefabrikantin

Die am 2. April 1788 in Braunschweig geborene Wilhelmine Schmidt war die erste deutsche Frau, die mit einem Freiballon aufstieg. Da sie ihre Wetterbeobachtungen und exakten Temperaturmessungen während der Ballonfahrten dokumentierte, gilt sie als Luftfahrt-Pionierin.

Mit 19 Jahren – für die damalige Zeit sehr jung – verließ sie das Elternhaus und heiratete 1807 den studierten Chemiker Johann Carl Gottfried Reichard. Noch im selben Jahre siedelte das Ehepaar nach Berlin über. Sie bekamen acht Kinder. Beide teilten die Leidenschaft für die Luftschifffahrt und bauten zusammen

Wilhelmine Reichard, um 1820.

einen Heißluftballon, mit dem sie 1810 gemeinsam in Berlin starteten.

Am 16. April 1811 gibt Wilhelmine Reichard, mittlerweile Mutter von drei Kindern, mit 23 Jahren ihr Debüt als Aeronautin. Eine weitere Fahrt in Berlin folgt am 2. Mai. Inzwischen ist die Familie Reichard nach Dresden übergesiedelt. Am 30. September 1811 hebt Wilhelmine Reichard bei ungünstiger Wetterlage von Dresden ab und erreicht eine Rekordhöhe von fast 7.000 Metern. Wegen Sauerstoffmangel verliert sie das Bewusstsein, der Ballon zerreißt und stürzt am Wachberg in der Nähe von Saupsdorf in der Sächsischen Schweiz ab. Da junge Fichten den Sturz abfedern, sind ihre Verletzungen nicht lebensgefährlich. Nach fünf Jahren Pause folgen weitere Fahrten. Unterstützt von ihrem Mann, bringt sie es innerhalb nur eines Jahrzehnts auf 17 Fahrten, darunter ihre längste: 223 Kilometer von Carnitz nach Hamburg. Ihre letzte Fahrt findet 1835 zum zehnten Oktoberfest in München statt.

Im Jahre 1814 ließ sich die Familie im heutigen Freitaler Ortsteil Döhlen nieder. Ein Jahr später erhielten die Reichards die Konzession zur Errichtung einer Fabrik zur Herstellung von „technisch- und pharmaceytisch-chemischen Producten". Da ihnen aber das nötige Kapital fehlte, die Fabrik zu bauen, veranstalteten sie weitere Ballonfahrten. Zu damaliger Zeit galten Ballonfahrten als Attraktion für zahlende Gäste. So war der österreichische Kaiser 1820 von den Vorstellungen in Prag und Wien so begeistert, dass er Wilhelmine Reichard großzügig belohnte.

Das Ehepaar bereitete die Ballonaufstiege sorgsam vor, und es gab ein ausgeklügeltes Rahmenprogramm. Der Ballon durfte besichtigt werden, es wurden Fähnchen und selbstgefertigte Gedichte abgeworfen, sie verfassten Broschüren und Zeitungsartikel.

So erwirtschafteten sie bis 1820 das nötige Kapital. 1821 konnte die Fabrik eröffnet werden. Sie produzierten unter anderem Schwefelsäure. Diese Fabrik war die erste und für Jahrzehnte die einzige ihrer Art in Sachsen. Damit konnte auf den Import dieses Chemieproduktes aus England verzichtet werden. Die von dem Ehepaar gemeinsam geleitete Fabrik florierte. Nachdem ihr Mann 1844 gestorben war, leitete Wilhelmine Reichard das Unternehmen vier Jahre lang allein. Am 22. Februar 1848 starb sie in Dresden.

Carl Gustav Carus
Königlicher Leibarzt, Maler

Carl Gustav Carus.

Der am 3. Januar 1789 in Leipzig geborene Arzt, Naturphilosoph, Literat, Maler und Zeichner Carl Gustav Carus nahm im Spektrum zwischen Kunst, Wissenschaft und Philosophie der Natur des frühen 19. Jahrhunderts eine besondere Position ein. Er gilt als eine der bedeutendsten Persönlichkeiten des sächsischen Geisteslebens.

Carl Gustav Carus wurde als Sohn eines Färbermeisters geboren. Er blieb das einzige Kind seiner Eltern und wuchs in den ersten Jahren einige Zeit bei seinen Großeltern auf, bis der Vater durch einen eigenen Färberei- und Druckereibetrieb ein gesichertes Einkommen hatte. Erst mit zwölf Jahren kam Carus auf eine öffentliche Schule. Vorher war er durch Hauslehrer und den älteren Bruder der Mutter unterrichtet worden. Bereits mit 15 Jahren erlangte Carus die Hochschulreife und begann ein Studium der Medizin, Chemie, Physik und Botanik, später Zoologie, Geologie und Mineralogie.

Mit 22 Jahren schloss er das Medizinstudium an der Leipziger Universität ab, promovierte 1811 innerhalb weniger Monate zum Dr. phil. und Dr. med. und hielt bereits Vorlesungen über vergleichende Anatomie. Mit 25 Jahren erhielt er die Berufung nach Dresden als Professor für Geburtshilfe und Leiter des Entbindungsinstituts und der angeschlossenen Hebammenanstalt. Ein Jahr später siedelte er nach Dresden über, wo er dann bis zu seinem Tode lebte.

Er veröffentlichte grundlegende Erkenntnisse in Gynäkologie, Anatomie und Physiologie. Sein 1820 erschienenes „Lehrbuch der Gynäkologie" gehörte zu den wichtigsten Lehrbüchern seiner Zeit. Später folgte ein weiterer Band zur Geburtshilfe. Carus zählt zudem zu den Begründern der Tiefenpsychologie. Mit seiner Unterscheidung von „unbewusstem Leben" in der Natur und in der Seele führte er den Begriff des Unbewussten in die Psychologie ein.

1827 wird er zu einem der drei Leibärzte des betagten sächsischen Königs Anton berufen. Er muss deshalb sowohl seine Professur an der medizinisch-chirurgischen Akademie als auch die Leitung der Entbindungsanstalt aufgeben. Zwar fühlt er sich anfangs durch die Hofetikette eingeschränkt, doch gewährt ihm die neue Aufgabe größere zeitliche und finanzielle Unabhängigkeit für seine wissenschaftlichen Forschungen und künstlerischen Bestrebungen. König Anton stirbt 1836. Carus wird dann 1853 erster Leibarzt des sächsischen Königs Friedrich August II.

Carus veröffentlicht etwa 200 Schriften. In seinen sozialmedizinische Aufsätzen benennt er die aktuellen Missstände und mahnt die Verantwortlichkeit des Staats an, er fordert, das Gesundheitswesen und das Medizinstudium zu reformieren. Seine wissenschaftlichen Werke sind umfangreich und vielfältig.

Die vergleichende Anatomie wird von ihm erstmals in Deutschland als eigenständiges Fach gesehen und seine vom romantischen Denken geprägten naturphilosophischen Schriften sind noch heute aktuell. Physik und Metaphysik, Natur und Kultur, Wissenschaft, Kunst und Leben, Leib und Seele, Gesundheit und Krankheit, Geburt und Tod werden in seinem Werk in eine enge Verbindung gebracht. Sein Natur- und Weltbild wird vor allem von Johann Wolfgang von Goethe geprägt, mit dem er seit 1818 bis zu dessen Tod in regem Briefkontakt steht. Goethe schätzt Carus als universalen Denker und vielseitig schöpferischen Menschen.

Neben seiner wissenschaftlichen und ärztlichen Tätigkeit beschäftigte sich Carus von Jugend auf mit der Malerei. Schon während seines Studiums nahm er Zeichenunterricht. Etwa 1818 lernte er Caspar David Friedrich (S. 66) kennen, mit dem ihm fortan eine tiefe Freundschaft verband. Unter Friedrichs Einfluss malte Carus in den folgenden Jahren eine Reihe von Landschaftsbildern, von denen einige von Seiten der Forschung lange Zeit dem Freund zugeschrieben wurden. An zahlreichen Gemälden des Malers ist festzustellen, dass sein künstlerischer Stil unmittelbar von Friedrich beeinflusst war. Zu bemerken ist dies an den Motiven, der Farbigkeit und auch den Übergangsstimmungen wie beispielsweise der Abenddämmerung. Trotzdem schuf Carus Bilder von hohem Niveau und er wird heute als einer der namhaftesten Landschaftsmaler gesehen.

Im Alter vereinsamte Carus. Alle bedeutenden Freunde waren vor ihm gestorben, 1859 nach 48 Jahren Ehe auch seine Frau Karoline. Sie war die vier Jahre ältere Halbschwester seines Vaters gewesen. Mindestens elf Kinder hatte sie zur Welt gebracht, von denen jedoch fünf im Kindes- und Jugendalter starben. Nur zwei überlebten Carus. Der zog sich immer mehr zurück und starb am 28. Juli 1869 in Dresden.

Carl Theodor Körner
Dichter, Freiheitskämpfer

Carl Theodor Körner als Freiberger Bergstudent.

Der am 23. September 1791 in Dresden geborene Carl Theodor Körner wurde durch seine Lieder im Freiheitskampf gegen die napoleonische Fremdherrschaft berühmt. Nachdem er als „Sänger und Held" gefallen war, wurde er zur patriotischen Identifikationsfigur.

Er war der Sohn des Gerichtsrates und Kunstmäzens Christian Gottfried Körner. Dieser hatte sich vor allem als Biograf Friedrich Schillers einen Namen gemacht. Schiller war 1785 für zwei Jahre nach Dresden gekommen. Körner unterstützte ihn großzügig mit Geld.

Nach Privatunterricht und Besuch der Kreuzschule in Dresden begann Carl Theodor Körner 1808 ein Studium an der Bergakademie in Freiberg, 1810 wechselte er nach Leipzig, um Jura zu studieren. Als Vorsitzender einer studentischen Landsmannschaft hatte er einen Angriff mit Waffengewalt gegen eine adelige Studentenverbindung angeführt und wurde zu einem halben Jahr Haft verurteilt. Er floh aber und wurde deshalb von allen norddeutschen Universitäten verbannt. Ihm blieb nur der Ausweg nach Wien. Dort begann er 1811 ein Geschichtsstudium, widmete sich aber immer intensiver seiner stillen Leidenschaft, der Literatur. Bereits in Leipzig hatte er eine erste lyrische Sammlung vorgelegt. Er verfasste Lustspiele und Dramen und war damit so erfolgreich, dass er bereits im Januar 1813 als Dichter am Burgtheater angestellt wurde.

Von patriotischen Gefühlen und Abenteuerlust getrieben, bricht er diese erfolgversprechende Karriere wenige Monate später ab. Er schließt sich dem Freikorps des Majors Lützow an, das den Kampf Preußens gegen die französische Besatzungsmacht unterstützen wollte. Am 26. August 1813, einen Monat vor seinem 22. Geburtstag, kommt es auf der Straße von Gadebusch nach Schwerin in Mecklenburg zu einem Zusammenstoß mit dem Feind: Körner wird von einer Kugel unterhalb des Herzens getroffen. Bevor er tot vom Pferd sinkt, soll er noch gesagt haben: „Da hab ich eins weg, es schadet aber nichts." Begraben wird er einen Tag später unter einer Doppeleiche beim Dörfchen Wöbbelin.

Mit seinem „Heldentod" wurde Körner zum nationalen Opferhelden schlechthin: ein Freiwilliger, der begeistert sein Leben fürs Vaterland hingab. Er wurde als patriotischer Dichter der Freiheitsbewegung gefeiert und gehörte mit Ernst Moritz Arndt und Max von Schenkendorf zu den drei großen deutschen Dichtern der Befreiungskriege. Vertont von Carl Maria von Weber (S. 71), wird sein Vaterlandslied „Lützows wilde verwegene Jagd" noch heute gerne gesungen.

Noch bevor Körner überhaupt in den Kampf zog, hatte er die meisten Texte seines berühmtesten Werkes, des schmalen Lyrikbandes „Leyer und Schwerdt", bereits geschrieben. (Die Sammlung wurde posthum 1814 von seinem Vater herausgegeben.)

Besonders populär wurde das Schwertlied: „Du Schwert an meiner Linken, / Was soll dein heitres Blinken? / Schaust mich so freundlich an, / Hab' meine Freude dran. – Hurra!"

Unterschlagen wurde anfangs das „Lied von der Rache". Es strotzte vor Hass. Es wurde erst 1893 in die Körner-Ausgaben aufgenommen. Der bereits um Gnade bittende Feind sollte „ohn' Erbarmen" niedergehauen werden. Der Text beschwört die Lust, wenn das „Gehirn aus dem gespalt'nen Kopfe / Am blut'gen Schwerte klebt". „Wir türmen die Hügel ihrer Leichen / Zur Pyramide auf! / Dann brennt sie an, – und streut es in die Lüfte, / Was nicht die Flamme fraß, / Damit kein Grab das deutsche Land vergifte / Mit überrhein'schem Aas!" Körners 50. Todestag 1863 wurde mit Tausenden Umzügen und Gedenkstunden

in ganz Deutschland begangen. Die zentralen Festakte fanden in Körners Geburtsstadt Dresden und in Wöbbelin statt. Wurde er hier noch als patriotischer
Bürgerheld gezeigt, wandelte er sich nur wenige Jahre später zum reichsnatio-
nalen Kriegsheros. Der Krieg von 1870/71 und die Errichtung des Kaiserreichs
waren dafür verantwortlich. In der Zeit des Nationalsozialismus war Körner auf
einmal der reinrassige Arier, der als Kriegsfreiwilliger vorbehaltlose Opferbereit-
schaft zeigt.

Nach 1945 geriet Körner in der Bundesrepublik in Vergessenheit, in der DDR
wurde er wieder umgedeutet. Es gab Fackelzüge zu seinem Gedenken, und es
wurde herausgestellt, die Nationale Volksarmee kämpfe im Sinne Körners gegen
die „Aggression westdeutscher imperialistischer Truppen".

Johann
König von Sachsen

Mit dem am 12. Dezember
1801 in Dresden geborenen
Fürsten aus dem Hause
Wettin saß in den Jahren
1854 bis 1873 ein Gelehrter
auf dem sächsischen Thron.
Der Sprachwissenschaftler
und ausgebildete Jurist wurde unter anderem als Dante-
Forscher bekannt: Schon als
Prinz übersetzte er zwi-
schen 1833 bis 1848 unter
dem Pseudonym „Philale-
thes" (Freund der Wahrheit)
Dantes „Göttliche Komödie",

König Johann von Sachsen, um 1870.

die er mit vielen wissenschaftlichen Erläuterungen versah. Noch heute gilt diese
Arbeit als unübertroffene wissenschaftliche Leistung.

Er war Mitglied von etwa 30 europäischen wissenschaftlichen Gesellschaften. Er
unterstützte die Gründung des Sächsischen Altertumsvereins, dessen Präsidium
er später vorstand. Seinem „Dante-Komitee" gehörten viele Gelehrte und Künstler an. Sie berieten ihn später auch als König. Besonders Carl Gustav Carus
(S. 75) zählte er zu seinen engen Freunden.

Johann durchlief eine Ausbildung in der Verwaltung und übernahm wichtige Aufgaben, unter anderem im Finanzkollegium. Nach Verabschiedung der Verfassung von 1831 war Prinz Johann geborenes Mitglied der I. Kammer des sächsischen Landtages und beteiligte sich aktiv an dessen Verhandlungen. Auf den Thron kam er, weil sein älterer Bruder, König Friedrich August II., am 9. August 1854 auf einer Reise in Nordtirol starb. Er war aus seinem Wagen gestürzt und von einem Pferdehuf am Kopf getroffen worden.

Während Johanns Regierungszeit vollzog Sachsen den Übergang vom Agrar- zum hochentwickelten Industriestaat. Er regte die Justizreform von 1855 an sowie die Erweiterung des Eisenbahnnetzes und die Einführung der Gewerbefreiheit. Im Gewerbegesetz von 1861 fanden Aspekte der Kinderarbeit, der Arbeitszeit, der Krankenversicherung und der Schutz werdender Mütter Beachtung. Besondere Förderung ließ er dem Schul- und Hochschulwesen angedeihen. Die Sächsische Akademie der Wissenschaften wurde von ihm gefördert, der Königlich Sächsische Verein zur Erforschung und Erhaltung vaterländischer Altertümer 1824 und die Zeitschrift „Neues Archiv für Sächsische Geschichte" 1863 gegründet.

König Johann setzte sich während der Konflikte um eine staatliche Neuordnung Deutschlands für die großdeutsche Lösung unter Einschluss Österreichs ein. Hier sah er bessere Möglichkeiten, die Souveränität des eigenen Landes (und damit auch den Einfluss seiner Familie) gegen die staatliche Einigung Deutschlands unter Führung des späteren deutschen Reichskanzlers Otto Fürst von Bismarck zu bewahren. Sachsen kämpfte 1866 im Österreichisch-Preußischen Krieg an der Seite Österreichs. Nach der Niederlage bei Königsgrätz musste er die Vorherrschaft Preußens anerkennen. Sachsen trat dem Norddeutschen Bund und 1871 dem deutschen Kaiserreich bei.

1822 hatte Johann Amalia Auguste von Bayern geheiratet. Anlässlich der Vermählung schuf Carl Maria von Weber (S. 71) sein „Festspiel". Aus dieser Ehe gingen drei Söhne und sechs Töchter hervor. Das Ehepaar unternahm wiederholt Kunstreisen nach Österreich, Bayern und Italien. Doch die Liebe König Johanns galt Schloss Weesenstein im Müglitztal. Von 1838 bis 1873 bewohnte er jeweils im Frühjahr und im Herbst für einige Wochen die für ihn hergerichteten Räume.

König Johann starb am 29. Oktober 1873 in Schloss Pillnitz an Kreislaufversagen. Mit einem Schaufelraddampfer wurde ein Tag später der Leichnam bei Mondschein, Fackelbeleuchtung und dem Klang aller Dresdner Kirchenglocken zur Hofkirche überführt. Hier wurde König Johann in der Gruft in einem Bronzesarkophag beigesetzt.

Adrian Ludwig Richter

Maler, Zeichner

Der populärste Illustrator des Biedermeier wurde am 28. September 1803 in Dresden geboren. Insgesamt gestaltete er mehr als 150 Bücher. Seine gemütvolle Bildwelt ist bis heute volkstümlich geblieben.

Adrian Ludwig Richter absolvierte zunächst eine Lehre als Kupferstecher bei seinem Vater Carl August und studierte zusätzlich an der Kunstakademie in Dresden. Der bekannte Dresdner Verleger Johann Christoph Arnold gewährte dem Zwanzigjährigen ein Stipendium, damit dieser sich von 1823 bis 1826 in Italien als freier Künstler weiterbilden konnte.

Nach seiner Rückkehr erhielt Richter 1828 eine Anstellung als Zeichenlehrer an der Por-

Adrian Ludwig Richter, 1836.

zellanmanufaktur in Meißen, wo er acht Jahre tätig war. Hier verarbeitete er die Eindrücke seiner dreijährigen Italien-Reise und schuf die meisten seiner großformatigen Gemälde.

Als die Zeichenschule zum Jahresende 1835 geschlossen wurde, übernimmt er eine Lehrtätigkeit an der Kunstakademie in Dresden und wurde 1841 zum Professor ernannt. Bis 1876 leitet er die Klasse für Landschaftsmalerei. Er lässt die Schüler unmittelbar nach der Natur zeichnen, was bisher nicht üblich gewesen war.

Von entscheidender Bedeutung für sein weiteres Schaffen ist der Kontakt zu dem Leipziger Verleger Georg Wigand. Dieser beauftragt ihn, Zeichnungen für die zehnbändige Buchreihe „Das malerische und romantische Deutschland" anzufertigen.

Überfahrt über die Elbe am Schreckenstein, 1837.

Bis 1841 sammelt Richter hierfür Material auf zahlreichen Studienreisen durch den Harz, Franken, Böhmen und das Riesengebirge. In diesem Jahr wurde er zum Professor ernannt, 1854 folgte die Ehrenmitgliedschaft an der Königlich-bayerischen Akademie der bildenden Künste in München.

Bislang hatte der Künstler die Radierung bevorzugt, wandte sich aber nach Abschluss dieser Arbeit dem Holzschnitt zu. Weit über 2.000 Holzschnitte schuf Richter. Neben den „Volksbüchern" gestaltete er Klassikerausgaben, Märchen- und Kinderbücher. Seit 1851 erschienen zudem die beliebten „Familienbilderbücher", die unabhängig von einer literarischen Vorlage Szenen aus dem Alltagsleben der kleinen Leute zeigten. Seine künstlerischen Leistungen wurden 1867 mit einer Goldenen Medaille auf der Pariser Weltausstellung für das Bild „Brautzug im Frühling" honoriert.

1873 musste Richter wegen eines akuten Augenleidens mit dem Zeichnen und Malen aufhören. 1876 trat er mit einem ihm vom deutschen Kaiser gewährten jährlichen Ehrensold in den Ruhestand. Als Richter am 19. Juni 1884 starb, wurde er mit einem prunkvollen Staatsbegräbnis geehrt.

Gottfried Semper
Architekt

Zeitgenossen nannten den am 29. November 1803 in Altona geborenen Semper den „Michelangelo des 19. Jahrhunderts". Für den Philosophen Wilhelm Dilthey war er der „wahre Erbe Goethes", weil er sich nicht auf eine Kunsttheorie beschränkte, sondern den Blick auf die gesamte Kultur richtete, auf ihre Geschichte, auf das Handwerk, auf Industrie und Wissenschaft. Aus der Arbeitsweise der modernen Naturwissenschaften, aus Beobach-

Gottfried Semper, 1858.

tung und Erfahrung, aus Vergleich und Analogie suchte Semper Erkenntnisse für künstlerische und architektonische Prozesse abzuleiten.

Kein anderer Künstler hat in seinen Schriften die politischen Zustände seiner Zeit mit ähnlicher Schärfe charakterisiert. Kein anderer Architekt hat sich vehementer gegen das herrschende politische System und für „das bevormundete Volk" ausgesprochen.

Geboren wird Semper am 29. November 1803 als Däne, da sein Geburtsort Altona im damals dänischen Schleswig-Holstein liegt. Er ist das fünfte von acht Kindern eines wohlhabenden Wollfabrikanten. Die familiären Verhältnisse erlauben eine sorgfältige Erziehung und gemächliche Berufswahl. Nach der Schulzeit beginnt er 1823 in Göttingen mit dem Studium der Mathematik, hört aber auch Vorlesungen in Geschichte und Archäologie.

Schließlich entscheidet er sich für einen Studienortwechsel nach München, um dort einen „thätigen Beruf" zu erlernen. Er schreibt sich an der Münchner Kunstakademie ein, wo er beginnt, sich für Architektur zu interessieren. 1830 bricht er im Herbst zu einer dreijährigen Studienreise nach Italien und Griechenland auf. 1832 beteiligt er sich vier Monate lang an archäologischen Forschungen auf der Athener Akropolis. Er will den Gelehrtenstreit, ob die antiken Gebäude ehemals weiß oder farbig waren, durch eigene Forschungen entscheiden. Auf seiner Rückreise bringt er nicht nur Zeichnungen, sondern auch Farbproben vom Parthenon mit, um deren chemische Zusammensetzung analysieren zu lassen. Aus den Farbspuren schließt er, dass die Tempel vollkommen mit Farbe überzogen waren, und das heißt für ihn: Es gibt keine Architektur ohne Schmuck. Mit dieser These tritt er der gängigen Vorstellung von einer weißen Antike entgegen, die auf den Archäologen Winckelmann (S. 199) zurückging. Die griechischen Befunde prägen seinen Begriff von einer politischen Architektur, befördern seine Lust am Schmücken und Dekorieren und treiben ihn zu immer neuen Theorien an. Semper findet bereits 1834 eine Anstellung als Professor für Baukunst und Vorstand der Bauschule an der Akademie der Schönen Künste in Dresden, obwohl er noch keine Baupraxis nachweisen kann.

Am 25. September trifft er in Dresden ein, er stellt sich beim König vor, leistet am 30. September seinen Untertaneneid. Damit wird aus dem Dänen ein Sachse. Sempers neuer Wirkungsort ist eine wachsende Stadt, deren Infrastruktur ausgebaut und deren Schmuck vermehrt werden soll. Städtebaulich beeindruckt noch heute, wie er den Platz zwischen Zwinger, Hofkirche und Schloss durch den Bau der Gemäldegalerie und des Hoftheaters zu einem wirkungsvollen Ensemble zusammenfügte. Der Bau, der ihm weltweit zu Ruhm verhilft, ist der 1841 eröffnete Neubau des Dresdner Hoftheaters, das, nach einem Brand 1869 durch Semper verändert, wiedererrichtet und erst beim Wiederaufbau nach 1945 Semperoper genannt wurde.

Die Semperoper in Dresden.

Die Dresdner Schaffensperiode wird jäh beendet, weil sich Semper 1849 am Dresdner Maiaufstand beteiligt. An dessen Spitze kämpfen der Hofkapellmeister Richard Wagner (S. 97) und der russische Anarchist Michael Bakunin. Die Revolutionäre wollen König Friedrich August II. stürzen und eine Republik errichten. Als dieser sich weigert, die Reichsverfassung anzuerkennen, bricht auch in Sachsen die bewaffnete Revolution aus. Semper gehört der Scharfschützenkompanie der Kommunalgarde an. Am 3. Mai beginnen Straßenkämpfe, und Sempers Kompanie erhält den Befehl zur Verteidigung der Hauptbarrikade in der Wilsdruffer Gasse. Semper veranlasst einen „fachgerechten" Umbau der Barrikade, den er selbst leitet und nach dessen Vorbild dann auch andere Barrikaden umgebaut werden. Trotzdem scheitert der Aufstand, Semper wird als „Demokrat I. Klasse" und Hauptträdelsführer von der neuen Regierung nach dem 16. Mai 1849 steckbrieflich gesucht und flüchtet über Paris nach London. Wagner emigriert in die Schweiz. Bakunin wird gefangen genommen und später zum Tode verurteilt, jedoch 1851 zu lebenslänglicher Haft begnadigt und schließlich an Russland ausgeliefert. Die sächsische Regierung hebt den Steckbrief gegen Semper 1863 auf, doch er wird nie wieder nach Dresden zurückkehren. Am 15. Mai 1879 ist er in Rom gestorben.

Anton Philipp Reclam
Verleger

Der am 28. Juni 1807 als Sohn des Buchhändlers Carl Heinrich Reclam in Leipzig geborene Anton Philipp ist mit seinem Konzept der „Universal-Bibliothek" in die Verlagsgeschichte eingegangen. Durch Niedrigstpreise und hohe Auflagen ermöglichte er breiten Schichten der Bevölkerung Zugang zur Welt der Literatur. Der Erfinder der Massenauflagen hat damit das Bildungsleben nachhaltig beeinflusst.

1867 trat ein neues Urheberrecht in Kraft. Damit erlosch die Schutzfrist für die Autoren, die vor dem 6. November 1837 verstorben waren. Die Klassiker

Anton Philipp Reclam.

konnten nun honorarfrei nachgedruckt werden. Das von Verlegern und Lesern herbeigesehnte Ende der Schutzfrist („Die Classiker frei!") brachte eine wahre Flut neuer Editionen und Reihen. Doch das Leserinteresse erlahmte recht bald. Lediglich Reclam setzte sich durch. Mit dem Preis von zwei Silbergroschen pro Band unterbot er seine Konkurrenten. Er druckte sowohl klassische als auch unterhaltsame Literatur zu niedrigen Preisen. Schon bald sind die Bändchen seiner Taschenbuchreihe bei Handel und Publikum begehrt. Die erste Nummer, Goethes „Faust", verkauft sich in wenigen Monaten zwanzigtausend Mal. Die Sammlung billiger Einzelausgaben von Werken der Weltliteratur wird bald auf theoretische Werke der Geisteswissenschaften, auf Gesetzesausgaben und Opernlibretti ausgedehnt. Zu Reclams Erfolg trägt auch bei, dass er seit 1839 über eine eigene Druckerei verfügt, in der er modernste Techniken einsetzt, um die Produktionskosten zu reduzieren.

Reclam hatte von 1823 bis 1828 bei seinem Onkel Friedrich Vieweg in Braunschweig die Berufe des Buchhändlers und Buchdruckers erlernt. Nach seiner Ausbildung lieh sich der damals 21-Jährige von seinem Vater 3.000 Taler und kaufte das „Litterarische Museum" in der Grimmaischen Straße in Leipzig, eine Leihbibliothek mit Zeitungslesesaal, die unter seiner Leitung zu einem Zentrum politischer und literarischer Diskussion wurde. Wenige Monate später gründete er eine Verlagsbuchhandlung, die zunächst „Verlag des Litterarischen Museums" hieß, dann aber in „Philipp Reclam jun." umbenannt wurde.

Bei Anton Philipp Reclams Tod am 5. Januar 1896 umfasste die „Universal-Bibliothek" 3.470 Nummern. Bis in die Gegenwart ist sie die am längsten bestehende Buchreihe in Deutschland.

Robert Blum
Politiker, Publizist

Der am 10. November 1807 in Köln geborene Robert Blum gehört zu den bekanntesten Vertretern der Deutschen Revolution von 1848. Er war einer der wichtigsten Wortführer in der ersten gesamtdeutschen Volksvertretung, der Paulskirchenversammlung. Er übernahm die Rolle des Diplomaten und Kämpfers. Auch war er eine führende Persönlichkeit der liberalen Bewegung des Deutschkatholizismus. Robert Blum stammte aus ärmlichen Verhältnissen. An einen geregelten Schulbesuch war nicht zu denken. Als Messdiener und Kirchenwärter verdiente er als Elfjähriger ein wenig Geld und durfte ein Gymnasium besuchen. Obwohl er Klassenbester war, musste er in der sechsten Klasse die Schule verlassen, weil das Schulgeld nicht mehr bezahlt werden konnte. Er fing mehrere Lehren an, die er alle nicht abschließen konnte.

Im Oktober 1830 wurde Blum, der sich autodidaktisch und als nicht eingeschriebener Hörer an der Universität Bonn Kenntnisse der deutschen Literatur angeeignet hatte, von dem langjährigen Kölner Schauspieldirektor Friedrich Sebald Ringelhardt als Theaterdiener engagiert. Als dieser 1832 das Stadttheater in Leipzig übernahm, begleitete ihn Blum und wurde Theatersekretär, Bibliothekar und Kassenassistent. Seine Tätigkeit am Theater gab er 1847 auf und gründete die Verlagsbuchhandlung Blum & Co.

Robert Blum, 1845.

Inzwischen hatte er sich als politischer Schriftsteller einen Namen gemacht. Auch nutzte er seine zahlreichen Kontakte, die sich am Theater ergeben hatten, für seine politische Laufbahn. Er trat als Redner auf politisch-liberalen Demonstrationen auf und wurde zu einem der führenden liberalen Oppositionellen in Sachsen. 1846 wurde er zum Leipziger Stadtverordneten gewählt. Sicherlich nicht zuletzt aufgrund seiner eigenen Jugenderfahrungen war Blums oberstes Ziel, die „gerechtere Verteilung der Güter der Erde, nicht durch Gewalt, sondern durch friedliche Ausgleichung; Beschränkung der unheilvollen Übermacht des Geldes; genügender und entsprechender Lohn der Arbeit und des Verdienstes; Erhebung der sogenannten unteren Klassen zu gleichem Menschenrecht und gleichem staatlichen Rechte".

Als 1848 die Nachricht von der Februar-Revolution in Paris Sachsen erreicht, setzte Blum sich an die Spitze der politischen Aufbruchstimmung: Vom Balkon des Leipziger Rathauses hält er eine Rede, in der er die Absetzung der konservativen sächsischen Regierung und die Durchführung von Wahlen fordert.

Er zieht als Leipzigs Vertreter für die demokratische Linke in die Frankfurter Nationalversammlung ein. Die linke Fraktion setzt sich im Gegensatz zu den gemäßigten Liberalen für eine radikale Abkehr von der Monarchie und die Einrichtung einer Republik mit ständig tagendem Parlament ein.

Als am 6. Oktober 1848 in Wien ein Volksaufstand ausbricht, wird Blum zum Leiter einer Delegation der linken Fraktion der Nationalversammlung ernannt und reist in die österreichische Metropole, um die dortigen Freiheitskämpfer im Kampf gegen die kaiserlichen Truppen zu unterstützen. Er fühlt sich moralisch dazu verpflichtet, als Führer einer Kompanie selbst auf den Barrikaden zu kämpfen und die Sophienbrücke gegen die Truppen des Generals von Windischgrätz zu verteidigen. Nach der Niederschlagung des Aufstandes wird er am 4. November verhaftet, von einem Kriegsgericht in einem zweistündigen Prozess wegen „aufrührerischer Reden und Teilnahme an der Verteidigung Wiens" zum Tode verurteilt und trotz seiner Immunität als Abgeordneter am 9. November 1848 standrechtlich erschossen. Seine letzten Worte waren: „Ich sterbe für die deutsche Freiheit, für die ich gekämpft, möge das Vaterland meiner eingedenk sein." Niemand wurde wegen Blums Tod zur Rechenschaft gezogen. Dies zeigte, dass die demokratische Idee in Deutschland am Ende war. Ohne Exekutive und ohne Truppen war das Frankfurter Parlament im Konfliktfall machtlos.

Blum hinterließ seine Frau und vier Kinder. Da diese beinahe mittellos dastanden, wurde in verschiedenen Zeitungen zur Gründung von Robert-Blum-Stiftungen aufgerufen, die die Versorgung der Hinterbliebenen sichern sollten. Zu Ehren Blums fanden in vielen Städten Trauerfeiern statt. Allein in Leipzig kamen 18.000 Menschen.

Daniel Gottlob Schreber

Orthopäde, Pädagoge

Der am 15. Oktober 1808 in Leipzig geborene Arzt und Pädagoge gilt als Begründer der Kleingartenbewegung und ist Namensgeber für die sogenannten „Schrebergärten". Er gilt zudem als Wegbereiter der modernen Naturheilkunde.

Daniel Gottlob Schreber besuchte ein humanistisches Gymnasium in Leipzig und schloss das anschließende Medizinstudium 1833 mit der Promotion ab. Danach wurde er Leibarzt des russischen Fürsten Alexej Somorewskij. Mit ihm unternahm er Reisen durch Deutschland, Österreich, Belgien, Frankreich und England. Im Jahr 1836 begann er seine Tätigkeit als niedergelassener Orthopäde in Leipzig. Zugleich lehrte er an der Universität Leipzig Medizin. Als Nachfolger von Carl Gustav Carus (S. 75) leitete er von 1844 bis 1861 die Orthopädische Privatklinik in Leipzig.

Er hatte es in seinem beruflichen Alltag besonders mit Kindern zu tun, die schwächlich waren. Aus dieser Erfahrung heraus rief er zusammen mit anderen

Daniel Gottlob Schreber.

Professoren der Universität den ersten Turnverein Leipzigs ins Leben. Er strebte eine Reform der körperlichen Erziehung an. Sein 1855 veröffentlichtes Buch „Ärztliche Zimmergymnastik" war so beliebt, dass es 30-mal aufgelegt werden musste.

Neben seiner „systematischen Heilgymnastik" setzte Schreber auch auf mechanische Methoden zur Ertüchtigung und Erziehung der Kinder. Um gesunde Körper zu formen, konstruierte Schreber außerdem zahlreiche Apparaturen: etwa orthopädische Kinnbänder, um Fehlbissen vorzubeugen, Schulterriemen, die das Kind im Bett in Rückenlage hielten, und „Geradhalter" für aufrechtes Sitzen.

Ihm schwebte ein „neuer Mensch" vor, gesund an Körper und Geist, tugendhaft und strebsam. Er war von der absoluten Formbarkeit des Menschen durch Erziehung überzeugt. Dies wird heute „Schwarze Pädagogik" genannt.

Das Schicksal seiner beiden Söhne wird gerne als Beweis für das Misslingen des Projekts „Idealmensch" angeführt. Gewissheit kann es natürlich nicht geben. Der ältere Sohn erschießt sich mit 38 Jahren, der jüngere geht als klassischer Fall für Paranoia in die Psychoanalyse ein. Sigmund Freud persönlich behandelt ihn. Die drei Töchter führen dagegen ein „normales" Leben.

Schreber stirbt am 10. November 1861 in Leipzig. Erst drei Jahre nach seinem Tod beginnt die Geschichte des Schrebergartens. Sein Schwiegersohn, der Schulleiter ist, gründet einen Verein, um in Schrebers Sinne einen Turnplatz anzulegen. Ihm zu Ehren wird er „Schreberplatz" genannt. Ein Garten darauf soll den Kindern das Gärtnern und die Natur näherbringen. Doch die haben schnell die Freude daran verloren. Damit der Garten nicht komplett verwahrlost, legen die Eltern selbst Hand an. Aus den „Kinderbeeten" werden „Familienbeete". So entsteht der erste Kleingarten, der dann bald „Schrebergarten" genannt wird. Die Idee setzte sich durch: Als um 1870 die Wohnungsnot unerträglich wurde, bauten sich viele Parzellenpächter ein hölzernes Domizil, und die ersten Lauben entstanden. Nun gab es in der Anlage bereits hundert Gärten und zwei Brunnen.

Johann Andreas Schubert

Ingenieur, Hochschullehrer

Der am 19. März 1808 im vogtländischen Wernesgrün geborene Schubert prägte vierzig Jahre lang die Ingenieurausbildung in Sachsen und trug durch seine Konstruktionen zur industriellen Revolution bei.

Als Kind eines Tagelöhners geboren, wurde er von Stiefeltern in Leipzig aufgezogen. Sie ermöglichten ihm den Schulbesuch in Leipzig, an der Garnisonsschule auf der Festung Königstein und dem Freimaurerinstitut in Dresden. Er studierte Bauwesen an der Bauschule der Akademie der Bildenden Künste in Dresden und volontierte anschließend bei dem Hofmechaniker Rudolf Sigismund Blochmann (S. 67), wo er die Praxis des Maschinenbaus kennenlernte.

1836 nahm Schubert das unternehmerische Risiko auf sich, gemeinsam mit anderen Pionieren der sächsischen Industriegeschichte die Actien-Maschinenbau-Anstalt Übigau zu gründen. Er wurde deren Technischer Direktor. Im gleichen Jahr ist er zudem Gründungsmitglied der Sächsischen Elbe-Dampfschiffahrts-Gesellschaft.

Schubert konstruierte die ersten Dresdner Dampfboote. Der Bau eiserner Schiffe stellte ihn vor ein Problem, da die Technik noch nicht so weit ausgereift war und neue Arbeitsweisen erforderte. Deshalb wurden die Schiffskörper auf dem Vogelwiesengelände zusammengesetzt, da eine Schiffswerft fehlte. Endgültig fertiggestellt wurden sie auf dem Fabrikgelände in Übigau. 1837 entstand so der 36 Meter lange, etwa 42 PS starke und 350 Personen fassende Schaufelraddampfer „Königin Maria". Mit der Jungfernfahrt am 30. Juli 1837 von Dresden nach Meißen nahm die Dresdner Personenschifffahrt

Johann Andreas Schubert, 1865.

ihren Anfang. Neun Jahre hielt das erste Schiff dem großen Zuspruch stand, bevor es wegen Materialermüdung außer Dienst gestellt werden musste.

Nach Schuberts Plänen wird in der Maschinenbauanstalt Übigau auch die erste deutsche Lokomotive, die „Saxonia", gebaut. Er lehnt sich eng an englische Vorbilder an, doch hat Schubert vor allem Triebwerk und Laufwerk, Konstruktion und Betriebstauglichkeit der Maschine verbessert. Die erste funktionstüchtige, in Deutschland entwickelte und gebaute Dampflo-

Die „Saxonia" war die erste deutsche Dampflokomotive.

komotive ist betriebsbereit. Schubert hofft, dass seine „Saxonia" den Eröffnungszug der privaten Leipzig-Dresdner Eisenbahn am 8. April 1839 von Leipzig nach Dresden ziehen würde. Die 120 Kilometer lange erste deutsche Ferneisenbahn-Strecke führt von Leipzig aus über Oschatz und Riesa nach Dresden. Doch es werden zwei englische Loks vorgespannt. Die „Saxonia" fährt hinterher. Schubert steht in Frack und Zylinder auf der Plattform der Lokomotive, bedient die Handhebel.

Auch mit dieser Pionierleistung schaffte Schubert nicht den wirtschaftlichen Durchbruch. Die „Saxonia" wurde schon vor 1856 verschrottet. Als Unternehmer hatte der exzellente Techniker keine glückliche Hand. Im Frühjahr 1839 zog er sich zurück und nahm seine Lehrtätigkeit an der Technischen Bildungsanstalt wieder auf. Das Übigauer Maschinenbau-Unternehmen musste 1841 Konkurs anmelden.

Schubert stand 1845 einer Kommission vor, welche die eingereichten Bauvorschläge für eine Eisenbahnbrücke über die Göltzsch im Vogtland prüfen sollte. Da alle Ideen für mangelhaft befunden wurden, entwarf Schubert aus der Summe der Vorschläge eine umsetzbare Konstruktion. Daraus wurde die größte Ziegelsteinbrücke der Welt. 26 Millionen Steine wurden für die 574 Meter lange und 78 Meter hohe Göltzschtalbrücke verbaut. Nach nur vier Jahren Bauzeit wurde sie 1851 eröffnet. Sie ist noch heute in Betrieb.

Im April 1869 aus dem Lehramt verabschiedet, starb Schubert am 6. Oktober 1870 in Dresden.

Felix Mendelssohn Bartholdy

Komponist, Kapellmeister

Der am 3. Februar 1809 in Hamburg geborene Komponist gilt als einer der bedeutendsten Musiker der Romantik. Er gründete in Leipzig die erste Musikhochschule in Deutschland und führte das Gewandhausorchester zu Weltruhm.

Felix Mendelssohn Bartholdy entstammte der angesehenen und wohlhabenden bürgerlichen jüdischen Familie Mendelssohn. Sie war 1811 von Hamburg nach Berlin umgezogen. In seinem Elternhaus gingen wichtige Personen des Berliner kulturellen Lebens wie Heinrich Heine, Bettina von Arnim, Wilhelm von Humboldt und Ludwig Tieck (S. 197) ein und aus. Sein Großvater war der Philosoph der Aufklärung Moses Mendelssohn, der das Vorbild für Lessings „Nathan der Weise" lieferte (S. 57). Felix und seine drei Geschwister wurden christlich erzogen und 1816 protestantisch getauft. Zudem wurde dem Familiennamen der „christliche" Name Bartholdy beigefügt.

Mit sieben Jahren erhielt Mendelssohn seinen ersten Klavierunterricht. Mit neun Jahren trat er erstmals als Pianist öffentlich auf. Seine erste Sinfonie für Streicher schrieb er mit zwölf. Mit siebzehn komponierte er die Ouvertüre zu Shakespeares „Sommernachtstraum", eines seiner bekanntesten Stücke. Im Jahre 1829 wagte der kaum 20-Jährige ein Meisterstück: Er führte nach fast zweijähriger Probenarbeit Bachs „Matthäus-Passion" (S. 50) auf. Seit Bachs Tod 1750 war das Werk nicht mehr zu Gehör gebracht worden.

Anschließend trat er seine Wanderjahre an: Er gab Konzerte in England, bereiste Schottland, Italien und die Schweiz. Viele seiner Werke sind auf Reisen durch die deutschen und europäischen Länder entstanden und von den Eindrücken aus der Fremde inspiriert.

Seine erste feste Anstellung fand Mendelssohn 1833 als Generalmusikdirektor in Düsseldorf – bevor er mit 26 Jahren nach Leipzig berufen wurde. Bis zu seinem Tod war er als Musikdirektor am Gewandhaus tätig. Er wurde schnell zum Mittelpunkt des kulturellen Lebens in Leipzig. Seine Anerkennung drückte sich auch in einer Ehrendoktorwürde in Philosophie aus, die ihm am 20. März 1836 verliehen wurde. Seiner Arbeit ist es zu verdanken, dass sich die Stadt in nur wenigen Jahren zu einem Musikzentrum von internationalem Rang entwickelte. So formte er das Gewandhausorchester zum Prototypen eines modernen Sinfonieorchesters: Er hob durch seine gründliche Probenarbeit das Niveau. Auch spielte er Konzerte, um von deren Erlös in Leipzig ein Bach-Denkmal erbauen zu lassen. Mit viel Energie betrieb er seit 1839 die Gründung eines Leipziger Konservatoriums, um systematisch Nachwuchs fördern zu können. Sein Einsatz

Felix Mendelssohn Bartholdy, 1845.

hatte Erfolg: Am 2. April 1843 wurde das erste Institut dieser Art auf deutschem Boden in Leipzig eröffnet. Für die Musikausbildung verantwortlich war unter anderem Robert Schumann (S. 94).

Während eines Aufenthaltes als Gastdirigent lernte Mendelssohn 1836 in Frankfurt die Kaufmannstochter Cécile Jeanrenaud kennen, die er 1837 heiratete. Aus der Ehe gingen fünf Kinder hervor.

Im Mai 1847 stirbt plötzlich Mendelssohns vier Jahre ältere Schwester Fanny an den Folgen eines Hirnschlags. Von diesem Schock erholt er sich nicht mehr. Er zieht sich aus dem öffentlichen Leben zurück und macht mehrere Monate Urlaub in der Schweiz und in Süddeutschland. In Leipzig erleidet er am 9. Oktober einen ersten Schlaganfall. Nach weiteren Schlaganfällen am 25. Oktober und 3. November verliert er das Bewusstsein und stirbt am 4. November. Er wird im Familiengrab in Berlin-Kreuzberg beigesetzt.

Mendelssohn Bartholdy hinterließ mehr als 400 Werke. Drei Jahre nach seinem Tod begann Richard Wagner (S. 97) ihn zu schmähen. In seinem Pamphlet „Das Judenthum in der Musik" vertrat er 1850 und dann erneut 1869 mit direktem Bezug auf Mendelssohn Bartholdy die These, „der Jude" an sich sei unfähig, „weder durch seine äußere Erscheinung, seine Sprache, am allerwenigsten aber durch seinen Gesang, sich uns künstlerisch kundzugeben". Der Aufsatz wurde anfangs kaum wahrgenommen. Da Wagner aber 1869 bereits großen Einfluss hatte, führten seine Auslassungen dazu, dass die Werke von Mendelssohn Bartholdy in der zweiten Hälfte des 19. Jahrhunderts missachtet wurden.

Robert Schumann
Komponist

Der Pianist und Kompo-
nist zählt zu den bedeu-
tendsten Musikern der
deutschen Hochroman-
tik. Er komponierte et-
wa 600 Werke, wobei
besonders seine Klavier-
kompositionen als ein
wichtiges Stück deut-
scher und europäischer
Musikgeschichte gelten.
In beinahe einzigartiger
Doppelbegabung war er
zudem Musikschriftstel-
ler. Er war Gründer und
Alleingestalter der 1834
erstmals erschienenen,
bis heute existierenden
„Neuen Zeitschrift für
Musik".

Robert Schumann.

Robert Schumann wurde am 8. Juni 1810 in Zwickau als sechstes und letztes
Kind wohlhabender Eltern geboren. Von seinem Vater, einem Buchhändler und
Verleger, gefördert, erhielt er mit sieben Jahren Klavierunterricht, besuchte das
Lyzeum, mit elf Jahren gründete er einen literarischen Verein. 1828, nach Able-
gung des Abiturs, beugte Schumann sich dem Wunsch seiner Mutter – sein
Vater war zwei Jahre zuvor gestorben – und studierte Jura. Doch sein Herz hing
an der Musik. Deshalb bewarb er sich bei Friedrich Wieck, einem bekannten
Klavierpädagogen. Der willigte ein. Schumann übte verbissen. Da es ihn störte,
dass die Finger in jeweiliger Abhängigkeit voneinander stehen, band er nächte-
lang einzelne Finger der rechten Hand nach oben, um sie zu stärken. Doch er
erreichte das Gegenteil. Eines Tages konnte er die Hand wegen einer Sehnen-
scheidenentzündung nicht mehr bewegen. Als die Entzündung abklang, musste
er feststellen, dass er den Ringfinger nicht mehr richtig beugen und strecken
konnte. An professionelles Klavierspiel war nicht mehr zu denken. Schumann
konzentrierte sich nunmehr auf das Erlernen von Kompositionstechniken.

Im Haus seines Klavierlehrers Wieck hatte Schumann dessen Tochter Clara kennengelernt. Ende 1835 kamen sich die beiden näher, sehr zum Unwillen Wiecks. Er verbot jeglichen Kontakt zwischen den beiden. Nach eineinhalbjähriger erzwungener Trennung trafen sie sich wieder, verlobten sich heimlich und klagten vor Gericht das Recht auf ihre Heirat ein. Am 12. September 1840 heiratete das Paar aufgrund der Zustimmung des angerufenen Gerichts in der Dorfkirche von Schönefeld bei Leipzig. Aus ihrer Ehe gingen acht Kinder hervor, eines starb noch im Kindesalter.

1843 unterrichtete Schumann am Leipziger Konservatorium. Als sich seine Hoffnung zerschlug, Nachfolger von Mendelssohn Bartholdy (S. 92) am Leipziger Gewandhaus zu werden, siedelte er 1844 mit seiner Familie nach Dresden über. Hier wirkte er vornehmlich als Privatlehrer und leitete die Liedertafel, einen von ihm ins Leben gerufenen Gesangverein. Schon bevor er 1850 die Stelle als Städtischer Musikdirektor in Düsseldorf antrat, zeigten sich Anzeichen einer manisch-depressiven Krankheit. Er litt unter Angstzuständen und Schwindelanfällen. In Düsseldorf versuchte er mit Disziplin und Arbeitseinsatz gegen den wachsenden Wahn anzukämpfen. Doch vergebens. Er klagte über „Gehöraffektionen". Töne, Akkorde tobten in seinem Kopf, raubten ihm den Schlaf. Am Rosenmontag 1854 hielt er es nicht mehr aus. Er sprang von der Düsseldorfer Rheinbrücke, wurde aber gerettet und in die Nervenheilanstalt in Endenich bei Bonn eingeliefert. Hier starb er am 27. Juli 1856.

Schumanns letzte Komposition stammt aus seiner Zeit in der Endenicher Nervenklinik. Es ist der „Endenicher Choral": Wenn mein Stündlein vorhanden ist aus dieser Welt zu scheiden, so hilf du mir, Herr Jesu Christ, in meinen letzten Leiden.

1815 werden auf dem Wiener Kongress die Machtverhältnisse in Europa neu geordnet. Kursachsen sinkt in die politische Bedeutungslosigkeit; die Strafe dafür, bis zuletzt auf der Seite Napoleons gekämpft zu haben. Kursachsen verliert zwei Drittel seiner Fläche – die gesamte Niederlausitz, Teile der Oberlausitz und umfangreiche Gebiete im Westen und Nordwesten, darunter das politisch und kulturell bedeutende Gebiet um Wittenberg und Torgau sowie die thüringischen Landesteile. Auch büßt Sachsen gut 40 Prozent seiner Bevölkerung ein – hauptsächlich an Preußen. Damit wird Sachsen zum kleinsten Königreich Deutschlands.

Dieser politische Niedergang wird wettgemacht durch einen wirtschaftlichen und kulturellen Aufschwung. Sachsen entwickelt sich zum ausgeprägten Industriestaat, wird die erste wirkliche Industrieregion Deutschlands. Doch geht die wirtschaftliche Gesundung einher mit sozialen Problemen. Es entsteht ein Industrieproletariat, dessen Lebensverhältnisse sehr schlecht sind. Als Gegenbewegung führt dies zur Gründung des Allgemeinen Deutschen Arbeitervereins in Leipzig. Dies ist die Wiege der deutschen Arbeiterbewegung.

Allein die Scheu vor Reformen mündet zu Beginn der 1830er-Jahre in politischen Unruhen. 1831 tritt eine liberale Verfassung in Kraft, mit der Sachsen erstmals zu einer konstitutionellen Monarchie wird, in der gewisse Grundrechte garantiert sind. Der Landtag wird in zwei Kammern gegliedert und mit der alleinigen Gesetzgebungsmacht ausgestattet. Damit herrscht erstmals Gewaltenteilung.

1848 macht die revolutionäre Bewegung für ein vereinigtes demokratisches Deutschland auch vor Sachsen nicht halt. Zunächst gibt der König den demokratischen Forderungen nach. Im Mai 1849 kommt es aber zu bewaffneten Unruhen, die mithilfe preußischer Truppen blutig niedergeschlagen werden.

Dennoch stellt sich Sachsen 1866 im „Deutschen Krieg" an der Seite Österreichs erneut gegen Preußen. Sachsen sieht sich bald darauf von preußischen Truppen besetzt; das Land wird Mitglied im Norddeutschen Bund unter preußischer Führung. Sachsens staatliche Souveränität ist stark eingeschränkt. 1871 wird das Königreich Sachsen Teil des neu begründeten Deutschen Reiches.

Richard Wagner
Komponist

Richard Wagner, um 1862.

Der am 22. Mai 1813 in Leipzig geborene Richard Wagner wurde durch die Einführung des Sprechgesangs zum Wegbereiter der modernen Oper. Er zählt als Komponist der musikalischen Romantik zu den größten europäischen Musikdramatikern. Dabei war Dresden eine wichtige Lebensstation des wohl größten Opernkomponisten des 19. Jahrhunderts. Wagner war das jüngste von neun Kindern eines Polizeiaktuarius (Schriftführer im Präsidium) und dessen Ehefrau Johanna Rosine. Fünf Monate nach seiner Geburt starb der Vater; der Schauspieler und Maler Ludwig Geyer nahm sich der Witwe und der Kinder an, 1814 übersiedelte die Familie nach Dresden. An der Kreuzschule erhielt Wagner von 1822 bis 1827 seinen ersten Musikunterricht. Nach dem Tod seines Stiefvaters kehrt die Familie Ende 1827 nach Leipzig zurück. Ab 1828 besuchte Wagner das Nikolai-Gymnasium, wechselte jedoch 1830 zur Thomasschule, um Mitglied des Thomanerchors zu werden. Dort studierte er Kontrapunkt und Geige und begann gleichzeitig 1831 ein Musikstudium an der Universität.

Die Begegnung mit der berühmten Sängerin Wilhelmine Schröder-Devrient (S. 195) 1829 soll ihn dazu bewogen haben, dramatischer Komponist zu werden. Wagner hat in Leipzig zudem Kontakt zu Robert Schumann (S. 94) und Clara Wieck (S. 105) sowie Felix Mendelssohn Bartholdy (S. 92).

Nach Stationen in Würzburg und Bad Lauchstädt wirkte Wagner als Theaterkapellmeister in Magdeburg. Dort verliebte er sich in die Schauspielerin Minna Planer: er folgte ihr nach Königsberg, wo sie 1836 heirateten. Weil sie große Schulden angehäuft hatten, flüchteten sie vor ihren Gläubigern über Norwegen und London nach Paris, wo sie von September 1839 bis April 1842 in großer Not lebten.

Den Durchbruch schafft Wagner mit der Oper „Rienzi" am 20. Oktober 1842 in Dresden. Die triumphale Uraufführung legte den Grundstein zu seinem Ruhm.

Die Hauptrolle hatte Wilhelmine Schröder-Devrient gesungen. 1843 wurde er zum Hofkapellmeister ernannt und komponiert in den darauffolgenden Jahren „Tannhäuser" (Uraufführung: Dresden 1845) und „Lohengrin" (Weimar 1850).

Um Ruhe fürs Komponieren zu haben, hat sich Wagner in das so genannte Schäfer'sche Gut, ein typisch sächsisches Großbauernhaus dieser Zeit, in Graupa nahe der Stadt Pirna zurückgezogen. 1846 erlebt er hier einen Sommer voller Erholung und Schaffensinspiration. In diesem Gebäude befindet sich heute eine von weltweit vier erhalten gebliebenen authentischen, musealen Wohnstätten Richard Wagners. Von Graupa aus hatte er lange Wanderungen, vor allem ins nahe Liebethal, unternommen. Hier hat später der Bildhauer Albert Eduard Richard Guhr (1873–1956), der als Professor für Monumentalkunst an der Dresdner Kunstakademie lehrte, auf eigene Kosten das größte Wagner-Denkmal der Welt aufstellen lassen. Das 12,50 Meter hohe Bronzedenkmal wurde 1933 enthüllt.

Angesteckt vom revolutionären Geist dieser Epoche nimmt Wagner 1849 ebenso wie Gottfried Semper (S. 83) am Dresdner Maiaufstand teil. Die Revolutionäre versuchen vergeblich, König Friedrich August II. von Sachsen zu stürzen und eine Republik zu etablieren.

 Er gerät als Kundschafter auf dem Turm der Kreuzkirche heftig unter Beschuss, worauf ein Kampfgefährte Vorsicht anmahnt. Daraufhin soll Wagner angeblich nur lächelnd geantwortet haben: „Ich bin unsterblich!"

Steckbrieflich gesucht, flieht er in die Schweiz. Hier verfasst er 1850 unter dem Pseudonym K. Freigedank die heftig umstrittene Schrift „Das Judenthum in der Musik", die aber zu dieser Zeit wenig Beachtung findet. 1868 veröffentlichte er den Aufsatz erneut, diesmal unter eigenem Namen und fand nun breite Zustimmung. Wagner schrieb, die Juden würden lediglich danach trachten, die Völker der Welt mithilfe des Geldes zu versklaven. Zur Kunst im Allgemeinen, insbesondere zur Musik, seien die Juden unfähig. Sie seien lediglich in der Lage, „nachzuäffen" oder „nachzukünsteln".

Was als jüdische Kunst ausgegeben werde, sei „unwillkürlich abstoßend". Die Sprache der Juden, die ihrem Charakter entspreche, „widert uns an". Den „gottesdienstlichen Gesang" der Juden wiederum dämonisierte Wagner als „Fratze". Sein Resümee war eine Warnung an das Volk und insbesondere dessen Musiker vor einer „Verjüdung". Damit wollte Wagner ganz bewusst den Komponisten Felix Mendelssohn Bartholdy (S. 92) treffen.

Durch seine Vorliebe für germanische Heldensagen, christliche Mystik und sein immer wiederkehrendes Thema der politischen und menschlichen „Erlösung" wurde er noch zu Lebzeiten zum Lieblingskomponisten und Vordenker fast aller nationalistisch gesinnten Deutschen. Adolf Hitler vereinnahmte später Wagners

Werke als klingendes Symbol des Dritten Reiches, als „urdeutsche" Musik. Richard Wagner war aber nicht durch und durch Judenhasser. Zeitlebens pflegte er Kontakt zu Juden und arbeitete mit vielen Juden zusammen. So betraute er den Dirigenten und Rabbinersohn Hermann Levi mit der Uraufführung des „Parsifal". Doch hatte er die Leser verhetzt. Seine Schrift wurde bis 1914 rund eine Million Mal verkauft.

In Zürich war Wagners Leben von finanziellen Problemen geprägt. Besonders die langwierige und kostspielige Vorbereitung für die Uraufführung (1862–1864) von „Tristan und Isolde" in Wien – die dann wegen „Unspielbarkeit" des Werkes abgesagt wurde – hatte den Komponisten ruiniert.

1864 wendete sich dann das Schicksal zum Positiven: Wagner fand in dem 18jährigen Bayernkönig Ludwig II. einen Bewunderer und Sponsor auf Lebenszeit. Weil die öffentliche Debatte um seinen Einfluss auf den jungen König aber immer schärfer wurde und in direkte Feindschaft gegen ihn ausgeufert war, musste Wagner München im Dezember 1865 verlassen. Zuvor hatten rund 4.000 Münchner Bürger eine Petition unterschrieben, in der sie das ausschweifende und kostspielige Leben Wagners kritisierten. Er zog nach Genf, dann nach Tribschen (bei Luzern). Wenig später starb seine Frau Minna, von der er sich schon vorher getrennt hatte. Seine Geliebte Cosima von Bülow, eine Tochter des Komponisten und Pianisten Franz Liszt, mit der Wagner bereits eine Tochter hatte, zog zu ihm. Und das, obwohl sie noch mit dem Dirigenten und Wagner-Bewunderer Hans von Bülow verheiratet war. 1870 heiratete Wagner die inzwischen geschiedene Cosima von Bülow, mit der er drei Kinder hat: Isolde, Eva und Siegfried.

Er suchte weiter eine passende Stadt für seine Festspiele und wurde 1871 endlich in Bayreuth fündig. 1872 wurde der Grundstein für das Festspielhaus gelegt. Hier wurden der „Ring des Nibelungen" und „Parsifal" (1882) uraufgeführt. Nach einjährigem Aufenthalt in Venedig, wo er seine angeschlagene Gesundheit wiederherstellen wollte, erliegt er dort am 13. Februar 1883 seinem chronischen Herzleiden.

Ferdinand Adolph Lange
Begründer der Glashütter Uhrenindustrie

Der am 18. Februar 1815 in Dresden geborene Adolph Lange hat die Feinuhrmacherei nach Deutschland zurückgeholt und grundlegend reformiert. Er legte den Grundstein für Glashütte als Zentrum der Uhrmacherkunst. Lange besuchte neben der Lehre beim damals schon renommierten Hofuhrmacher Johann

Ferdinand Adolph Lange.

Christian Friedrich Gutkaes in Dresden die Polytechnische Schule und lernte in den Abendstunden Englisch und Französisch. Sehr früh stand es für ihn fest, dass er sich in den damaligen Zentren der hochentwickelten Uhrmacherkunst, in Frankreich und England, weiterbilden wollte. Die kreative Uhrmacherei, die im Zeitalter der Renaissance in Nürnberg, Augsburg, Schaffhausen und Straßburg ihren Platz hatte, war nämlich nach London und Paris abgewandert. 1837 zog Lange nach Paris und arbeitete drei Jahre bei dem seinerzeit berühmten Chronometermacher Josef Thaddäus Winnerl.

Der nur 1,51 Meter große junge Mann war ungewöhnlich ehrgeizig und manuell überdurchschnittlich geschickt. Doch obwohl Winnerl ihm bereits nach einem Jahr die Stelle eines Werkführers anbot, kehrte er über die Schweiz 1842 in die Kunstuhrenfabrik von Gutkaes zurück, heiratete dessen Tochter Charlotte Amalie Antonia und wurde Teilhaber im Betrieb des Schwiegervaters. Das Unternehmen war damals berühmt für seine Präzisionsregulatoren für Sternwarten.

1845 machte sich die Landesregierung Sorgen um das Erzgebirge. Der Region drohte die völlige Verarmung. Es wurde ein Aufruf gestartet: Staatsdarlehen für Industrieansiedlung. Lange schlug vor, in Glashütte mit der Uhrenfertigung zu beginnen. Er hatte 15 Standorte geprüft und war auf Glashütte gekommen, da der Ort Dresden am nächsten lag. Zudem wurde mit dem Bau der Müglitztalstraße begonnen. Weitschauende dachten bereits an eine Bahnanbindung ins Elbtal (die aber erst 1890 kam).

Nach zähen Verhandlungen stimmt das Innenministerium zu und bewilligt Lange einen Kredit über 5.580 Taler und einen einmaligen Kostenzuschuss von 1.120 Talern für die Anschaffung von Maschinen. Am 7. Dezember 1845 gründet Lange in Glashütte die erste deutsche Uhrenfabrik. Er stellt 15 Lehrlinge ein, die bis dahin Strohflechter waren. Diese werden vertraglich verpflichtet, nach ihrer

Ausbildung weitere fünf Jahre für die Firma Lange zu arbeiten und sich durch wöchentliche Abgaben mit insgesamt 3.120 Talern an der Rückzahlung des Kredites zu beteiligen.

Lange begann mit dem Aufbau einer moderneren, arbeitsteiligen Uhrenfertigung, bei der nicht mehr nur Einzelstücke von Uhrmachern, sondern kleine Serien fabrikmäßig gefertigt werden. Bereits 1848 kann er mit den ersten ausgebildeten Fachleuten die Ausgründung von Fertigungsbereichen beginnen. Das war der Auftakt zur typischen Glashütter Haus- und Zulieferindustrie. Mit der 1878 gegründeten „Deutschen Uhrmacherschule" (die bis 1956 bestand) schaffte es Glashütte zudem, sich bei der Ausbildung völlig von der Schweiz oder Frankreich zu lösen. Dies festigte zusätzlich den Ruf Glashüttes als deutsches Zentrum der Feinuhrmacherei.

Lange kümmerte sich aber nicht nur um seine Firma, er war zudem 18 Jahre lang – von 1848 bis 1866 – Bürgermeister der Stadt Glashütte, von 1869 bis zu seinem Tod Abgeordneter in der Zweiten Kammer des Sächsischen Landtags und setzte sich hier vor allem für die Verbesserung der Verkehrsanbindung (Landstraße und Eisenbahn) des Müglitztals ein.

Als Ferdinand Adolph Lange am 3. Dezember 1875 in Glashütte im Alter von 60 Jahren starb, besaß sein Betrieb bereits europaweit einen erstklassigen Ruf. In Glashütte ließen sich weitere namhafte Uhrmacher nieder und bauten Manufakturen auf.

Friedrich Gottlob Keller
Erfinder des Holzschliffpapiers

Der am 27. Juni 1816 in Hainichen geborene Keller entwickelte das noch heute übliche Verfahren zur Papierherstellung durch Holzschliff. Damit schuf er die Grundlage zur industriellen und billigen Papierherstellung. Dies war die Basis für die Entwicklung der polygrafischen Industrie und des modernen Zeitungswesens. Keller wurde als Sohn eines Weber- und Blattbindermeisters geboren, der in Heimarbeit Tuche herstellte. Er

Friedrich Gottlob Keller.

war das einzige von zehn Kindern, welches das Erwachsenenalter erreichte. Bei seinem Vater erlernte er dessen Beruf und half ihm dann hauptsächlich als Blattbinder, indem er Webblätter zum Führen der Kettfäden und zum Anschlagen des Schussfadens herstellte.

Der Besuch einer Gewerbeschule war finanziell unmöglich. So bildete sich Keller durch die Lektüre technischer Schriften weiter und bastelte an verschiedenen Erfindungen, um seine materielle Lage zu verbessern.

In der ersten Hälfte des 19. Jahrhunderts stieg die Nachfrage nach Papier. Der Rohstoff wurde vor allem für Verpackungen und Zeitungen gebraucht. Die bis dahin übliche Methode der Papierherstellung aus Textillumpen („Hadern") war schon lange an ihre Grenzen gestoßen. Als Keller 1843 von der Mahnung liest, es müsse unbedingt ein neuer Papierrohstoff gefunden werden, erinnert er sich plötzlich, wie er als Kind Kirschkernketten gebastelt hatte. Er hatte die Kirschkerne von beiden Seiten angeschliffen, durchbohrt und die aufgeschnittenen ovalen Ringe miteinander zu langen Ketten verhakt. Dem erwachsenen Keller kommt jetzt etwas in Erinnerung, was ihm noch nie wichtig erschienen war: Der dicke weißliche Schleim taucht vor seinem inneren Auge wieder auf, dieses Gemisch aus Kirschkernstaub, Holzschliff und Wasser, das sich am nächsten Tag zusammengetrocknet als festes und biegsames Blatt von der Türschwelle ablösen ließ. Keller wird plötzlich bewusst, dass er damals eigentlich eine Art Papier hergestellt hatte, ein Papier, das nur aus Schliff und Wasser bestand.

Er montiert einen Sandstein an seine Drehbank, nässt ihn und lässt ihn gegen ein Stück Holz rotieren. Aus der „Holzschliffbrühe", die dabei entsteht, schöpft er ein Papier. Damit hatte Keller einen neuen Rohstoff für die Papierherstellung gefunden.

Schon ein Jahr später ließ Keller sich sein Holzschliffverfahren patentieren. Am 11. Oktober 1845 wurde weltweit die erste Zeitung auf Holzschliffpapier gedruckt – die Nummer 41 des Intelligenz- und Wochenblattes für Frankenberg mit Sachsenburg und Umgebung.

Kellers Plan, in Kühnhaide bei Marienberg eine eigene Papiermühle zu betreiben, scheiterte. Es fehlte ihm an kaufmännischem Geschick, auch an Fachkenntnissen. Vor allem hatte er nicht genug Geld für die nötigen Investitionen. 1851 überließ er seine Erfindung dem Heidenheimer Papierfabrikanten Heinrich Voelter. Der entwickelte das Kellersche Holzschliffverfahren weiter, führte es in die Praxis ein und brachte es durch die Entwicklung von Hilfsmaschinen zur großtechnischen Nutzung. Nach der Präsentation einer vollständigen Holzschleiferei auf der Weltausstellung in Paris 1867 setzte sich das Holzschliffverfahren industriell durch.

Das Holzschliffpatent hatte Keller nur Misserfolge und Verluste eingebracht. Trotzdem blieb er sein Leben lang ein Erfinder. Während auf der ganzen Welt Maschinen nach dem von ihm erfundenen Prinzip arbeiteten und andere damit viel Geld verdienten, produzierte er selbst ständig neue Ideen, die ihm jedoch nie zu auch nur bescheidenem Wohlstand verhalfen. Die Truhe, in der er all seine Zeichnungen aufbewahrte, füllte er mit immer neuen Entwürfen, zum Beispiel für eine neuartige Ackerwalze, einen Apparat zur Knopfherstellung, einen Bleistiftspitzer, eine Messkluppe zur Feststellung des Durchmessers von Baumstämmen, ein Schiffsschaufelrad oder auch einen künstlichen Blutegel. Als Keller 1853 nach Krippen in der Sächsischen Schweiz kam, wo er als Mechaniker bis an sein Lebensende in einfachen Verhältnissen lebte, war er finanziell ruiniert. Nur weil 1892 nach einem Aufruf der Zeitschrift „Die Gartenlaube" Geld für ihn gesammelt wurde, konnte er seine Schulden begleichen. Doch bereits drei Jahre später starb er am 8. September 1895 in Krippen.

Louise Otto-Peters
Schriftstellerin, Frauenrechtlerin

Die am 26. März 1819 in Meißen geborene Louise Otto-Peters gehört zu den herausragenden Persönlichkeiten der deutschen Frauenbewegung. Die von ihr maßgeblich beförderte Gründung des Allgemeinen deutschen Frauenvereins 1865 in Leipzig stellte den Beginn der organisierten Frauenbewegung dar. Sie veröffentlichte wichtige Schriften zur Frauenemanzipation, eine große Zahl historischer Romane, Erzählungen und Gedichte sowie Arbeiten zu Kunst und Kultur.

Louise Otto war die jüngste von vier Töchtern, die in einem gutbürgerlichen

Louise Otto-Peters.

Elternhaus aufwuchsen. Der liberal gesinnte Vater war Gerichtsdirektor. Er hielt seine Töchter – für die damalige Zeit äußerst ungewöhnlich – zum Zeitunglesen an, diskutierte mit ihnen das politische Geschehen. Doch trotz Schulbesuch und privatem Unterricht in Naturwissenschaften, Malerei, Philosophie und Französisch blieb den Mädchen die höhere Bildung verwehrt.

Bereits im Jahr 1835 starben die Eltern an Tuberkulose. Dank des Erbes war die 16-jährige Louise nun finanziell unabhängig und beschloss, Schriftstellerin zu werden. Zu Besuch bei einer ihrer Schwestern, die nach ihrer Heirat ins Erzgebirge gezogen war, erlebte sie aus nächster Nähe Armut und Elend der Weberinnen und Klöpplerinnen. Unter diesem Eindruck entstand 1846 ihr Roman „Schloss und Fabrik", der wegen seines „aufrührerischen Inhalts" zunächst konfisziert wurde, dann aber nach Streichung der kritischen Stellen doch erscheinen durfte. 1847 veröffentlicht sie einen Band mit frauenpolitischen Gedichten. Die sozialkritischen Texte bringen ihr den Beinamen „Lerche des Völkerfrühlings" ein. In Robert Blums „Vorwärts. Volkstaschenbuch für das Jahr 1847" veröffentlicht sie zudem den grundlegenden Artikel „Über die Teilnahme der Frauen am Staatsleben". Darin entwickelte sie programmatische Ideen für eine Frauenbewegung.

1849 gründete Louise Otto die „Frauen-Zeitung", die unter den Publikationen der frühen Frauenbewegung die bedeutendste war. Die Zeitung setzte sich nicht nur mit aktuellen Themen auseinander, sondern brachte auch Berichte über Frauen aus anderen Ländern, informierte über Vereinsgründungen. Das Blatt konnte jedoch nur vier Jahre erscheinen, denn es fiel 1850 dem sächsischen Pressegesetz zum Opfer.

Diese „Lex Otto" war speziell auf Louise Otto zugeschnitten und besagte, dass „Frauen von der Führung von Redaktionen ausgeschlossen sind". Es wurde „Schülern, Lehrlingen, Weibern und Schwachsinnigen" verboten, Vereine zu gründen und Versammlungen abzuhalten. Die Herausgeberin wich darauf ins preußische Gera aus, verlor dadurch aber einigen Einfluss auf die Zeitung, bis diese schließlich 1853 eingestellt werden musste.

1858 heiratete Louise Otto August Peters, auf den sie sieben Jahre gewartet hatte. Er war 1848 als Revolutionär zum Tode verurteilt, dann aber zu einer Zuchthausstrafe begnadigt worden. 1864 starb Peters an den Folgen der Haft.

1865 gründete Louise Otto-Peters zusammen mit ihrer Freundin Auguste Schmidt den „Allgemeinen Deutschen Frauenverein" (ADF). 30 Jahre lang, bis zu ihrem Tod, blieb sie Vorsitzende des Dachverbandes und gab das Verbandsorgan „Neue Bahnen" heraus. Die Ziele des Vereins sind insbesondere die Rechte der Frau auf Bildung, auf Erwerbsarbeit und Zugang zum Universitätsstudium.

Nach 1870 zog sie sich zunehmend aus der aktiven Vereinsarbeit zurück. Sie lebte in äußerst bescheidenen Verhältnissen, da ihr Erbe durch die Herausgabe der Frauen-Zeitung aufgezehrt war. Am 13. März 1895 starb Louise Otto-Peters in Leipzig.

Clara Schumann
Pianistin

Die am 13. September 1819 in Leipzig geborene Clara Wieck war zu ihrer Zeit eine der bedeutendsten Pianistinnen in Europa.

Bereits im Alter von fünf Jahren erhielt sie vom strengen Vater, der eine eigene Methode zum Erlernen des Klavierspiels entwickelt hatte, Unterricht. Seit der Trennung der Eltern wuchs Clara bei ihm auf. Mit neun Jahren debütierte sie im Leipziger Gewandhaus. Mit dreizehn Jahren ging sie auf Konzertreise. Ihre Tourneen führten sie durch ganz Europa, und mit 16 Jahren galt die blutjunge Musikerin als bedeutendste Pianistin in ganz

Clara Schumann, 1838.

Europa. So ernannte sie zum Beispiel der österreichische Kaiser 1838 zur Kaiserlich-Königlichen Kammervirtuosin, eine Auszeichnung, die ganz selten an Ausländer vergeben wurde.

Robert Schumann (S. 94) kommt 1830 ins Haus Wieck, um Klavierunterricht zu nehmen, und lernt die elfjährige Clara kennen. Als er 1837 bei Wieck um die Hand von dessen nunmehr 18-jähriger Tochter anhält, ist dieser so erbost, dass er den beiden jeglichen Kontakt untersagt. Nach dreijährigem zähem Ringen heiraten sie dennoch am 12. September 1840, gegen den Willen Friedrich Wiecks. Clara Schumann gibt zugunsten ihres Mannes die eigene vielversprechende Karriere auf beziehungsweise unterbricht sie bis zu seinem Tod. Dennoch wird die Ehe zu einem fruchtbaren Fundament für beide Künstler. Robert Schumann komponiert, und Clara Schumann interpretiert seine Kompositionen am Klavier. Nach Robert Schumanns Tod am 29. Juli 1856 war Clara gezwungen, für den Unterhalt ihrer sieben Kinder allein aufzukommen. Sie zog zu ihrer Mutter nach Berlin, unternahm aber weiterhin erfolgreiche Konzertreisen ins In- und Ausland. Trotzdem scheinen die Kinder ihre Mutter geliebt und verehrt zu haben.

1863 siedelte Clara Schumann nach Baden-Baden über. Auch die Folgejahre waren geprägt von erfolgreichen Konzertreisen in zahlreiche Städte Deutschlands und Europas. Sie blieb bis zu ihrem Tode eine überall gefeierte Pianistin. Im Jahr 1878 wurde sie zur „Ersten Klavierlehrerin" des neu gegründeten Hoch'schen Konservatoriums in Frankfurt am Main berufen. Sie erteilte Unterricht und begann das Gesamtwerk ihres Mannes herauszugeben. Ihr letztes Konzert gab sie im Alter von 71 Jahren. Im März 1896 erlitt sie einen Schlaganfall und starb am 20. Mai 1895 im Alter von 76 Jahren. Ihrem Wunsch gemäß wurde sie neben ihrem Mann in Bonn beigesetzt.

Amalie Dietrich
Naturforscherin,
Forschungsreisende

Amalie Dietrich.

Die am 26. Mai 1821 in Siebenlehn geborene Amalie Dietrich war die bedeutendste Naturforscherin und Pflanzensammlerin Deutschlands im 19. Jahrhundert.
Sie stammte aus einer sehr armen Heimarbeiterfamilie. 1846 heiratete die naturwissenschaftlich begabte junge Frau den Apothekergehilfen und Naturforscher Wilhelm August Salomo Dietrich. Er lehrte sie, wie man Pflanzen sammelt, bestimmt und präpariert und wie man Herbarien anlegt. Später bildete sie sich autodidaktisch fort.
Das junge Paar sammelt auf ausgedehnten Fußreisen, die nach Nord- und Mitteldeutschland, in die österreichischen Alpen und nach Polen führen, Pflanzen, präpariert diese, stellt sie zu Sammlungen zusammen und verkauft sie an wissenschaftliche Einrichtungen und Sammler. 1848 wird Tochter Charitas geboren. Die Ehe scheitert jedoch bald, Amalie Dietrich gibt ihr Kind in eine Pflegefamilie. Von nun an zieht sie allein zu Fuß mit einem Hundewagen durch die Salzburger Alpen, später über Bremen nach Holland.

Bei einer dieser Reisen lernt sie 1862 Johan Cesar Godeffroy kennen. Er ist Eigentümer des damals größten Hamburger Seehandelshauses mit Beziehungen nach Amerika, Südostasien und Australien. Zugleich fördert er auch großzügig die naturwissenschaftliche Forschung.

In seinem Auftrag reist die nun 43-jährige Amalie Dietrich nach Australien. Daraus wird ein zehnjähriger Aufenthalt. Auf dem damals noch wenig erforschten Kontinent trägt sie mehr als 20.000 Pflanzen, Tiere, ethnografische Gegenstände, menschliche Schädel und Skelette zusammen. Sie entdeckt 640 Pflanzen- und präpariert über 240 Vogelarten.

Das ist die bis dahin größte je von einer Einzelperson geschaffene Sammlung von zoologischem und botanischem Material. Oft alleine unterwegs, erforschte sie viele Gebiete, die damals erst kurz zuvor zum ersten Mal von Europäern besucht worden waren.

Sie schickte Kiste um Kiste nach Hamburg. Von 1866 an gab das Godeffroy'sche Museum regelmäßig Kataloge „ihrer" Pflanzen heraus. Dietrich sammelte nicht nur Pflanzen, sondern auch Insekten und andere Kleintiere. Außerdem sandte sie acht Skelette und zwei Schädel von Aborigines aus Queensland nach Deutschland. Weil sie auch die Haut eines Aborigines verschickte, wird sie in Australien bis heute „Angel of Black Death" genannt. Nach Amalie Dietrich wurden die von ihr entdeckte Algenart Sargassum amaliae, die Wespenart Odynerus dietrichianus, der Sonnentau Drosera dietrichiana und die Moosart Endotrichella dietrichiae benannt.

1873 kehrte Amalie Dietrich nach Deutschland zurück. Sie brachte zwei gezähmte Adler mit und fand bei Familie Godeffroy Unterkunft, wo sie ihre Sammlungen betreute und verwaltete. Als die Firma Godeffroy 1879 in Konkurs ging, übernahm die Stadt Hamburg Teile des Godeffroy'schen Museums. Amalie Dietrich erhielt als Kustodin bis zu ihrem Lebensende eine städtische Anstellung. Sie starb am 9. März 1891, knapp 70-jährig.

Wilhelm Wundt
Psychologe

Der am 16. August 1832 in Neckarau, einem heutigen Stadtteil von Mannheim, geborene Wilhelm Wundt gilt als Wegbereiter der Psychologie als eigenständige Disziplin und Begründer der experimentellen Psychologie.

Der aus einer Pastorenfamilie stammende Wundt ging 1851 an die Universität Tübingen, konnte sich jedoch nicht für ein Studienfach entscheiden. Er hörte

Botanik, Chemie, Physik sowie Anatomie und Physiologie des Menschen, wechselte nach Heidelberg und studierte Mathematik, dann Medizin. „Mit höchstem Lobe" promovierte er 1856, habilitierte und dozierte nun in Heidelberg über die gesamte Physiologie mit Demonstrationen und Experimenten. Von 1858 bis 1864 arbeitete er als Assistent des berühmten Physiologen Helmholtz und forschte über die neurologische und chemische Stimulation der Muskeln. Nach einem einjährigen Aufenthalt in Zürich als Professor für induktive Philosophie wird er 1875 nach Leipzig berufen, wo er in 45-jähriger Tätigkeit und besonders mit der Gründung des

Wilhelm Wundt, Bronzebüste von Max Klinger.

weltweit ersten Instituts für experimentelle Psychologie 1879 die Voraussetzungen für eine wissenschaftliche Psychologie schafft.

Über die Naturwissenschaft war Wundt endgültig zur Psychologie gekommen. Die Erkenntnis, dass Körper und Seele eine Einheit bilden, war seinerzeit umstritten. Lange Zeit stritten die Gelehrten um den Zusammenhang von Geist und Materie. Lediglich ein Körpersekret sahen die einen in der Seele. Es gebe überhaupt keine Verbindung, urteilten andere. Auch wurden psychologische Fragestellungen bis dahin entweder in der Philosophie oder aber in der Medizin behandelt. Wilhelm Wundt entwickelte erstmals wissenschaftliche Methoden zur Erforschung des Geistes. So führte er zum Beispiel die Introspektion (Selbstbeobachtung) ein, eine Methode, bei der der Forscher sein eigenes Inneres nach bestimmten Schemata erforscht. Damit ist er der Begründer der Psychologie, wie wir sie heute kennen.

In den 1860er-Jahren häufen sich seine Veröffentlichungen zu diesem Thema. 1864 umfasst Wundts Publikationsliste bereits 51 Titel. Bis zu seinem Tod wächst sie auf über 500 Schriften an. In der Zeit von 1883 bis 1903 gibt er das zwanzigbändige Werk „Philosophische Studien" heraus. Von 1906 bis 1918 erscheinen die zwanzigbändigen „Psychologischen Studien". In den letzten zwanzig Schaffensjahren stellt er die Völkerpsychologie in den Vordergrund, verfasst ein zehnbändiges Werk mit dem Titel „Völkerpsychologie". Wundt starb am 31. August 1920 in Großbothen in der Nähe von Leipzig.

August Bebel
SPD-Politiker, Publizist

Der am 22. Februar 1840 in Deutz bei Köln geborene August Bebel zählte zu den bekanntesten Politikern im 1871 gegründeten deutschen Kaiserreich. Unter seiner Führung entwickelte sich die SPD Ende des 19. Jahrhunderts zu einer Massenpartei.
Bebel wurde als Sohn eines preußischen Unteroffiziers in ärmlichen Verhältnissen geboren. Nach dem frühen Tod seines Vaters zog er mit seiner Mutter nach Wetzlar, wo er eine Lehre zum Drechsler absolvierte. Im Anschluss daran begab er sich auf die Gesellenwanderschaft. 1860 führt ihn sein Weg nach Leipzig. Der Meister, bei dem er Arbeit fand, stellte Tür- und Fenstergriffe her – ein Artikel, mit dem sich Bebel 1864 selbstständig machte. 1866 erwarb er die sächsische Staatsbürgerschaft und heiratete die Putzmacherin Julie Otto.

August Bebel, um 1890.

1865 wurde er Vorsitzender des Leipziger Arbeiterbildungsvereins. Zusammen mit Wilhelm Liebknecht (S. 186) rief er im Jahr 1866 die Sächsische Volkspartei ins Leben, als deren Abgeordnete beide ein Jahr später in den Norddeutschen Reichstag gewählt werden. Mit Liebknecht, unter dessen Einfluss er sich dem Marxismus annähert, gründete Bebel dann 1869 in Eisenach die Sozialdemokratische Arbeiterpartei Deutschlands (SDAP), die sich für die marxistischen Ideen und den internationalen Sozialismus der Ersten Internationale aussprach und politisch den preußischen Staat ablehnte. 1871 wurde Bebel Mitglied des Deutschen Reichstags, dem er bis zu seinem Tode ohne Unterbrechung angehörte.

Während des Deutsch-Französischen Krieges 1870/1871 brachte Bebel Staatsmacht und nationalistisches Bürgertum gegen sich auf, als er im Reichstag nach der Niederlage Frankreichs und der Ausrufung der französischen Republik gemeinsam mit Wilhelm Liebknecht weitere Kriegskredite ablehnte, die Annexion Elsass-Lothringens durch Deutschland verurteilte und später den Pariser Kommuneaufstand von 1871 verteidigte. 1872 wird er im „Leipziger Hochverratsprozess" zu zwei Jahren Festungshaft verurteilt. Sozialdemokraten gelten nun als „vaterlandslose Gesellen", die mit allen Mitteln polizeilicher Repression bekämpft werden. Den Höhepunkt erreichten die staatlichen Unterdrückungsmaßnahmen 1878, als Otto von Bismarck zwei Attentatsversuche auf Kaiser Wilhelm I. zum Vorwand nimmt, um im Reichstag das „Gesetz gegen die gemeingefährlichen Bestrebungen der Sozialdemokratie" (Sozialistengesetz) durchzusetzen. Damit werden sozialdemokratische Vereine, Zeitungen und Publikationen verboten, nur die sozialdemokratische Reichstagsfraktion kann noch legal agieren. Im Jahr 1875 engagiert sich Bebel mit Nachdruck für die Zusammenführung von Lassalles Allgemeinem Deutschen Arbeiterverein (ADAV) mit der Sozialdemokratischen Arbeiterpartei Deutschlands (SDAP). Danach bezeichnet sich die Partei als Sozialistische Arbeiterpartei (SAP). 1879 erscheint „Die Frau und der Sozialismus", Bebels wichtigstes publizistisches Werk. Mehrfach ergänzt und umgearbeitet, wird es bis zur Jahrhundertwende zur meistgelesenen marxistischen Schrift.

1881 wird Bebel wegen seiner politischen Betätigung aus Leipzig ausgewiesen und siedelt nach Dresden über. Hier vertritt er bis 1890 die Sozialdemokratische Arbeiterpartei Deutschlands im Sächsischen Landtag. Nach der Nichtverlängerung des „Sozialistengesetzes" gründete sich die SAP 1890 offiziell als Sozialdemokratische Partei Deutschlands (SPD) neu. Ein Jahr später verabschiedete die SPD das „Erfurter Programm". Hierin wurde ein dogmatischer Marxismus vertreten. Bebel war an der Erarbeitung maßgeblich beteiligt und wird zum Vorsitzenden gewählt.

1890 siedelte Bebel nach Berlin über, wo er vor allem als Schriftsteller arbeitete. Sein Ziel war die Beseitigung der bürgerlichen und die Gründung der sozialistischen Gesellschaft. Doch in seinen Schriften zeigte sich, dass er kein Revolutionär war, sondern ein Mann der Mitte, der unterschiedliche linke Strömungen in der SPD integrieren wollte.

Nach 1909 hielt er sich nach dem Tod seiner Frau überwiegend in Zürich auf. Dort lebte seine Tochter mit ihrer Familie. Er starb im Kurort Passugg im Schweizer Kanton Graubünden an Herzversagen einen Tag vor Ausbruch des Ersten Weltkriegs, am 13. August 1913. An dem Trauerzug zu seinem Begräbnis in Zürich nahmen Zehntausende teil.

Karl May
Schriftsteller

Der am 25. Februar 1842 in Ernstthal geborene Karl May war einer der ersten deutschen Abenteuerschriftsteller, der internationalen Ruhm errang. Er ist einer der meistgelesenen deutschen Schriftsteller überhaupt. Bis heute sind seine Werke in mehr als 200 Millionen Exemplaren weltweit verbreitet und in über 50 Sprachen übersetzt.

Karl May war das fünfte von 14 Kindern einer Leineweberfamilie; neun seiner Geschwister starben in frühester Kindheit. Mangelhafte und vitaminarme Ernährung so-

Karl May als Old Shatterhand.

wie Augenentzündungen führten dazu, dass Karl bereits kurz nach der Geburt bis zu seinem fünften Lebensjahr teilweise blind war.

Mit fünfzehn Jahren wurde er in das evangelische Lehrerseminar in Waldenburg aufgenommen. Anfang 1860 musste er das Seminar verlassen, weil er fünf Kerzen gestohlen hatte – mit denen wollte er seiner Familie zu Weihnachten eine Freude machen. Seinem Gnadengesuch wurde vom Kultusministerium stattgegeben, und so bekam May 1861 einen Job als Hilfslehrer bei den Fabrikschulen in Altchemnitz, wo er aber nicht lange bleiben durfte, weil er beim Klavierunterricht mit der Frau seines Vermieters anbändelte. Karl May wurde daraufhin fristlos aus dem Schuldienst entlassen. Zudem musste er wegen eines Uhrendiebstahls, den er allerdings bestritt, 1862 eine sechswöchige Haftstrafe absitzen.

Seine Laufbahn als Lehrer war damit endgültig beendet. Auch das Militär winkte ab: Nach der Haftstrafe wurde May als „untüchtig" eingestuft, worauf er sich mit Gelegenheitsjobs über Wasser hielt.

Durch Hochstapeleien – so gab er sich als „natürlicher Sohn des Prinzen von Waldenburg" oder „Albin Wadenbach aus Martinique" aus –, Amtsanmaßung („von der Regierung eingesetzt, höher als ein Staatsanwalt!"), Betrügereien und

Karl May in seiner Bibliothek in der Villa Shatterhand, dem heutigen Karl-May-Museum in Radebeul.

Diebstähle geriet er auf die schiefe Bahn. Die anschließenden zwölf Jahre verbrachte er mehr im Gefängnis als in Freiheit.

Nach dem Ende seiner Haft 1874 begann der Umschwung. Bis 1878 war er zunächst als Redakteur der beiden Dresdner Wochenblätter „Der Beobachter an der Elbe" und „Frohe Stunden" angestellt, bis 1887 arbeitete er dann als freier Schriftsteller. In dem katholischen Familienblatt „Der Deutsche Hausschatz" erschienen erste Erzählungen wie „Reiseabenteuer in Kurdistan", „Die Todeskarawane" oder „Stambul". 1888 wurde May im Stuttgarter Verlag „Spemanns Illustrierte Knabenzeitung: Der gute Kamerad" fest angestellt. Seinen literarischen Durchbruch schaffte May mit seinen „Gesammelten Reiseerzählungen", die ab 1892 erschienen; darunter befand sich auch der Romanzyklus „Durch die Wüste". Vielfach spielten die Handlungen im Nordwesten der USA oder im Vorderen Orient. Es folgten die Abenteuerromane von „Old Shatterhand", „Kara Ben Nemsi" und der vierteilige Roman „Winnetou".

Ab 1883 lebte May in Dresden. 1896 kaufte er sich eine Villa in Radebeul, der er den Namen „Villa Shatterhand" gab. Er ließ die Silberbüchse und den Bärentöter bei einem Dresdner Büchsenmacher anfertigen, um mit diesen Waffen und in verschiedenen Kostümen die Echtheit seiner Reisen auf zahlreichen Fotos zu dokumentieren. Auch ließ May Visitenkarten drucken mit der Aufschrift „Dr. Karl May, genannt Old Shatterhand / Radebeul Dresden / Villa Shatterhand".

Doch erst 1899/1900, nachdem bereits mehr als 30 seiner Werke veröffentlicht worden waren, reiste Karl May in den Orient. 1908 besuchte er Amerika. Inzwischen war die allgemeine Hochachtung, die seinem literarischen Schaffen lange Zeit entgegengebracht worden war, ins Gegenteil umgeschlagen. Es war bekannt geworden, dass er keinen der Schauplätze seiner Geschichten je selbst gesehen hatte, vorbestraft war und auch seinen Doktortitel nur erfunden hatte. Gegen Schmähschriften (etwa „Karl May – ein Verderber der deutschen Jugend") und Anfeindungen prozessierte er bis zu seinem Tod.

May hat in all seinen Büchern ein klares „Gut-Böse"-Schema durchgehalten. Freundschaft, vertieft in immer neuen Bewährungsproben, überwindet Gewalt. Die menschlichen Ideale, personifiziert in seinen Helden, streiten für Gerechtigkeit, Ehre und Frieden. Sie agieren in Welten, die, von der Zivilisation noch recht unberührt, viel Raum für Fantasie und Abenteuerromantik bieten. Dabei offenbart sich eine christlich-naturromantische Weltanschauung.

In den Anfangsjahren der DDR war May verpönt, ihm wurden „Rassismus" und „Deutschtümelei" vorgeworfen – wahrscheinlich auch weil Adolf Hitler ihn einst als seinen „Lieblingsautor" benannt hatte. Diese Einstellung änderte sich erst Anfang der 80er-Jahre. Nun wurde May als Proletariersohn gesehen, der ein aufrechter „Kämpfer gegen die US-amerikanische Raub- und Ausrottungspolitik" gewesen sei. Seine Werke, vorher aus den Bibliotheken verbannt, wurden 1982 und 1983 neu aufgelegt.

In seinem Spätwerk hatte sich Karl May um literarische Anerkennung mit Titeln wie „Babel und Bibel", „Silberner Löwe", „Und Friede auf Erden!" bemüht, die aber so gut wie unbeachtet blieben. Am 22. März 1912 hielt May in Wien vor mehr als 2.000 Zuhörern einen umjubelten Vortrag: „Empor ins Reich der Edelmenschen", in dem er sein Leben und Werk verteidigte und die pazifistischen Lehren der Friedensnobelpreisträgerin Bertha von Suttner lobte. Acht Tage später, am 30. März 1912, starb Karl May in seiner Villa „Shatterhand".

Heinrich Ernemann
Kameraproduzent

Der am 28. Mai 1850 in Gernrode, einem kleinen Dorf im thüringischen Eichsfeld, geborene Heinrich Ernemann tat sich als Erfinder und Produzent in der Foto- und Kinogeräteindustrie hervor. Die Ernemann AG in Dresden war eine

Heinrich Ernemann, 1919.

der erfolgreichsten Firmen der feinmechanisch-optischen Industrie Europas, die später Firmensitz wurde.

Ernemann erlernte in Stuttgart den Beruf des Schlossers. Danach zog er als Handlungsreisender durch Deutschland, lernte dabei in Dresden seine zukünftige Frau kennen, deren Mutter ein kleines Textilgeschäft hatte. Dieses übernahm Ernemann, baute aber im Nebengeschäft einen Handel mit Kameras auf. Dieser Geschäftszweig lief so gut, dass er sich sehr bald nur noch darauf konzentrierte. 1889 kaufte er eine bankrotte Kameratischlerei und begann die Produktion mit vier Tischlern. Schon drei Monate später konnte er 15 Arbeiter beschäftigen. 1897 baute Ernemann eine neue Fabrik.

1903 entwickelte Ernemann den Laufbildprojektor „Ernemann-Kino", mit dem man fil-

men, projizieren und vervielfältigen konnte. Durch dieses Gerät wurde der Begriff Kino geprägt, der heute für eine ganz Industrie steht. Ein Jahr später stieg Ernemanns Sohn Alexander in das Unternehmen ein. Der war zuvor zweimal in den USA gewesen, brachte seine dort gemachten Erfahrungen ein und organisierte die Betriebsabläufe neu. In dieser Zeit wurde Ernemanns besonderes Interesse an der Kinematografie geweckt. Ihm gelang die Konstruktion des ersten deutschen Stahlprojektors. Der „Imperator" begründete den Weltruf der Dresdner Kinomaschinen. Bis 1921 wurden in Dresden von diesem Modell 10.000 Stück gebaut.

Ernemann sorgte für gute Arbeitsbedingungen und soziale Verbesserungen. Es gab Gewinnbeteiligungen für die Mitarbei-

Ernoflex, 1923.

ter, Urlaubsgelder, Prämien. Dies tat er auch, um seine Arbeiter zu halten. Die Konkurrenz war groß. Anfang des 20. Jahrhunderts etablierte sich Dresden als Zentrum der deutschen Kamera- und Kinoindustrie. Seit Friedrich Wilhelm Enzmann 1836 in Dresden erstmals Kameras und fotografische Platten im deutschsprachigen Raum hergestellt hatte, siedelten sich bekannte Firmen wie Balda, Wünsche, Hüttig, Goltz & Breutmann, Ica, Guthe & Thorsch, Noble, Kochmann, Altissa, Certo, Welta, Zeh, Zeiss-Ikon, Ihagee, Pentacon und eben Ernemann hier an.

Doch in den späteren 1920er-Jahren verschlechterte sich die wirtschaftliche Lage dermaßen, dass man das Heil in Zusammenschlüssen suchte. So entstand 1926 auf besonderes Betreiben von Carl Zeiss Jena die Zeiss Ikon AG. Dazu fusionierten die Ernemann-Werke mit Carl Zeiss, der ICA AG, der Optischen Anstalt C. P. Goerz AG Berlin und der Contessa-Nettel AG. Das „Ikon" im Namen ist dabei eine Kombination aus „Ica" und „Contessa-Nettel". Die Geschichte des Dresdner Familienunternehmens Ernemann ging damit nach 37 Jahren zu Ende. Heinrich Ernemann starb am 16. Mai 1928 in seiner Sommervilla in Kurort Hartha.

Wilhelm Ostwald
Chemiker, Nobelpreisträger

Der am 2. September 1853 geborene Wilhelm Ostwald gilt als Mitbegründer der Physikalischen Chemie. 1887 kam er nach Leipzig und lehrte neunzehn Jahre an der Leipziger Universität Chemie und teilweise Philosophie. 1909 erhielt er den Nobelpreis für Chemie als Anerkennung für seine Forschungen und Entdeckungen über den Mechanismus der Katalyse und über chemische Gleichgewichtsverhältnisse und Reaktionsgeschwindigkeiten. Bis zu seinem Tod arbeitete er als freier Forscher auf seinem Landsitz in Großbothen in der Nähe von Grimma. Wilhelm Ostwald wurde im damals zu Russland gehörenden Riga (heute Lettland) geboren. Seine Vorfahren stammten aus Hessen und Berlin, lebten aber als baltische Familie seit mehreren Generationen im russischen Reich. Er studierte Chemie in Dorpat (heute Tartu/Estland), promovierte und habilitierte sich. Von 1882 bis 1887 war er Professor für Chemie in Riga und folgte dann dem Ruf nach Leipzig.

1904 wollte er sich von allen Lehrverpflichtungen befreien lassen. Als dies abgelehnt wurde, reichte er sein Entlassungsgesuch ein. 1905 ging er als erster deutscher Austauschprofessor für ein Jahr an die Harvard Universität in Cambridge (USA). 1906 legte er sein Lehramt nieder, lebte und wirkte fortan als freier Wissenschaftler. Ostwald hat wichtige Begriffe und Definitionen geprägt sowie Phänomene entdeckt, die auch heute noch mit seinem Namen verbunden sind: „Ostwaldsches Verdünnungsgesetz", Autokatalyse, „Ostwaldsche Stufenregel", „Ostwald-Reifung", „Fließgleichgewicht".

Im Auftrag des Deutschen Werkbundes beschäftigte sich Ostwald nach 1914 systematisch mit dem Phänomen Farbe. Zum einen wollte er die Körperfarben messbar machen und zum anderen daraus ein System entwickeln, nach dem Farben genormt und reproduziert werden sollten. Gleichzeitig sollte dieses System aber auch

Wilhelm Ostwald, 1903

gefühlsmäßiges Farbempfinden berücksichtigen. Durch seine Messungen gelang es, mathematisch genau bestimmbare und damit unverwechselbare Farbbezeichnungen einzuführen. Den verschiedenen Nutzern stellte er auf dieser Grundlage spezielle Arbeitsmaterialien zur Verfügung, so zum Beispiel einen großen Farbenatlas mit über 2.500 eingestellten Farben, einen Kunstseidenatlas, Woll- und Seidenkataloge für die Textilindustrie, Messstreifen für das Himmelsblau für Meteorologen, Messvorlagen für die Herstellung künstlicher Augen, einen Haut- und Gewebefächer mit über tausend Farbproben für die Gerichtsmediziner bis hin zu Farbtafeln für Kanarienvogel- und Blumenzüchter. Für die Schulen wurden nach den Ostwaldschen Normen eingerichtete Malkästen mit Deck- und Aquarellfarben hergestellt.

Ostwald selbst war der Meinung, dass er mit seiner Farbenlehre das alte Problem von der Harmonie der Farben grundsätzlich gelöst habe. Er bezeichnete die Farbforschung als Höhepunkt seiner wissenschaftlichen Leistungen.

Zudem engagierte er sich vielfältig, so unterstützte er etwa die Friedensbewegung von Bertha von Suttner und trat dem „Deutschen Monistenbund" bei. Dessen Anhänger warben für eine monistische Weltanschauung, also das Prinzip der Einheit von Natur und Geist. Wilhelm Ostwald starb am 4. April 1932 in einem Leipziger Krankenhaus und wurde in Großbothen beigesetzt.

Clara Zetkin
Politikerin, Frauenrechtlerin

Clara Zetkin.

Die am 5. Juli 1857 in Wiederau bei Rochlitz geborene Clara Zetkin prägte ein halbes Jahrhundert lang die deutsche wie die internationale proletarische Frauenbewegung mit.

1872 zog die Familie nach Leipzig. Der Kontakt ihrer Mutter zu Louise Otto-Peters (S. 103) und Auguste Schmidt, den beiden wichtigsten Pionierinnen der frühen bürgerlichen Frauenbewegung Deutschlands, ermöglichte Clara Eißner, wie sie mit Mädchennamen hieß, von 1874 bis 1878 den Besuch des dortigen Lehrerinnenseminars.

Leipzig war zu jener Zeit nicht nur eines der wichtigsten Zentren der Frauenbewegung, sondern auch der Arbeiterbewegung. Clara Eißner hörte im Arbeiterbildungsverein Vorträge unter anderem von August Bebel (S. 109) und Wilhelm Liebknecht (S. 186) und diskutierte in einem russischen Studentenzirkel über sozialistische Ideen und bestehende gesellschaftliche Ungleichheiten. Dort lernte sie den russischen Sozialrevolutionär Ossip Zetkin kennen, mit dem sie dann in nichtehelicher Lebensgemeinschaft zusammenlebte. Zu einer Heirat zwischen den beiden ist es jedoch nie gekommen. 1878 trat Clara Eißner der Sozialistischen Arbeiterpartei Deutschlands (SAP) bei, aus der 1890 die Sozialdemokratische Partei Deutschlands (SPD) wurde. Dadurch wurde ihr beruflicher Weg blockiert, denn das gerade erlassene Sozialistengesetz verwehrte ihr als Parteimitglied den Zugang zum sächsischen Schuldienst. Clara Eißner nahm deshalb von 1878 bis 1882 mehrere Stellen als Hauslehrerin in Österreich und der Schweiz an.

1880 zog Ossip Zetkin nach seiner Ausweisung aus Deutschland nach Paris. Zwei Jahre später folgte ihm Clara. Sie nahm seinen Namen an, heiratete ihn jedoch nicht, um ihre deutsche Staatsbürgerschaft nicht zu verlieren. In Paris kamen ihre beiden Söhne Maxim (geb. 1883) und Kostja (geb. 1885) zur Welt. Die Familie lebte am Rande des Existenzminimums und überlebte nur dank der

Solidarität vor allem russischer Freunde. In Paris erlernte Clara Zetkin den Beruf einer Journalistin und Übersetzerin. Ossip Zetkin erkrankte zu Beginn des Jahres 1889 und starb im Juni.

Nach der Aufhebung der Sozialistengesetze im Jahr 1890 kehrte Clara Zetkin mit ihren beiden Söhnen nach Deutschland zurück und ging hier noch einmal eine unkonventionelle Verbindung ein: Sie heiratete als 42-jährige den 24-jährigen Kunstmaler Friedrich Zundel (von dem sie sich 1928 scheiden ließ).

In Stuttgart übernahm sie 1892 die Herausgabe der sozialdemokratischen Frauenzeitung „Die Gleichheit", die sie 25 Jahre lang leitete. Damit bildete sie das geistige Zentrum und das Sprachrohr der wachsenden proletarischen Frauenbewegung. Sie bemühte sich um eine Politisierung der Arbeiterinnen im Sinne des Sozialismus.

Clara Zetkin kämpfte um die ökonomische Unabhängigkeit der Frauen. Damit verbunden war für sie das Recht auf gleiche Löhne bei gleicher Arbeit, auf gewerkschaftliche Organisierung und Interessenvertretung sowie staatliche Kinderbetreuung. Gleichzeitig sollten Frauen gleiche politische Rechte erhalten. Zetkin verteidigte scharf das Recht der Frau auf Arbeit, auch gegenüber den eigenen Genossen, die der Meinung waren, Frauenarbeit müsse abgeschafft werden, da diese die Löhne der Männer drücke. Der Internationale Frauentag, der 1911 erstmals gefeiert wurde, geht auf ihre Anregung zurück.

Als die Führungsspitze der Sozialdemokraten 1914 den Krieg befürwortete, stellte sich Zetkin offen dagegen, bekämpfte von Anfang an deren reformistischen Kurs und trat aus der Partei aus.

Die Sekretärin des Internationalen Frauensekretariats versammelte – gegen das Verbot des Parteivorstandes – im März 1915 Frauen der am Krieg beteiligten Länder zu einer sozialistischen Frauenkonferenz in Bern. Als Clara Zetkin anschließend in Deutschland Flugblätter mit den Forderungen der Frauenkonferenz zur Beendigung des Krieges verteilen ließ, wurde sie verhaftet und des Landesverrats angeklagt, jedoch aufgrund ungeheurer Proteste schließlich wieder aus der Haft entlassen.

Der parteiinterne Richtungsstreit der deutschen Sozialdemokraten, der sich an der Kriegsfrage entzündet hatte, endete in einer Spaltung: Die Gruppe der „radikalen Linken" um Karl Liebknecht (S. 186) und Rosa Luxemburg gründete zunächst den Spartakusbund, 1917 dann die Unabhängige Sozialdemokratische Partei Deutschlands (USPD) und schließlich die Kommunistische Partei Deutschlands (KPD). Zu dieser Gruppe gehörte auch Clara Zetkin, die eine enge Freundin von Luxemburg war. Die Redaktion der „Gleichheit" wurde ihr daraufhin entzogen. In der KPD war sie von 1919 bis 1924 Mitglied des Zentralkomitees, wo sie den gemäßigten Flügel der Partei vertrat. Gleichzeitig begann sie mit dem Aufbau einer KPD-Frauenbewegung.

Seit 1924 lebte sie in Moskau. Dort leitete sie das Frauensekretariat der III. Internationale. Obwohl sie weiter viele offizielle Ehrungen erhielt, geriet sie als Gegnerin Stalins in politische Isolierung. Im August 1932 kehrte die 75-Jährige, gebrechlich und fast völlig erblindet, ein letztes Mal nach Deutschland zurück, um als erste Alterspräsidentin den letzten demokratischen Reichstag zu eröffnen, in dem erstmals die NSDAP die stärkste Partei war. Die Gegnerin des Faschismus warnte dabei vor der Gefahr des Nationalsozialismus und forderte einen Zusammenschluss aller demokratischen Kräfte. Im Alter von fast 76 Jahren starb sie am 20. Juni 1933 in einem Erholungsheim in Archangelskoje in der Nähe von Moskau; ihre Urne wurde an der Kremlmauer beigesetzt.

Karl August Lingner
Großindustrieller

Die Familie des am 21. Dezember 1861 in Magdeburg geborenen Karl August Lingner lebte in bescheidenen Verhältnissen. Der Vater war Handelsagent. Nach der Schule trat Lingner in die Fußstapfen seines Vaters: Er absolvierte eine kaufmännische Ausbildung und begann als Handlungsgehilfe in einem Ladengeschäft. Doch seine Liebe gehörte der Musik. 1883 ging Lingner nach Paris, wo er ein Studium am staatlichen Konservatorium begann. Finanzielle Nöte zwangen ihn jedoch zum Abbruch des Studiums

Karl August Lingner, 1911.

und zur Rückkehr nach Deutschland. Lingner wurde 1885 beim Nähmaschinenproduzenten Seidel & Naumann in Dresden Werbekorrespondent, wo er sich grundlegende Kenntnisse in der Werbestrategie erarbeitete.

Zusammen mit Georg Wilhelm Kraft gründet er die Firma Lingner & Kraft, die „technische Neuerungen" herstellt. Darunter sind ein Wasch- und Frottierapparat und ein Senftopf mit Pumpvorrichtung.

1892 trennt er sich von seinem Partner und gründet das „Dresdener chemische Laboratorium Lingner", 1909 in die „Lingnerwerke AG" umfirmiert.

Kurz zuvor hatte ihm der Chemiker Richard Seifert die Vermarktung eines Antiseptikums angeboten. Seifert arbeitete zu der Zeit als Leitender Angestellter in der Heydenschen Chemiefabrik in Dresden, die sich seit 1874 mit der industriellen Herstellung von Salicylsäure beschäftigte. Hier wurden organisch-chemische Heilmittel in technischem Maßstab künstlich hergestellt. Für dieses große Werk war das Mundwasser ein banales Nebenprodukt. Es enthielt eine Mischung aus Wasser, Alkohol, Pfefferminzölen, Menthol und anderen Aromen, die aus Nelken-, Lavendel-, Anis- und Krauseminzöl gewonnen wurden.

1893 kam „Odol" auf den Markt. Zu dem großen Erfolg des Mundwassers trug vor allem auch die Namensgebung bei. Mit „Odol" fand Lingner einen einfachen, einprägsamen Namen, der durch seine immer gleiche Gestaltung schnell sehr bekannt wurde. Der Name selbst stammt aus dem griechischen Wort für Zahn: „Odous" und aus dem lateinischen Wort für Öl: „Oleum". Unverwechselbar und bis heute unverändert war auch die Form der Odol-Flasche. Der zur Seite geneigte Flaschenhals ermöglichte erstmals eine tropfenweise Abgabe der Flüssigkeit – der Tropfverschluss war noch nicht erfunden.

Mit der größten Werbekampagne der Jahrhundertwende machte Lingner Odol zu einem populären Begriff.

Nicht ohne Grund erhält Lingner bald den Spitznamen „Reklamekönig". Mit einem gigantischen Werbefeldzug sorgt er dafür, dass „Odol" bald deutschlandweit und darüber hinaus bekannt wird. Mit großen Werbeplakaten, die sogar von namhaften Künstlern wie Franz von Stuck oder Arnold Böcklin gemalt werden, Anzeigen in Zeitungen und nicht zuletzt einem Zeppelin als Werbeträger für sein Mundwasser macht er auf „Odol" aufmerksam.

Durch seine hervorragende Werbestrategie wurde Lingner bald zum größten Mundwasserfabrikanten der Welt. Innerhalb weniger Jahre erwirtschaftete er ein zweistelliges Millionenvermögen. Dies ermöglichte ihm einen außergewöhnlichen Lebensstil. Er kaufte die Villa Stockhausen in Dresden und Schloss Tarasp in der Schweiz. Lingner war Mitglied im elitären Kaiserlichen Motorjachtklub und sorgte für Aufsehen mit seiner Motorjacht „Tarasp" auf der Kieler Woche. Standesgemäß lenkte Lingner als Vorsitzender des Sächsischen Automobilklubs einen Mercedes.

Große Teile seines Privatvermögens setzt er jedoch auch für die Gesundheitsaufklärung ein. So wirkt er 1897 mit einigen Ärzten an der Errichtung der „Kinderpoliklinik mit Säuglingsheim in der Johannstadt". Die „Zentralstelle für Zahnhygiene" folgt 1900, die „Öffentliche Zentralstelle für Desinfektion" 1901; 1903 eine öffentliche Lesehalle mit Bücherei. 1911 bereitet er die Erste Internationale Hygieneausstellung in Dresden vor. Er verpflichtet die bedeutendsten Wissenschaftler der Zeit. Zu sehen sind lebende Bakterien unter Mikroskopen und Wachsmodelle des menschlichen Körpers. Besondere Beachtung findet die Abteilung, welche Geschlechtskrankheiten in all ihren Stadien zeigt. Die von Lingner entwickelte Ausstellungsmethodik machte ihn zum Vorreiter der modernen hygienischen Volksbelehrung. Die Gesamtausstellungsfläche betrug 320.000 Quadratmeter. Mit über fünf Millionen Besuchern erreichte die Veranstaltung die Dimension und Anerkennung einer Weltausstellung für Gesundheit. Und nicht zuletzt warf die Schau eine Million Goldmark Reingewinn ab.

Zusammen mit namhaften Gelehrten bereitet Lingner schließlich die Errichtung und Konzeption eines Deutschen Hygiene-Museums in Dresden vor. Die Grundsteinlegung erlebt er nicht mehr. Er hinterlässt jedoch 6,4 Millionen Reichsmark für dessen Gründung. Bei der Eröffnung im Jahr 1930 gilt das weltweit erste Hygiene-Museum als eines der größten und modernsten Museen seiner Zeit.

Lingner, der leidenschaftlich Zigarren rauchte, erkrankte an Zungenkrebs. Er starb am 5. Juni 1916 in Berlin an den Folgen einer Operation, bei der die Zunge entfernt wurde. Villa Stockhausen, nunmehr Lingnerschloss genannt, vermachte er der Stadt Dresden testamentarisch, „zum Besten der Bevölkerung von Dresden und Umgebung".

Ottomar Heinsius von Mayenburg
Apotheker, Erfinder der Chlorodont-Zahnpasta

Der am 5. Dezember 1865 im erzgebirgischen Schönheide geborene Mayenburg war als einer der Ersten davon überzeugt, dass nur die regelmäßige mechanische Zahnpflege mit Bürste und Zahnpaste einen wirkungsvollen Schutz vor

Ottomar Heinsius von Mayenburg, um 1910.

Zahnerkrankungen bietet. Im Mai 1907 beginnt er damit, auf dem Dachboden der Löwenapotheke am Dresdner Altmarkt eine von ihm entwickelte Zahnpasta in wiederverschließbare Metalltuben zu füllen. Er nennt diese Paste „Chlorodont". Der Markenname setzt sich aus dem griechischen Wort für grün (= gesund, frisch): „chloros" und dem lateinischen Wort für Zähne: „dentes" zusammen. Zwanzig Jahre später ist sie die führende Weltmarke, und die Dresdner Leo-Werke beschäftigen 1.000 Mitarbeiter in 27 Niederlassungen in Deutschland, Europa und Übersee.

Ottomar von Mayenburg war der Sohn eines höheren Beamten, er studierte Pharmazie und Botanik an der Universität Leipzig und legte dort das Staatsexamen ab. Zusätzlich promovierte er an der philosophischen Fakultät zum Dr. phil.

Dass im Jahr 1907 jemand auf den Gedanken kam, fortschrittliche Mundhygiene zur Grundlage einer tragenden Geschäftsidee auszubauen, durfte zu jener Zeit in Dresden niemanden verwundern. Dem Unternehmer Karl August Lingner (S. 119) war es bereits 1893 gelungen, das Mundwasser Odol zum Markenartikel zu kreieren.

In den folgenden Jahren werden die Leo-Werke unentwegt modernisiert und erweitert. Ende des Jahres 1911 hat das Laboratorium Leo neben Chlorodont bereits ein Sortiment weiterer mundhygienischer Erzeugnisse sowie Haut- und Körperpflegemittel im Angebot. So kann das Unternehmen innerhalb weniger Jahre an die Spitze der kosmetischen Industrie in Deutschland aufsteigen.

Die Firma verfügt über eine eigene Tuben- und Kartonagenfabrik, eine Destillationsanlage für Pfefferminzöl, ja sogar über einen Kalksteinbruch und eine eigene Pfefferminzplantage in Siebenbürgen, mit der sie kostspielige Importe vermeidet. Außergewöhnlich ist auch das soziale Engagement Mayenburgs. So gibt es bereits früh einen Werksarzt und eine Kantine, außerdem einen firmeneigenen Sportplatz (auf dem auch eine Damen-Fußballmannschaft spielt) und ein Erholungsheim für die Mitarbeiter im Erzgebirge.

Von Lingner hatte Mayenburg überdies gelernt, dass letztendlich die Verpackung den Ausschlag dafür gibt, ob sich ein Produkt selbstbewusst unter anderen behaupten kann. „Das Wichtigste ist die Werbung", sagte Mayenburg. Ihm gelang es, für das gesamte Unternehmen ein unverwechselbares und homogenes Erscheinungsbild zu finden. Mit flächendeckenden Kampagnen zogen die Leo-Werke alle medialen Register ihrer Zeit. Von Anzeigen, Plakaten und Emailschildern bis zu riesigen Häusergiebeln – überall war das charakteristische Chlorodont-Erscheinungsbild zu finden. Die blaue Tube mit der grünkarierten Kante und dem strahlend weißen Schriftzug Chlorodont zählt zu den bedeutenden deutschen Designklassikern. Die feine Dame mit roter Kappe und Pelzkragen war das bekannteste und am häufigsten verwendete Werbeporträt der Leo-Werke. Es wurde in den folgenden zwanzig Jahren unverändert als Plakatmotiv eingesetzt. Mayenburg kaufte vier Schlösser für sich und seine Kinder, unter anderem 1925 Schloss Eckberg am Dresdner Elbhang. Er ließ den Park in einen prächtigen Blumengarten umgestalten. Die von sei-

Plakatentwurf von Henry DuMont, 1915.

nem Bruder Georg Heinsius, einem Architekten, entworfene Anlage stand in den Sommermonaten auch der Bevölkerung offen. Zehntausende kamen allein im Frühjahr, um die Krokus- und Märzenbecherwiesen zu erleben. Im Sommer beherrschte die Rose in allen Farben und Formen den Park.

Mayenburg starb kurz nach dem 25-jährigen Betriebsjubiläum am 24. Juli 1932 auf seinem Sommersitz Gut Roseneck am Wörthersee in Kärnten.

August Horch
Ingenieur, Automobilfabrikant

Der am 12. Oktober 1868 im Moseldörfchen Winningen bei Koblenz geborene August Horch zählt neben Nikolaus Otto, Carl Benz und Gottlieb Daimler zu den Pionieren des Kraftfahrzeugbaus in Deutschland. Vor über hundert Jahren brachte er den Automobilbau nach Sachsen.

Der Sohn eines Dorfschmiedes ging nach der Lehre bei seinem Vater auf Wanderschaft, wollte aber nicht den Familienbetrieb übernehmen, sondern ließ sich von 1888 bis 1891

August Horch.

am Technikum Mittweida zum Ingenieur für Maschinen- und Motorenbau ausbilden.

1892 war er in Leipzig bei einem Maschinenbauunternehmen tätig, wo er erstmals an der Konstruktion von Verbrennungsmotoren mitwirkte. Im Frühjahr 1896 wurde er als Ingenieur bei Benz & Cie. in Mannheim angestellt und begann hier seine Karriere als Automobilbauer. 1899 gründete er seine eigene Automobilfabrik in Köln und stellte 1900 den ersten selbst konstruierten Motorwagen vor, der sich durch den von ihm entwickelten „stoßfreien Motor" auszeichnete.

1902 erhält Horch finanzielle Unterstützung durch den Plauener Unternehmer Wilhelm Moritz Bauer, der auch den Umzug des Unternehmens nach Sachsen anregt. Horch siedelt den Betrieb nach Reichenbach/Vogtland um, und so beginnt die Geschichte der sächsischen Autoindustrie. 1903 will Horch expandieren. Weil dies in Reichenbach nicht möglich ist, zieht er nach Zwickau. Um sich das nötige Kapital zu beschaffen, gründet er mit ehemaligen Mitarbeitern eine Aktiengesellschaft. Horch baut 1903 den ersten deutschen Vierzylinder- und 1907 den ersten Sechszylindermotor mit einer Leistung von 60 PS. Mit diesen Fahrzeugen, die zahlreiche technische Neuerungen enthalten, kann Horch erstmals in der Automobilwelt auf sich aufmerksam machen. Die Geschäfte laufen gut. Die für das Kaufmännische zuständigen Vorstände wollen deshalb Geld an die Aktionäre ausschütten, Horch dagegen plant, weiter in die technische Entwicklung zu investieren. 1909 kommt es daraufhin zum Bruch. Horch scheidet aus und gründet gemeinsam mit ehemaligen Mitarbeitern eine neue Firma, ebenfalls in Zwickau. Da er die Auseinandersetzung um den Firmennamen verliert, nennt er sein neues Unternehmen „Audi", was der lateinischen Übersetzung seines Nachnamens entsprach. Am 24. August 1910 rollt der erste Audi durch das Werkstor.

Bis zum Ersten Weltkrieg stiegen die beiden Zwickauer Betriebe unter die führenden Unternehmen des Automobilbaus in Deutschland auf. Mit der Hyperinflation und der immer stärker werdenden Konkurrenz auf dem deutschen Automobilmarkt verschlechterte sich jedoch die Situation. Die Unternehmen gerieten an den Rand des Ruins. 1932 fusionierten die vier Automobilmarken Audi, DKW, Horch und Wanderer zur „Auto-Union Sächsischer Motorfahrzeugfabriken" mit Sitz in Chemnitz. Als Firmenlogo wurden vier sich überschneidende Ringe gewählt. Dieses symbolträchtige Zeichen wird noch heute von Audi genutzt.

Bereits 1920 hatte mit dem Wechsel vom Vorstand in den Aufsichtsrat de facto Horchs Zeit als aktiver Gestalter des Automobilbaus geendet. Trotz seines Aufsichtsratsmandats und zahlreicher anderer Tätigkeiten im Bereich des Automobilbaus verschlechterten sich seine persönlichen Vermögensverhältnisse zunehmend. Von 1920 bis 1933 arbeitete Horch als Kraftfahrzeug-Sachverständiger. 1929 gründete er in seinem Heimatort Winningen eine Hühnerfarm, scheiterte jedoch.

Nach Ende des Zweiten Weltkriegs wanderten Hunderte Facharbeiter von Zwickau nach Ingolstadt ab, wo 1949 die Auto-Union als Vorläufer der späteren Audi-Werke neu gegründet wurde. Auch Horch verließ Sachsen und siedelte nach Münchberg in Oberfranken über. Hier starb er als mittelloser Mann am 5. Februar 1951 im Alter von 82 Jahren.

August Horch am Steuer seines ersten Autos, aufgenommen im Jahr 1901. Bei dem Vis-a-Vis genannten Modell saßen sich die Passagiere gegenüber.

1871 wird Sachsen Teil des neu gegründeten Deutschen Reiches. Die konstitutionelle Monarchie besteht in Sachsen zwar weiter, verliert jedoch zunehmend an Bedeutung. Sachsen wird mehr und mehr zum führenden deutschen Industrieland. Zugleich wachsen die sozialen Probleme. So fassen hier Arbeiterbewegung und Sozialdemokratie frühzeitig Fuß. Trotzdem konnten einflussreiche konservative Kreise bis zum Ersten Weltkrieg ein restriktives Wahlrecht erfolgreich verteidigen. Die Sozialdemokraten mussten sich trotz eines Stimmenanteils von durchschnittlich etwa 45 Prozent mit einem einzigen Abgeordneten in der Zweiten Kammer des sächsischen Landtages abfinden. So sprach man denn auch vom „roten Königreich".

Im Ersten Weltkrieg kämpft Sachsen mit einer eigenen Armee und verliert mehr als ein Viertel seiner Soldaten, von 750.000 fallen 229.000. Am 10. November 1918 erklärt der Vereinigte Revolutionäre Arbeiter- und Soldatenrat den König für abgesetzt und die Monarchie für beseitigt. König Friedrich August III. dankt ab. Sachsen wird Freistaat und erhält 1920 eine demokratische Verfassung. Im sächsischen Landtag ist die SPD die führende Kraft und stellt bis 1929 den Ministerpräsidenten. 1929 bis 1933 regieren Kabinette konservativer Parteien. Als Teil der Weimarer Republik wird Sachsen allerdings eng an das Reich gebunden und büßt unter anderem seine Militär-, Eisenbahn- und Finanzhoheit ein. Nach dem Machtantritt der Nationalsozialisten im Jahr 1933 wird Sachsen im Januar 1934 als eigenständiger Freistaat aufgelöst und einem Reichsstatthalter unterstellt. Die parlamentarische Demokratie wird abgeschafft.

Nach dem Zweiten Weltkrieg untersteht Sachsen, dem durch die neue Grenzziehung an Oder und Neiße die 1815 abgetrennten Gebiete um Görlitz und Hoyerswerda angegliedert werden, der Kontrolle der sowjetischen Besatzungsmacht. Zur Stärkung zentralistischer Strukturen werden 1952 die DDR-Länder aufgelöst. Anfang der 80er-Jahre gehen wichtige Impulse für die Friedensbewegung und die sich bildende Opposition in der DDR von Sachsen aus. Dies gipfelt 1989 in der Friedlichen Revolution, die von Leipzig, Plauen und Dresden auf die gesamte DDR übergreift. Mit der Wiedervereinigung wird der Freistaat Sachsen im Oktober 1990 neu gegründet. Die offizielle Bezeichnung „Freistaat" soll an die parlamentarische Tradition aus der Zeit der Weimarer Republik erinnern.

Gertrud Caspari
Kinderbuch-Illustratorin

Die am 22. März 1873 in Chemnitz geborene Gertrud Caspari zählt zu den erfolgreichsten und populärsten Bilderbuchillustratorinnen im deutschsprachigen Raum. Sie gestaltete insgesamt 52 Kinderbilderbücher, aber auch Spiele und Adventskalender, Umschlag- und Einbandzeichnungen, Fibeln und Wandbilder. Die Zahl ihrer Bücher, die in der ganzen Welt verbreitet sind, wird auf etwa acht Millionen geschätzt.

Gertrud Caspari, Grabmedaillon.

Gertrud Caspari wird als viertes von fünf Kindern des Textilhändlers Robert Caspari geboren. Die Familie zieht nach dem Tod des Vaters 1888 nach Dresden, wo ihre Mutter eine kleine Pension aufbaut. Sie absolviert an der Kunstgewerbeschule eine Ausbildung zur Zeichenlehrerin. Jedoch kann sie ihren Beruf nicht ausüben, weil sie mit 25 Jahren so schwer an der Basedowschen Krankheit leidet, dass sie für Jahre bettlägerig wird. Deshalb konzentriert sie sich auf das Illustrieren. In dieser Lage entsteht die Idee zu ihrem ersten Kinderbuch „Das lebende Spielzeug", das 1903 erscheint.

Gertrud Caspari gilt als Schöpferin eines speziellen „Kleinkinder-Stils", der seither „Casparistil" genannt wird und zahlreiche Nachahmer fand. Diese Malweise ist geprägt durch große Flächen, oft einfarbige Hintergründe, einfache Perspektiven, kräftige Umrisse, scharfe Konturen, schlichte Figuren und leuchtend warme Farben. In dieser plakativen Darstellungsweise malt sie bevorzugt Motive, die der kindlichen Vorstellungswelt entnommen sind. Selbst kleine Kinder sollten sich hierin wiedererkennen.

Fast alle ihre Bücher verlegte der Hahn-Verlag in Leipzig. Als dessen Gebäude 1943 bei einem Bombenangriff zerstört wurde, wurden nahezu sämtliche Originale und Druckplatten ihrer Bücher vernichtet. Im Mai 1945 wurde dann ihre Wohnung in Dresden-Klotzsche geplündert. Dabei gingen ihre Bücher und Skizzen und auch ihr Vermögen verloren. Trotz dieser Rückschläge zeichnete Gertrud Caspari bis zu ihrem Tod unermüdlich weiter. Ihre letzten Lebensjahre verbrachte sie unter ärmlichen Bedingungen in Lößnitz im Erzgebirge. Gertrud Caspari starb am 7. Juni 1948 in Dresden.

Hans Stosch-Sarrasani

Zirkusdirektor

Der am 2. April 1873 als Hans Erdmann Franz Stosch in Posen geborene Hans Stosch-Sarrasani begründete zu Beginn des zwanzigsten Jahrhunderts den größten Circus Europas.

1888 schließt er sich einem Wanderzirkus an, bei dem er sich vom Stallburschen zum bekannten Dressur-Clown hocharbeitet. 1892 gibt er sich den Künstlernamen „Giovanni Sarrasani". 1900 kauft er einen in Konkurs gegangenen Circus, mit dem er 1902 in Radebeul planvoll sein eigenes Unternehmen aufbaut. Schon um 1907 besteht sein Circus aus 200 Wagen und mehr als 600 Tieren. Der Wanderzirkus Sarrasani bot sechshundert Menschen Platz.

Dresden wurde die Heimatstadt des Circus Sarrasani. Hier lässt

Hans Stosch im Kostüm für die Elefantendarbietung.

Stosch-Sarrasani 1912 den größten festen Circusbau Europas errichten. Dieser hat einen Durchmesser von gut 62 Metern, die Kuppel einen Durchmesser von 42 Metern. Am 22. Dezember wird das „Circus-Theater 5000", in dem 3.860 Menschen Platz finden, unter Anwesenheit der Königsfamilie eingeweiht. (Der Mehrzweckbau mit Unterflur-Orchester-Raum und versenkbarer Drehbühne wurde bei den Luftangriffen auf Dresden im Februar 1945 zerstört und danach nicht wieder aufgebaut.)

Obwohl der Circus ein festes Domizil hatte, ging er zusätzlich auf Tournee. Der Tross umfasste dabei 250 Lastwagen, 30 Personenwagen, 800 Menschen, 600 Tiere. Mit dabei waren auch zwei riesige Zelte, die jeweils 10.000 Menschen Platz boten. Bis zum Ausbruch des Ersten Weltkrieges unternahm der Circus Reisen in fast tausend europäische Städte. Zwei legendäre Reisen von 1923 bis 1926 und

Stosch–Sarrasani errichtet 1912 in Dresden den größten festen Circusbau Europas.

dann von 1934 bis 1936, bei denen Stosch-Sarrasani den kompletten Circus verschiffte, führten nach Südamerika. Hans Stosch-Sarrasani starb auf der zweiten Tournee am 1. September 1934 in Sao Paulo.

Victor Klemperer
Schriftsteller

Der am 9. Oktober 1881 in Landsberg/Warthe (poln. Gorzów Wielkopolski) geborene Victor Klemperer gilt als einer der wichtigsten Chronisten der antisemitischen Verbrechen der Nationalsozialisten. Berühmt wurde er durch seine Untersuchung der Sprache des Dritten Reiches und seine Tagebücher.
Victor Klemperer wurde als achtes und jüngstes Kind eines Rabbiners geboren. Er besuchte das humanistische Gymnasium in Berlin und verließ auf Drängen seiner Eltern zunächst mit 16 Jahren die Schule, um eine dreijährige kaufmännische Lehre zu absolvieren. Später kehrte er auf das Gymnasium zurück und machte das Abitur. 1906 heiratete Klemperer die Pianistin Eva Schlemmer. Das Studium der Philosophie, Germanistik und Romanistik in München, Genf, Paris und Berlin schloss Victor Klemperer 1912 mit der Promotion ab. Zwei Jahre spä-

Victor Klemperer.

ter habilitierte er sich in München mit einer Schrift über Montesquieu.

Zwischen 1904 und 1912 lebte Klemperer zunächst als freier Publizist in Berlin. 1914 hielt er sich in Italien auf, nachdem man ihm eine Stelle als Lektor in Neapel angeboten hatte. Der Erste Weltkrieg beendete den Italienaufenthalt, Klemperer meldete sich freiwillig und nahm als Unteroffizier am Krieg teil. Er fühlte sich als Deutscher und verspürte eine geistige Zugehörigkeit zur deutschen Kultur. Aus dieser Motivation heraus war Klemperer 1912 zum Protestantismus konvertiert. Nach dem Krieg erhielt der Romanist 1919 eine Stelle an der Universität München, 1921 wurde er auf den Lehrstuhl des Professors für Romanistik an der Technischen Hochschule in Dresden berufen. Auf Befehl Hitlers galt er 1933 wieder als Jude und wurde 1935 seines Amtes enthoben. Er konzentrierte sich daraufhin auf die im Juli 1933 begonnene Arbeit zur Geschichte der französischen Literatur im 18. Jahrhundert, die in zwei Bänden 1954 und 1966 erschien. Als dann Juden öffentliche Bibliotheken nicht mehr betreten und auch Bücher oder Zeitungen nicht kaufen durften, wurde ihm die Fortsetzung dieser Arbeit unmöglich gemacht. Um seine Todesangst zu überwinden, begann er unentwegt zu schreiben. Er verfasste ein Curriculum vitae über seine Jahre von 1881 bis 1918, und er setzte Tagebücher vom November 1918 über den Dezember 1932 hinaus bis zum Juni 1945 fort. Das Curriculum füllt zwei Bände mit zusammengerechnet 1312 Seiten. Nach 1666 Tagebuchseiten bis Dezember 1932 bringen es die persönlichen Notizen in der Nazizeit auf 1534. Er schrieb seine Notizen auf losen Blättern, und weil er befürchtete, dass seine Aufzeichnungen entdeckt werden könnten, brachte seine Frau die Manuskripte regelmäßig nach Pirna, um sie bei einer unverdächtigen Freundin zu verstecken. Die kommenden Jahre waren von Elend und Not gezeichnet. Seine nichtjüdische Ehefrau ließ sich trotz großen Drucks nicht von ihm scheiden. Dies gab Victor Klemperer Kraft und wurde für ihn zur Überlebenschance. 1940 mussten sie ihr Haus verlassen und wurden in ein „Judenhaus" eingewiesen. Die Zerstörung Dresdens am 13. Februar 1945 bedeutete für ihn die Rettung vor der bevorstehenden Deportation, denn das Judenhaus, in dem er lebte, stand sofort in Flammen. Victor Klemperer rettete sich und floh mit seiner Frau bis nach Bayern, wo sie den Einmarsch der amerikanischen Truppen erlebten. Im Juni 1945 kehrten sie nach Dresden zurück.

Die folgenden Monate, in denen Klemperers berufliche Zukunft weiterhin unsicher blieb, nutzte er zur Niederschrift seines Buches „LTI", das 1947 erschien. In der Lingua Tertii Imperii, der Sprache des Dritten Reiches, kam Klemperer zum Ergebnis, dass die Sprache in der Zeit des Nationalsozialismus die Menschen weniger durch einzelne Reden, Flugblätter oder ähnliches beeinflusst habe als durch die stereotype Wiederholung der immer wieder gleichen mit nationalsozialistischen Vorstellungen besetzten Begriffe.

Victor Klemperer wurde 1946 KPD-Mitglied. 1947 bis 1960 lehrte er an den Universitäten in Greifswald, Halle und Berlin. Im Jahr 1950 wurde er als Vertreter des Kulturbundes Abgeordneter der Volkskammer der DDR sowie ordentliches Mitglied der Akademie der Wissenschaften. Nach dem Tod seiner Frau 1951 heiratete Klemperer 1952 die 45 Jahre jüngere Germanistin Hadwig Kirchner, die nach Klemperers Tod am 11. Februar 1960 an der Herausgabe seiner Tagebücher mitwirkte. 1989 erschienen die ersten Bände.

Heinrich Barkhausen
Physiker

Der am 2. Dezember 1881 in Bremen geborene Heinrich Barkhausen gründete 1911 an der TH Dresden das erste selbstständige Schwachstrominstitut Deutschlands, das er 40 Jahre lang leitete. Damit erhielt er die weltweit erste Professur für das Elektroingenieurwesen. Weltweite Bedeutung erlangte er vor allem durch die Barkhausensche Röhrengleichung.

Ab 1901 studierte der Sohn eines Landgerichtsdirektors nach dem Besuch des Gymnasiums zunächst Technische Physik an der TH in München und setzte danach seine Studien an den Universitäten München und Berlin fort. 1907 promovierte er in Göttingen. Bereits 1911 erhielt Barkhausen einen Ruf an die TH Dresden, zunächst als außerordentlicher Professor für elektrische Messkunde, Telegrafie und Telefonie sowie für Theorie der elektrischen Leitungen. Während des Ersten Weltkriegs wurde er von 1915 bis 1918 als „wissenschaftlicher Hilfsarbeiter" zur Marineinspektion des Torpedo- und Minenwesens in Kiel verpflichtet, befasste sich zunächst mit Messungen zur Schallausbreitung im Meer und mit der Untersuchung elektromagnetischer Unterwasser-Schallsender. Hier widmete er sich auch der systematischen Untersuchung der Wirkungsweise und Eigenschaften von Elektronenröhren. Er erforschte Zusammenhänge, die bis heute grundlegend für alltägliche Dinge wie elektromagnetische Schalter und Motoren sind und zum Basiswissen der modernen Werkstoffwissenschaft gehören. Den von ihm entdeckten Barkhausen-

Heinrich Barkhausen, um 1950.

Effekt in ferromagnetischen Stoffen wies er 1917 erstmals akustisch nach. Außerdem führte er die Maßeinheit Phon für die Lautstärke ein.

Nach dem Zweiten Weltkrieg, bei dem auch sein Institut zerstört worden war, half er beim Aufbau einer neuen Hochschule. 1947 begann der 66-Jährige wieder Vorlesungen zu halten. Er starb am 20. Februar 1956 in Dresden.

Joachim Ringelnatz
Schriftsteller, Kabarettist

Der am 7. August 1883 in Wurzen bei Leipzig geborene Hans Bötticher nannte sich seit 1919 Joachim Ringelnatz – nach dem Seemannswort für das glückbringende Seepferdchen Ringelnatz. Berühmt wurde er durch seine stark autobiografisch geprägten Geschichten rund um den Seemann „Kuttel Daddeldu".

Der Sohn des Mundartdichters und Chefmusterzeichners in einer Tapetenfirma Georg Bötticher wurde wegen Ungehorsams vom Königlich-Sächsischen Gymnasium in Leipzig verwiesen. Er wechselte auf eine Privatschule, die er nach der Obersekunda mit der „Mittleren Reife" verließ. Danach heuerte er als Schiffsjunge an. Insgesamt verbrachte er fünf Jahre auf hoher See. Seine Zeit als Matrose hielt er dem autobiografischen Buch „Was ein Schiffsjungen-Tagebuch erzählt" fest. Bis 1913 erschienen sieben Bücher. Allerdings kamen die schmalen Bände über eine Auflage von zusammen 3.000 Exemplaren nicht hinaus. Seinen Lebensunterhalt musste sich Ringelnatz in anderen Berufen verdienen. Er arbeitete als Hausmeister in einer Herberge in England, war Lehrling in einer Dachpappenfabrik, Angestellter in einem Münchner Reisebüro.

1909 wird er Hausdichter des prominenten Münchner Künstlerlokals Simpl, wo er seine grotesk-hintersinnigen Verse vorträgt. Im Ersten Weltkrieg diente Ringelnatz bei der Kriegsmarine als Leutnant und Kommandant eines Minensuchboots. Dieser Zeit widmete er später die autobiografische Schrift „Als Mariner im Krieg". Nach dem Krieg versuchte er sich in unterschiedlichen Branchen, unter anderem in einer Gartenbauschule und als Archivar in einem Berliner Verlag. 1920 erhielt er ein Engagement an der Berliner Kleinkunstbühne „Schall und Rauch", wo der bis dahin immer Mittellose große Triumphe feierte. Dort und auf Tourneen mit dem Kabarett im ganzen deutschsprachigen Raum trug er eigene Dichtung vor. Er rezitierte seine skurrile Lyrik im Moritaten- und Bänkelsangton. Die Stücke gefallen besonders wegen ihrer sprachspielerischen Elemente („Wenn ich zwei Vöglein wär, und auch vier Flügel hätt ..."). Absurdes, Derbes,

Satirisches und Frivoles ist gleichermaßen enthalten. Bis 1934 schrieb Joachim Ringelnatz fast 20 Bücher: Gedichtbände, zwei Autobiografien, Romane, Bühnenstücke und Kinderbücher. Das „Geheime Kinder-Spiel-Buch" (1924) und das „Kinder-Verwirr-Buch" (1931) nehmen in seinem Schaffen einen Sonderplatz ein.

Anfang 1930 verließ Ringelnatz München und zog nach Berlin. Mit Machtantritt der Nationalsozialisten erhielt er 1933 Bühnenverbot. Seine Bücher wurden auf den Index gesetzt und fielen der Bücherverbrennung zum Opfer. Da war er schon an einer lang verschleppten Tuberkulose erkrankt. Anfang 1934 wandten sich seine Freunde mit einem Spendenaufruf an die

Joachim Ringelnatz.

Öffentlichkeit, um ihm einen Krankenhausaufenthalt zu ermöglichen. Im Oktober 1934 unheilbar krank aus der Lungenheilstätte entlassen, starb Joachim Ringelnatz am 17. November in seiner Berliner Wohnung.

Carl Friedrich Goerdeler
**Oberbürgermeister von Leipzig,
Widerstandskämpfer**

Carl Friedrich Goerdeler.

Der am 31. Juli 1884 im westpreußischen Schneidemühl geborene Carl Friedrich Goerdeler gilt als einer der wenigen zur Tat entschlossenen bürgerlichen Opponenten der Nationalsozialisten. Als Mitverschwörer wurde er nach dem Attentat auf Hitler vom 20. Juli 1944 hingerichtet.

Der Sohn eines Richters studierte bis 1911 Jura in Tübingen und Königsberg und ging dann in den Verwaltungsdienst. 1912 wurde er Erster Beigeordneter von Solingen, 1920 für zehn Jahre zweiter Bürgermeister in Königsberg. 1930 wurde er zum Oberbürgermeister von Leipzig ernannt. Mit 700.000 Einwohnern gehörte die Stadt seinerzeit zu den wichtigsten Metropolen im Deutschen Reich. Durch eine rigide Sparpolitik gelang es Goerdeler bis 1933, den Finanzhaushalt Leipzigs weitgehend zu sanieren und eine Reihe von Verbesserungen in der Stadtverwaltung durchzusetzen, so etwa bei der Müllabfuhr und im öffentlichen Verkehrswesen. Aus der anfänglichen Nähe des konservativen Politikers (er war Mitglied der antidemokratischen Deutschnationalen Volkspartei DNVP, aus der er aber 1931 austrat) zum Nationalsozialismus entwickelte sich in den späten 30er-Jahren eine oppositionelle Haltung. Während er sich im November 1936 auf einer Auslandsreise befand, wurde in Leipzig das Denkmal des jüdischen Komponisten Felix Mendelssohn Bartholdy (S. 92) von den Nazis zerstört. Da seiner Aufforderung, das Denkmal wieder zu errichten, nicht entsprochen wurde, trat er im April 1937 von seinem Amt zurück und ging in offene Opposition zum Nationalsozialismus.

Nach dem Rücktritt wurde er Finanzberater des Bosch-Konzerns und hatte dadurch die Möglichkeit, viel im Ausland unterwegs zu sein. Dort knüpfte er gute Kontakte, die er später für den Widerstand nutzte.

Ab 1938 war er einer der führenden Männer des bürgerlich-konservativen Widerstands gegen Hitler, und nach einem gelungenen Staatsstreich der Wehrmacht sollte er Reichskanzler werden. Dabei lehnte er aber das geplante Attentat auf Adolf Hitler ab. Er wollte ihn verhaften lassen und ihm dann einen rechtsstaatlichen Prozess machen. Entsprechend seiner konservativen Haltung befürwortete er die Wiedereinführung der Monarchie. Die Errichtung demokratischer Verhältnisse wollte er von der politischen Reife der Deutschen nach Beseitigung und Überwindung der nationalsozialistischen Diktatur abhängig machen.

Bereits einige Tage vor dem 20. Juli 1944 erhielt er eine Warnung, dass ein Haftbefehl gegen ihn erlassen sei. Auf seine Ergreifung war ein Kopfgeld von einer Million Reichsmark ausgesetzt worden.

Er floh in seine westpreußische Heimat, wo er denunziert und am 12. August 1944 verhaftet wurde. Von der Gestapo gequält und gefoltert, um weitere Informationen aus ihm herauszupressen, wurde er am 8. September 1944 vom Volksgerichtshof „wegen Landes- und Hochverrats sowie als Kriegsspion für den Feind" zum Tode verurteilt.

Carl Friedrich Goerdeler wurde am 2. Februar 1945 im Hinrichtungsschuppen in Berlin-Plötzensee enthauptet.

Karl Schmidt-Rottluff
Maler, Bildhauer

Der am 1. Dezember 1884 in Rottluff bei Chemnitz geborene Karl Schmidt, der sich ab 1905 Schmidt-Rottluff nannte, zählt zu den wichtigsten Vertretern des deutschen Expressionismus. Er war einer der Mitbegründer der Künstlergruppe „Die Brücke", die sich besonders in den grafischen Techniken engagierte und artikulierte und nach kräftigen Ausdrucksformen strebte.

Der Sohn eines Müllers lernte 1901 am Humanistischen Gymnasium in Chemnitz Erich Heckel (S. 182) kennen. Nach dem Ab-

Karl Schmidt-Rottluff.

itur gingen beide 1905 nach Dresden, um Architektur zu studieren. Schmidt brach das Studium allerdings nach wenigen Monaten wieder ab, um sich ganz der Malerei zu widmen. Er lernte Ernst Ludwig Kirchner (S. 184) und Fritz Bleyl

„Atelierpause", 1911.

kennen und gründete mit ihnen im selben Jahr die Künstlergemeinschaft „Die Brücke". Während seiner Zeit bei der „Brücke" entdeckte Schmidt-Rottluff seine Begeisterung für das Meer.

Fasziniert von der klaren Landschaft und der Kraft des Wassers, sieht Schmidt-Rottluff sich zusammen mit Heckel nach einer dauerhaften Bleibe am Meer um. Sie finden sie in Dangast, einem winzigen Nordseebad am Jadebusen. Von 1907 bis 1912 hielt sich Schmidt-Rottluff dort alljährlich mehrere Monate auf. Die ausgeprägte Neigung zum Rückzug in unberührte Landschaftsräume von Nord- und Ostsee kennzeichnet seine Künstlerpersönlichkeit und macht ihn zum Einzelgänger im Kreis der „Brücke". Doch entstand in diesen Landschaften ein wesentlicher Teil seiner Gemälde, Aquarelle und Druckgraphiken. Auch findet er zu einer einfachen, klar gegliederten Formensprache und der leuchtenden Farbigkeit, die beide für ihn charakteristisch wurden.

1915 zog man ihn zum Militärdienst in Russland und Litauen ein. Während seines Fronteinsatzes entstand ein Zyklus von religiösen Holzschnitten, in dem er die Schrecken des Krieges verarbeitete und der als sein grafisches Hauptwerk gilt. 1918 kehrte er nach Berlin zurück. Er behielt seinen Arbeitsrhythmus mit Malreisen im Sommer und der Atelierarbeit im Winter auch in den Zwanzigerjahren bei. Aufenthalte in Pommern, am Lebasee, im Tessin und im Taunus sowie in Rom inspirierten ihn zu seinen Landschaftsbildern. In der Zeit seines größten Erfolgs begannen ab 1930 die Diffamierungskampagnen der Nationalsozialisten. Als „entarteter" Künstler verunglimpft, erhielt er 1936 Ausstellungs und 1941 Malverbot. 1943 wurde sein Berliner Atelier ausgebombt, Schmidt-Rottluff wählte die „innere Emigration" in Rumbke am Lebasee in Ostpommern und in seinem Heimatort. Die Berufung als Professor an die Hochschule für Bildende Künste in Westberlin rehabilitierte ihn 1947. Nach 1964 gab er das Malen auf großen Leinwänden auf, arbeitete nur noch mit Tusche, Aquarellfarben, Pastell- und Ölkreiden. Er schuf zahlreiche Winterbilder, in denen gedämpfte Stimmungen überwiegen. Schmidt-Rottluff starb am 10. August 1976 in Berlin. Seine Werke sind unter anderem in einer ständigen Ausstellung der Städtischen Kunstsammlungen Chemnitz zu sehen.

Erich Ponto
Schauspieler

Der am 14. Dezember 1884 in Lübeck geborene Erich Ponto bestimmte über 30 Jahre hinweg das Dresdner Theaterleben mit. Neben der Darstellung großer Charakterrollen und der Verkörperung subtiler Figuren machte er sich auch als Komiker einen Namen.
Bevor er in München Schauspielunterricht nahm, hatte Ponto Pharmazie studiert und 1905 mit dem Examen abgeschlossen. 1908 bekam er in Passau mit vierundzwanzig Jahren seinen ersten Festvertrag. Nach weiteren Engagements im nordböhmischen

Erich Ponto, um 1946.

Reichenberg und Düsseldorf kam er 1914 nach Dresden ans damalige Neue Königliche Schauspielhaus. Bis 1947 spielte er hier 335 verschiedene Rollen.
Bereits 1920 kam Erich Ponto erstmals mit dem Film in Berührung. Es dauerte aber zehn Jahre bis seine eigentliche Filmkarriere begann. Bis 1945 spielte er

43 Filmrollen. Er überzeugte mit der Darstellung schrulliger Käuze und skurriler Sonderlinge und wurde ein äußerst begehrter Nebendarsteller. Bekannt wurde er vor allem als Chemielehrer Krey („Schnauz") in dem Film „Die Feuerzangenbowle" (S. 145). Im Jahre 1949 drehte er den international bekannten Film „Der dritte Mann" mit Orson Welles und Joseph Cotten. Neben seinen zahlreichen Filmrollen spielte er weiter Theater und pendelte täglich zwischen Berlin und Dresden.

Ab Herbst 1945 übernahm er zunächst die Leitung des Dresdner Schauspielhauses und dann als Generalintendant den Wiederaufbau der gesamten staatlichen Bühnen in Dresden. Am 31. Dezember 1946 trat er von diesen Ämtern zurück, um ausschließlich wieder Schauspieler zu sein. Er wollte sich politisch engagieren und kandidierte zur Landtagswahl neben Victor Klemperer (S. 129) auf der Liste des Kulturbundes zur demokratischen Erneuerung Deutschlands, wurde aber nicht gewählt. 1947 verließ er Dresden, weil er, wie er an seine Kollegen schrieb: „... in dieser Stadt nicht frei spielen könne, wenn er nicht einer bestimmten politischen Haltung angehörte ...".

Ponto wechselte als Ensemblemitglied an das Württembergische Staatstheater und ließ sich in Stuttgart nieder. Hier arbeitete er bis kurz vor seinem Tod am 4. Februar 1957. Er wurde zunächst in Stuttgart beigesetzt, später aber auf den Hamburger Friedhof Nienstedten umgebettet. Im März 2007 wurde er erneut umgebettet und fand seine letzte Ruhestätte auf dem Urnenhain Tolkewitz in Dresden.

Melli Beese
Fliegerin

Die am am 13. September 1886 in Laubegast bei Dresden geborene Hedwig Amelie Beese war die erste Motorfliegerin Deutschlands. 1911 legte sie die Prüfung zum Erwerb der Pilotenlizenz ab.

Die von allen nur „Melli" genannte Amelie war die einzige Tochter eines wohlhabenden Architekten. Sie wollte Bildhauerin werden und studierte von 1906 bis 1909 an der Königlichen Akademie der freien Künste in Stockholm. Doch war sie ebenso von der beginnenden Luftfahrt fasziniert. Sie las und sammelte alle Berichte über die Flugversuche der Brüder Wright, denen am 17. Dezember 1903 mit einem Motorflugzeug ein erster Flug gelungen war, bei dem sie 53 Meter zurückgelegt hatten – ein etwa 12 Sekunden dauernder „Hopser" über 36 Meter. Als sie nach Dresden zurückgekehrt war, schrieb sie sich als Gasthörerin am

Gedenktafel für Melli Beese in Dresden-Laubegast.

Technikum, der heutigen Technischen Universität, ein. Sie besuchte Vorlesungen in Mathematik, Mechanik, Schiffbau und Flugmechanik. Im November 1910 meldete sie sich am Flugplatz Johannisthal bei Berlin, um den Flugschein zu erwerben. Sie hatte große Schwierigkeiten, einen Fluglehrer zu finden, da es nicht gerne gesehen wurde, dass eine Frau in diese Männerdomäne eindrang. Der Unmut der männlichen Kollegen nahm zum Teil gefährliche Züge an. Dies wurde aber von der Flughafenleitung abgetan als „Streiche von Männern, einer Frau gespielt, die unerlaubt in ein Männern vorbehaltenes Revier eingedrungen" sei.

Diese sah sich bestätigt, als Melli Beese gleich bei ihrem zweiten Flug im Dezember 1910 aus 20 Metern Höhe zu Boden stürzte und einen fünffachen Beinbruch erlitt. Der Motor hatte ausgesetzt.

Doch ließ sie sich nicht beirren. Am Tag ihrer Flugprüfung startete sie so früh am Morgen, dass noch keiner ihrer Mitschüler auf dem Flugplatz war. Bevor diese eintrafen, hatte sie bereits die vorgeschriebenen Runden und Figuren geflogen und die Prüfung bestanden. Dies war am 13. September 1911, ihrem 25. Geburtstag. Sie wurde als „mutig und talentiert" beschrieben. Schon bald verbesserte sie den Höhenweltrekord für Frauen von 400 auf 850 Meter, den Weltrekord im Dauerfliegen schraubte sie auf zwei Stunden und 20 Minuten hoch.

1912 gründete sie in Johannisthal ihre eigene „Flugschule Melli Beese G.m.b.H.". Dabei wurde sie von Karl August Lingner (S. 119), dem Dresdner „Odol-König", unterstützt. Sie baute, schraubte und pflegte ihre drei Maschinen selbst und meldete mehrere Patente für selbst konstruierte Flugzeuge an.

1913 heiratete sie den bekannten französischen Piloten Charles Boutard und wurde dadurch nach damaligem Recht Französin. Deshalb wurden beide beim Ausbruch des Ersten Weltkrieges im August 1914 als „Feinde des Deutschen Reiches" eingestuft. Sie durften den Flugplatz nicht mehr betreten. Charles Boutard wurde interniert, Melli Beese unter Hausarrest gestellt. Später wurde das

Paar nach Wittstock/Dosse verbannt. Völlig verarmt, unternahm Melli Beese Anfang der 20er-Jahre den Versuch, die Schule wiederzueröffnen. Doch die Flugzeugschuppen waren geräumt, ihre Flugzeuge demontiert. Eine Klage gegen die Enteignung ihrer Flugschule gewann sie zwar, aber mit der Auszahlung von 80.000 Reichsmark inmitten der Inflation war dieser Erfolg praktisch wertlos. Zu dieser Zeit lebte sie getrennt von ihrem Ehemann in einer Pension. Am 22. Dezember 1925 erschoss sie sich mit 39 Jahren, nachdem sie die Worte „Fliegen ist notwendig. Leben nicht." auf einen Zettel geschrieben hatte.

Mary Wigman
Tänzerin, Choreografin

Die am 13. November 1886 in Hannover geborene Marie Wiegmann (nach 1918 nannte sie sich Mary Wigman) revolutionierte den Bühnentanz. Sie baute ihr Tanzstudio in Dresden von 1920 an zum Mekka des modernen Ausdruckstanzes aus. In späteren Jahren wurde aus der Avantgardistin des „absoluten Tanzes", des New German Dance, eine in aller Welt geschätzte Modern-Dance-Pädagogin.

Mary Wigman, 1952.

Nach dem Besuch der höheren Töchterschule in Hannover ließ sich Marie Wiegmann – gegen den Willen ihrer Eltern – bei Émile Jacques-Dalcroze in Hellerau in rhythmischer Gymnastik ausbilden. 1912 erhielt sie ihr Diplom, wollte aber nicht als Lehrerin arbeiten, obwohl Jacques-Dalcroze ihr das angeboten hatte. Ihr behagte die völlige Unterwerfung der körperlichen Bewegung unter die Musik nicht. Nach einem Studienjahr in Rom ging sie zu dem Wegbereiter des neuen deutschen Ausdruckstanzes, dem Ungarn Rudolf von Laban, der in München, auf dem Monte Verità bei Ascona am Lago Maggiore und in Zürich seine „Bewegung ohne Musik" lehrte. Als dessen Schülerin und Assistentin entwickelte sie ihren eigenen Tanzstil. Am 11. Februar 1914 stand sie in München erstmals als Solo-Tänzerin auf der Bühne.

Mit ihrem neuen „absoluten Tanz" – wie sie ihre Darbietung zur Abgrenzung vom Klassischen Ballett nannte – trat sie von 1919 an auf. Sie tanzte nicht mehr in einengenden Spitzenschuhen, sondern barfuß in weiten Gewändern. Es waren unpantomimische, rein bewegungsdynamische Gruppentänze oder solistische Aktionen.

Als sie 1919 in Dresden gastiert, erhält sie das Angebot, an der Semperoper als Tanzmeisterin zu arbeiten. Der Vertrag kommt zwar nicht zustande, aber sie siedelt nach Dresden über, gründet eine Schule in der heutigen Bautzner Straße 107. (Das Gebäude wird seit vielen Jahren von der Sächsischen Staatsoper als Proben- und Spielstätte genutzt.) Zeitweise kommen in Dresden mehrere Hundert Schüler zu ihr.

Von Dresden aus bereist Mary Wigman als Solistin und mit ihrer Mary-Wigman-Tanzgruppe, zu der auch Gret Palucca (S. 155) gehört, Anfang der Zwanzigerjahre viele Länder Europas. Den Höhepunkt ihrer Karriere erlebt sie Anfang der Dreißigerjahre bei drei Tourneen in den USA. Die Amerikaner feierten sie als Schöpferin des „New German Dance".

Mary Wigmans Haltung zum Nazi-Regime ist zwiespältig und schwer greifbar. Nachdem im April 1933 die Gestapo nach einer Denunziation wegen „kommunistischer Umtriebe" ihr Haus durchsucht hatte, bemühte sie sich um Anerkennung ihrer Arbeit durch die NS-Machthaber, um die Kontinuität von Schule und choreografischer Arbeit sicherzustellen. So übernahm sie die Ortsgruppenleitung der Fachschaft „Gymnastik und Tanz" im Nationalsozialistischen Lehrerbund (NSLB). Für die Eröffnungsfeier der Olympischen Sommerspiele in Berlin choreografierte sie eine „Totenklage", die sie am 1. August 1936 mit achtzig Tänzerinnen zusammen aufführte. Ein Jahr später lehnte sie es aber ab, eine Huldigungschoreografie für Hitler anlässlich der „Deutschen Kunstausstellung" in München zu erarbeiten. Durch ihre Beziehung zu dem dreizehn Jahre jüngeren Siemens-Ingenieur Hanns Benkert, der später einer der führenden Rüstungsindustriellen der NS-Kriegswirtschaft war, wurde sie geschützt, aber auch beeinflusst. Nachdem Benkert sie 1941 verlassen hatte, verlor sie jedwede Unterstützung. Nun galt sie auf einmal als Vertreterin der „entarteten Kunst". Da ihre Arbeit immer weiter beschnitten wurde, verkaufte sie 1942 ihre Schule und übersiedelte nach Leipzig, wo sie einen Vertrag als Gastlehrerin an der „Hochschule für Musik und Theater" erhalten hatte. 1945 eröffnete sie eine Schule in Leipzig. 1949 wechselte sie nach Westberlin, wo sie bis 1967 ihr Mary-Wigman-Studio leitete.

Nach ihrem 80. Geburtstag im Jahre 1966 gab sie wegen zunehmender Gebrechlichkeit ihre Tanzschule auf. Mary Wigman starb am 18. September 1973 in Berlin. Bei der Trauerfeier sprach Gret Palucca die Abschiedsworte.

Friedrich Olbricht
General, Widerstandskämpfer

Friedrich Olbricht.

Der am 4. Oktober 1888 in Leisnig bei Döbeln geborene Friedrich Olbricht war nach 1941 der Kopf eines kleinen Kreises von führenden Offizieren, die Adolf Hitler durch ein Attentat beseitigen und Deutschland von der nationalsozialistischen Gewaltherrschaft befreien wollte.

Friedrich Olbricht war der Sohn eines Mathematikprofessors und machte sein Abitur im heutigen Philipp-Melanchthon-Gymnasium in Bautzen. Danach entschied er sich für eine militärische Laufbahn und trat 1907 in das Königlich Sächsische Infanterieregiment in Leipzig ein. Im Ersten Weltkrieg diente er als Generalstabsoffizier. Danach wechselte er zum Reichswehrministerium und war dort für fremde Heere zuständig. 1933 kam er als Stabschef nach Dresden und hatte schon zu dieser Zeit Kontakte zu NS-Widerstandskreisen.

In dieser Eigenschaft entstand ein enger Kontakt zum Leipziger Oberbürgermeister Carl Friedrich Goerdeler (S. 134), einer späteren zentralen Figur des zivilen Widerstands. Im Zuge der Mordaktionen am 30. Juni 1934 gegen SA-Führer und Systemgegner, des sogenannten Röhm-Putsches, stellte sich Olbricht erstmals offen gegen staatliche Organe. Er schützte einige Männer vor der Erschießung, indem er die bereits Verhafteten mit der Begründung militärpolitischer Aufgaben unter Armeeschutz stellte.

Mit Beginn des Zweiten Weltkriegs nahm Olbricht als Divisionskommandeur am Angriff auf Polen teil, wurde mit dem Ritterkreuz ausgezeichnet und zum General der Infanterie befördert. 1942 begann er am „Entwurf Walküre" zu arbeiten, einem Plan zum Sturz des NS-Regimes. Er gewann Claus Graf Schenk von Stauffenberg und wenig später Albrecht Ritter Mertz von Quirnheim als Mitstreiter. Nach dem gescheiterten Hitler-Attentat Stauffenbergs im Führerhauptquartier „Wolfsschanze" am 20. Juli 1944 wurde Olbricht ohne weitere Anhörung gemeinsam mit Beck, Hoepner, Stauffenberg und Quirnheim festgesetzt, noch in der gleichen Nacht vor ein Exekutionskommando gestellt und erschossen. Die Leichname wurden zunächst in Uniform mit Ehrenzeichen bestattet, auf Geheiß Heinrich Himmlers, des Reichsführers der SS, kurz darauf jedoch exhumiert und verbrannt.

Ludwig Renn
Schriftsteller

Der am 22. April 1889 in Dresden geborene Ludwig Renn, der eigentlich Arnold Friedrich Vieth von Golßenau hieß, wurde Ende der 20er-Jahre zum Mitbegründer der proletarisch-revolutionären Literatur in Deutschland und zählte zu den bekanntesten Schriftstellern der DDR. 1928 nahm er den Namen der Hauptgestalt seines Romans „Krieg" an und nannte sich fortan Ludwig Renn. Mit diesem Buch errang er Weltruhm, es wurde in 23 Sprachen übersetzt. Er schilderte das Grauen und die Monotonie des Krieges, die Entmenschlichung und den seelischen Druck aus Sicht der einfachen Soldaten. Der sachlich-nüchterne Stil und die autobiografische Prägung sind charakteristisch für Renns Schaffen.

Ludwig Renn, nach 1975.

Ludwig Renn war Sohn eines Gymnasialprofessors für Mathematik, der auch die sächsischen Prinzen unterrichtete. Nach dem Abitur 1910 wählte Renn die militärische Laufbahn: Er wurde Fahnenjunker im 1. Leibgrenadierregiment in Dresden. Als Offizier nahm er am Ersten Weltkrieg teil. Nach dem Krieg wurde er Hundertschaftsführer der Sicherheitspolizei in Dresden. 1920 beendete er diese Tätigkeit, nachdem er sich geweigert hatte, während des Kapp-Putsches in Riesa auf revoltierende Arbeiter schießen zu lassen. Ab dem Jahr 1920 studierte Renn an den Universitäten Göttingen und München Nationalökonomie, russische Philologie, Kunstgeschichte und Jura.

Danach arbeitete er 1923/24 als Antiquitätenhändler und unternahm 1925 eine etwa einjährige Fußwanderung durch Italien, Griechenland, die Türkei sowie Ägypten. Anschließend siedelte Renn nach Wien über, wo er ein Studium der Kunstgeschichte, der byzantinischen und russischen Geschichte aufnahm und sich zudem mit Archäologie und chinesischer Geschichte befasste.

1927 beschäftigte sich Ludwig Renn mit den Werken von Karl Marx und Wladímir Iljítsch Lenin. Sie wirkten prägend auf sein Denken. Er wandte sich dem Marxismus zu, wurde nach seinem Umzug nach Berlin 1928 Mitglied der KPD und des Roten Frontkämpferbundes.

Nach dem Reichstagsbrand am 27. Februar 1933 wird Renn einen Tag später in „Schutzhaft" genommen und wegen „Vorbereitung zum Hochverrat" zu einer Zuchthausstrafe von 30 Monaten verurteilt, die er in Bautzen absitzen muss. Entlassen, emigriert er nach Spanien und nimmt dort als Bataillonsführer am Spanischen Bürgerkrieg teil. Zur Unterstützung der republikanischen Regierung in Spanien reist Ludwig Renn in den beiden Jahren 1937 und 1938 durch Nordamerika, Kanada und Kuba. 1939 wird Renn beim Rückzug der „Interbrigaden" über die französische Grenze interniert. Durch die Hilfe französischer Intellektueller kann er aber befreit werden.

Im Jahr 1940 zog sich Ludwig Renn nach Mexiko zurück. Dort lehrte er an der Universität Morelia als Professor für europäische Geschichte und Sprachen. Von 1941 bis 1946 leitet er die Initiative „Bewegung Freies Deutschland in Mexiko" („Alemania Libre") und das „Lateinamerikanische Komitee der freien Deutschen". 1947 kehrt er nach Deutschland zurück und tritt der Sozialistischen Einheitspartei Deutschland (SED) bei.

Im gleichen Jahr leitete er das Kulturwissenschaftliche Institut in Dresden und wurde Professor für Anthropologie an der Technischen Hochschule. 1951 verließ er Dresden und zog nach Berlin. Dort lehrte er an der Universität. Ab dem Jahr 1952 war er als freier Schriftsteller tätig. In dieser Zeit verfasste er Kinder- und Jugendbücher, aber auch politische und militärgeschichtliche Schriften sowie Autobiografisches. 1971 wurde Renn Ehrenpräsident des PEN-Zentrums der DDR. Er starb am 21. Juli 1979 in Berlin.

Hans Reimann
Kabarettist, Schriftsteller

Der am 18. November 1889 in Leipzig geborene Hans Reimann war ein humoristischer Schriftsteller, Dramatiker und Drehbuchautor.

Nach dem Besuch des Gymnasiums absolvierte er in Leipzig eine Grafikerausbildung, wurde Mitarbeiter im Kurt-Wolff-Verlag in Leipzig und studierte dann Philologie und Kunstgeschichte in München.

Am Ersten Weltkrieg nahm er in Galizien und in Frankreich als Leutnant teil. Danach kehrte er nach Leipzig zurück und gab hier von 1919 bis 1921 die satirische Zeitschrift „Der Drache" und anschließend bis 1929 in Frankfurt am

Hans Reimann.

Main „Das Stachelschwein" heraus. Außerdem war er für den „Simplicissimus" und „Die Weltbühne" tätig und gründete die Kabaretts „Retorte" (Leipzig) und „Astoria" (Frankfurt/M.).

Bekannt wurde er vor allem durch seine Gymnasialsatiren und durch die Sächsischen Miniaturen, in denen er Geschichte und Alltag seiner Heimat in sächsischer Mundart darstellte. Seine Anekdoten über König Friedrich August III. in „Dr Genij" (1923) brachten ihm eine Privatklage des entthronten Monarchen ein, Reimann wurde verhaftet.

Sein bekanntestes Werk war die Komödie „Das Ekel". Hier nahm er den sächsischen Spießer aufs Korn. Das Buch wurde dreimal verfilmt: 1931 nach einem Drehbuch von Erich Kästner (S. 152) und Emmerich Pressburger, 1939 mit Hans Moser sowie 1959 mit Heinz Erhardt in der Hauptrolle.

Zu Beginn der 30er-Jahre plante Reimann eine Hitler-Parodie mit dem Titel „Mein Krampf". Nach einer Drohung aus dem rechten Milieu („Reimann, man schlägt Sie tot!") brach er das Projekt ab, aber die Nationalsozialisten verziehen ihm das nicht. Nach 1933 bekam er deshalb erhebliche Schwierigkeiten beim Publizieren, selbst unter Pseudonym. Die Dresdner Kreisleitung der NSDAP bezeichnete ihn etwa als einen „Feind jeder nationalen Regung". Er müsse „unerbittlich ausgeschaltet" werden. Deshalb verschwieg er auch seine Mitautorenschaft an dem Erfolgsroman „Die Feuerzangenbowle", den er gemeinsam mit Heinrich Spoerl verfasst hatte. Ungeklärt ist, warum er 1944 den Beitrag „Jüdischer Witz unter der Lupe" veröffentlichte. Hier betrieb er antisemitische Agitation. So schrieb er etwa: „Die Neigung zum Übersteigern wuchert dermaßen im jüdischen Hirn, daß es oft schwer fällt, zwischen Ausgeburten morscher Intellektualität und plattfüßiger Blödelei zu unterscheiden." Ein Fehltritt, unter dem er bis zum Ende seines Lebens schwer gelitten hat. Carl Zuckmayer bezeichnete Reimann in seinem Geheimreport, den er 1943 für den US-Geheimdienst verfasste, als die „von allen Nazi-Kreaturen übelste Erscheinung".

Nach dem Krieg hatte Hans Reimann deshalb zunächst Schreibverbot. Nachdem er 1948 als Mitläufer entnazifiziert worden war, veröffentlichte er zuerst wieder im „Simpl", einer Münchner satirischen Zeitschrift. Von 1951 bis zu seinem Tod lebte er in Schmalenbeck bei Hamburg, wo er die literaturkritische Reihe „Literazzia" herausgab – 17 Bände von 1952 bis 1968. Daneben arbeitete er als humoristischer Schriftsteller und Lustspielautor. Reimann starb am 13. Juni 1969 in Schmalenbeck.

Lene Voigt
Mundartdichterin

Die am 3. Mai 1891 als Helene Wagner in Leipzig geborene Lene Voigt war eine sächsische Mundartdichterin, die mit ihren Gedichten, Geschichten, etwa „Säk'sche Glassiger" als literarische Parodie auf Balladen von Schiller und Goethe, ein umfangreiches schriftstellerisches Werk hinterlassen hat.

Lene Voigt.

Lene Voigt war die Tochter einer Haushälterin und eines Schriftsetzers. Sie besuchte die Volksschule und ließ sich anschließend auf Wunsch ihrer Mutter zur Kindergärtnerin ausbilden. Aber sie fühlte sich von Büchern angezogen. So arbeitete sie ab 1910 als Verlagskontoristin. 1914 heiratete sie den Orchestermusiker Otto Voigt, die Ehe scheiterte 1920. Doch auch der schwere Schicksalsschlag, als vier Jahre später ihr fünfjähriger Sohn Alfred an einer Hirnhautentzündung starb, konnte sie nicht vom Schreiben abbringen.

Bereits mit 15 Jahren hatte sie zu dichten begonnen. 1909 erschienen erste Veröffentlichungen in der Leipziger Tagespresse. Mitte der 1920er- bis Mitte der 1930er-Jahre stand Lene Voigt auf dem Höhepunkt ihres literarischen Ruhmes. Sie arbeitete als freie Schriftstellerin und publizierte in vornehmlich linken oder linksliberalen Zeitungen und Zeitschriften.

1929 übersiedelte sie nach Bremen, 1934 nach Lübeck und 1935 nach Flensburg. Hier musste sie drei Monate in einer psychiatrischen Klinik behandelt werden, da sie unter Verfolgungswahn litt. 1937 wohnte sie kurz in München, dann folgten Hamburg und Berlin, ehe sie 1940 wieder in ihre Heimatstadt Leipzig zurückkehrte und beinahe mittellos ein winziges möbliertes Zimmer bezog.

LESEPROBE

Unverwüstlich (1935)

original	hochdeutsch
Was Sachsen sin von echtem Schlaach, die sin nich dod zu griechn. Drifft die ooch Gummer Daach fier Daach, ihr froher Mut wärd siechen.	Was Sachsen sind vom echten Schlag, die sind nicht tot zu kriegen. Trifft die auch Kummer Tag für Tag ihr froher Mut wird siegen.
»Das gonnte noch viel schlimmer gomm'« so feixen richtche Sachsen. Was andre forchtbar schwär genomm', dem fiehlnse sich gewachsen.	»Das konnte noch viel schlimmer kommen« so lachen richtige Sachsen. Was andere furchtbar schwer genommen, dem fühlen sie sich gewachsen.
Un schwimm' de letzten Felle fort, dann schwimmse mit und landen dort, wo die emal ans Ufer dreim. So is das un so wärds ooch bleim.	Und schwimmen die letzten Felle fort, dann schwimmen sie mit und landen dort, wo sie einmal ans Ufer treiben. So ist das und so wird es auch bleiben.

Mittlerweile hatten die Nationalsozialisten 1936 Lene Voigts Bücher verboten, weil sie die „sächsische Sprache verschandle". Ihre Formulierungen seien nicht sächsisch, sondern jiddisch. Das „Heimatwerk Sachsen", das sich zur Aufgabe gestellt hatte, den „politischen Erziehungsauftrag der NSDAP" umzusetzen, kam zu dem Schluss: „Die Voigt hat die schönsten Dichtungen der Weltliteratur durch gesuchte komische Situationen und Sprachluderei in die Minderwertigkeit

und Lächerlichkeit hinab gezerrt. Das ist bewußte Zersetzung hoher Kulturgü-
ter. Das ist Kulturbolschewismus." „Sachsenkomiker, Witzefabrikanten und ver-
jüdelte Literaten" seien verantwortlich für die Verschandelung der sächsischen
Sprache. Lene Voigts Bücher wurden eingestampft, sie stand ohne Einkommen
da.

Sie arbeitete als Fakturistin in einem Verlag, erkrankte 1946 aber an Schizophre-
nie und wurde ins Bezirkskrankenhaus für Psychiatrie in Leipzig eingewiesen.
Auch nach ihrer Heilung blieb sie in der Klinik. Hier fühlte sie sich gut aufgehoben und musste sich nicht mit Alltagsproblemen auseinandersetzen. Sie arbeitete erst als Buchhalterin, später als Botin. In ihrer Freizeit dichtete sie weiter. Sie
schrieb die Stücke in kleine Schulhefte und verschenkte sie.

In der Anfangszeit der DDR fand sich kein Verlag, der ihre Gedichte drucken
wollte, und sie geriet in Vergessenheit. Erst zwanzig Jahre nach ihrem Tod am
16. Juli 1962 wurde sie wiederentdeckt, als der Leipziger Verlag „Zentralhaus-
Publikation" eine Auswahl ihrer Werke herausgab.

Otto Dix
Maler

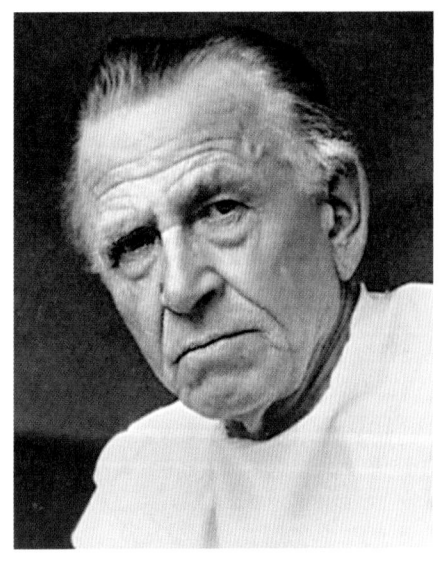

Otto Dix, 1960.

Der am 2. Dezember 1891 in Untermhaus
bei Gera geborene Otto Dix ist hauptsächlich für seine Kriegsbilder bekannt
geworden. Er hinterließ mehr als 6.000
Skizzen und Zeichnungen.

Otto Dix wurde als Sohn einer Arbeiter-
familie geboren. Nach dem Besuch der
Volksschule absolvierte er eine Lehre
zum Dekorationsmaler. Da ihm Fürst
Heinrich von Reuß ein Stipendium ge-
währte, konnte er von 1909 bis 1914 die
Dresdner Kunstgewerbeschule besuchen.
In den Jahren von 1914 bis 1918 nahm er
als Freiwilliger am Ersten Weltkrieg teil. Er kam als MG-Schütze und durch die
Feldartillerie an die Front nach Frankreich, Flandern und Russland. War sein
Frühwerk sowohl vom Impressionismus als auch vom Expressionismus beein-
flusst, entwickelte er nun gezeichnet von seinen Kriegserlebnissen einen neuen
Stil: Radikale, aggressive Bilder und Grafiken, die Krieg, Kriminalität und sozi-

Die Eltern des Künstlers, 1877.

ales Elend anprangern, sowie Porträts und Akte, die auch groteske Elemente enthalten.

1919 kehrte er nach Dresden zurück und studierte 1919 bis 1922 an der Dresdner Kunstakademie. Zwischen 1922 und 1925 absolvierte er ein Studium an der Kunstakademie Düsseldorf. Es folgte der Umzug nach Berlin, wo er in den Jahren von 1925 bis 1927 lebte. Hier erreicht seine kritisch-analytische Malerei ihren Höhepunkt. Dann tritt er 1927 als Professor die Nachfolge Kokoschkas an der Dresdner Kunstakademie an.

Mit der Machtübernahme der Nationalsozialisten muss er sein Amt aufgeben. Der Maler erhält Ausstellungsverbot. Nach einem Attentat auf Hitler, mit dem Dix in Verbindung gebracht wird, muss im Jahre 1938 in eine zweiwöchige Haft. Seine Gemälde beschlagnahmt man: Ein Teil wird im Ausland versteigert, über tausend werden verbrannt.

Er verlässt Dresden und zieht nach Hemmenhofen am Bodensee. Damit geht auch ein Stilwechsel einher. Nun malt er altmeisterliche Landschaftsbilder.

Nach 1949 kam er bis 1966 jedes Jahr für vier, fünf Wochen nach Dresden, um an Lithografien zu arbeiten. Otto Dix starb am 25. Juli 1969 in Singen am Bodensee. Im Museum Gunzenhauser in Chemnitz sowie im Stuttgarter Kunstmuseum findet man seine Werke.

Conrad Felixmüller
Maler, Grafiker

Conrad Felixmüller, 1950.

Der als Conrad Felix Müller am 21. Mai 1897 in Dresden Geborene zählt zu den bedeutenden deutschen Künstlern des 20. Jahrhunderts und ist Mitbegründer der „Neuen Sachlichkeit". Innerhalb von sechs Jahrzehnten hat er mit über 2.500 Arbeiten ein umfangreiches Werk geschaffen, in dem Malerei, Zeichnung und Grafik gleichwertig nebeneinanderstehen.

Conrad Felix Müller kam als Sohn eines Fabrikschmiedes zur Welt. Im Alter von 14 Jahren begann er sich für Malerei zu interessieren und nahm an der Dresdner Kunstgewerbeschule ersten Unterricht. Im Gegensatz zu den Akademien war diese Ausbildungsstätte für die mittellosen Schichten, zu deren Vorbereitung auf einen grafischen Beruf gedacht. Doch Felixmüller ist so talentiert, dass er bereits ein Jahr später die Kunstakademie in Dresden besuchen darf. Schon mit 18 Jahren kann er sich erfolgreich als freier Künstler in Dresden niederlassen. Sein Vorbild ist zunächst die unter anderem von Erich Heckel (S. 182) und Karl Schmidt-Rottluff (S. 135) mitbegründete Künstlervereinigung „Die Brücke", die mit ihrem expressionistischen Menschenbild und ihrer intuitiven Farb- und Formgebung einen stark farbigen Mal- und Zeichenstil geschaffen hatte. Gemeinsam mit Otto Dix (S. 148) wird er zu den Begründern der „Neuen Sachlichkeit" gezählt. Felixmüller versteht den Expressionismus in sozialkritischem Sinn und verändert ihn zu einem expressiven Realismus. In seinen Holzschnitten hält er in kraftvollen Linien Szenen des alltäglichen Lebens fest. Seinen Grafiken, die

Soldat im Irrenhaus, 1918.

zwischen 1915 und 1925 unter dem Eindruck von Krieg und Revolution entstehen, ist ebenso große Bedeutung beizumessen wie seiner Malerei. 1919 wird er Gründungsmitglied und Präsident der Künstlervereinigung „Dresdner Sezession

Gruppe 1919". Im gleichen Jahr tritt er zudem der KPD bei. Um 1925 begann sich das Werk des Künstlers zu wandeln. Bewusst versuchte er verstärkt alltägliche Ereignisse in Kunstwerke umzusetzen.

Zirka fünf Jahre später wandelte sich seine Bildsprache, sie wurde ruhiger, er stellte den Menschen bewusst in den Mittelpunkt, sowohl in der Grafik als auch in der Malerei. Bei seinen Menschenstudien sind die hervorgehobene Stirn und die großformatigen Augen besonders auffallend und daher charakteristisch. 1934 übersiedelte Felixmüller nach Berlin.

Von den Nationalsozialisten wurde Conrad Felixmüller als „entartet" eingestuft, im Jahr 1938 wurden insgesamt 151 seiner Werke aus öffentlichen Museen in Deutschland entfernt und vernichtet, er erhielt Ausstellungsverbot.

1944 zieht der Maler nach Tautenhain bei Altenburg. Er wird aber noch im selben Jahr zum Kriegsdienst einberufen. Nach kurzer sowjetischer Kriegsgefangenschaft kehrt er 1945 nach Tautenhain zurück und malt 1952 in der dortigen Kirche eine Folge von sechs Emporenbildern.

Von 1949 bis 1962 war Conrad Felixmüller Professor an der Martin-Luther-Universität in Halle/Saale mit einem Lehrauftrag für Zeichnen und Malen innerhalb der Pädagogischen Fakultät. Nach seiner Emeritierung ging Felixmüller zurück nach Berlin. 1967 siedelte er nach Westberlin über. Bis zu seinem Tod am 24. März 1977 fanden zahlreiche Ausstellungen in beiden Teilen Deutschlands sowie in Paris, Rom, Bologna und Florenz statt.

Erich Kästner
Schriftsteller

Der am 23. Februar 1899 in Dresden geborene Erich Kästner gehört zu den meistgelesenen Kinderbuch-Autoren in der Welt. Seine bekanntesten Werke „Emil und die Detektive", „Pünktchen und Anton" und „Das doppelte Lottchen" wurden in über hundert Sprachen übersetzt und mehrfach verfilmt.

Nach dem Besuch der Volksschule trat Kästner 1913 in das Dresdner Lehrerseminar ein, um Volksschullehrer zu werden. Kurz vor Abschluss brach er die Ausbil-

Erich Kästner.

dung ab, weil er zum Militär eingezogen wurde. Er nahm am Ersten Weltkrieg teil. Die körperliche Belastung setzte Kästner derart zu, dass er sich eine lebenslange Herzschwäche zuzog. Er kehrte nach Dresden zurück und erhielt für sein bravourös absolviertes Abitur das Goldene Stipendium der Stadt Dresden.

1919 begann Kästner in Leipzig Geschichte, Germanistik, Theaterwissenschaften und Philosophie zu studieren. Mit Nebenjobs als Journalist und Theaterkritiker konnte er sein Studium selbst finanzieren. Nach der Promotion zum Doktor der Philosophie arbeitete er 1925 als Redakteur bei der „Neuen Leipziger Zeitung". Anfang 1927 schrieb Erich Kästner das

Durch diesen „Roman für Kinder" wird 1929 Kästner mit einem Schlag berühmt.

Gedicht „Nachtgesang des Kammervirtuosen", welches von seinem Freund Erich Ohser (S. 191) illustriert wurde. Der Verlagsleitung war das Stück zu frivol und beide wurden entlassen. Daraufhin beschloss er, Leipzig zu verlassen und nach Berlin zu ziehen.

Hier hatte Kästner einen fast märchenhaften Aufstieg. Seine Gedichte, Essays und Kritiken wurden in renommierten Zeitungen veröffentlicht und gestatteten ihm ein Leben als freier Schriftsteller und Publizist. Ab 1928 erschienen in schneller Folge die Bücher, die Kästners Namen endgültig zum Begriff machten: die Gedichtbände, das Hör- und Bühnenstück „Leben in dieser Zeit", der Roman „Fabian" und vor allem die Kinderbücher. Im Jahr darauf legte Kästner „Emil und die Detektive" vor, was zunächst als Buch und 1930 als UFA-Film ein großer Erfolg wurde und seinen Verfasser berühmt machte. Andere erfolgreiche Kinderbücher, die zum Teil verfilmt wurden oder Vorlagen für das Theater lieferten, folgten.

Bei der Bücherverbrennung 1933 landeten auch Arbeiten von Kästner auf dem Scheiterhaufen: die Gedichtbände „Herz auf Taille", „Ein Mann gibt Auskunft", „Gesang zwischen den Stühlen" und sein satirischer Roman „Fabian". In diesen Büchern hatte sich Kästner mit treffsicherem Witz gegen spießbürgerliche Moral, Militarismus und Faschismus gewandt.

Obwohl seine Bücher verboten wurden, emigrierte er nicht und publizierte auch nicht im Ausland. Nach dem Krieg siedelte er sich in München an und wurde

Redakteur der „Neuen-Zeitung", Herausgeber der Zeitschrift „Der Pinguin" und Mitglied des Münchner Kabaretts „Schaubude". Ein Anschluss an die ganz großen Erfolge gelang ihm nur noch 1949 mit dem „Doppelten Lottchen", das 1950 verfilmt wurde. Kästner starb am 29. Juli 1974 in München an Speiseröhrenkrebs.

Werner Heisenberg
Physiker, Nobelpreisträger

Der am 5. Dezember 1901 als Sohn eines Universitätsprofessors in Würzburg geborene Werner Heisenberg hat die Physik des 20. Jahrhunderts wesentlich mitbestimmt. 1925 gelang ihm 23-jährig der Durchbruch in der Formulierung der Quantenmechanik, der grundlegenden Theorie

Werner Heisenberg, 1969.

der Naturgesetze im atomaren Bereich. 1933 wurde ihm der Physik-Nobelpreis für diese grundlegenden Arbeiten verliehen.

Heisenberg studierte in den Jahren von 1920 bis 1923 an der Münchner Universität Physik. Dort promovierte er. 1924 habilitierte er sich in Göttingen zum Professor für Physik. Von 1927 bis 1941 lehrte Werner Heisenberg als Professor für Physik an der Universität Leipzig. In dieser Zeit leitete er das Theoretisch-Physikalische Institut in Leipzig. 1927 machte der Physiker mit seiner „Heisenbergschen Unbestimmtheitstheorie" Furore in der Fachwelt. Sie besagt, dass es physikalisch nicht möglich sei, den Ort und den Impuls eines Elektrons mit absoluter Genauigkeit für den gleichen Zeitpunkt zu bestimmen.

1936 verwehrten die Nationalsozialisten Werner Heisenberg die ihm angebotene Lehr- und Forschungstätigkeit an der Münchner Universität, weil er für Albert Einsteins Relativitätstheorie und damit die moderne Naturerklärung eintrat. In der SS-Zeitung „Das Schwarze Korps" erschien ein Artikel unter der Überschrift „Weiße Juden in der Wissenschaft". Darin hieß es, Heisenberg und die anderen „Statthalter des Judentums" müssten „ebenso verschwinden wie die Juden selbst".

Heisenberg blieb in Leipzig und widmete sich dort der Physik. Im gleichen Jahr heiratete er Elisabeth Schumacher. Aus dieser Verbindung gingen insgesamt sieben Kinder hervor. Von 1942 bis 1945 war er dann Leiter des Berliner Kaiser-Wilhelm-Instituts, das später in Max-Planck-Institut umbenannt wurde. Nach dem Krieg von den Alliierten mit anderen deutschen Kernphysikern in England interniert, begann er 1946 als Direktor des Max-Planck-Instituts für Physik und Atomphysik – zunächst in Göttingen, von 1958 bis 1970 in München – den Wiederaufbau der deutschen Forschung in die Wege zu leiten. Werner Heisenberg starb am 1. Februar 1976 in München.

Gret Palucca
Tänzerin

Die am 8. Januar 1902 in München geborene Margarethe Paluka, die sich nach 1921 Gret Palucca nannte, galt als sprunggewaltige Ausdruckstänzerin. Als Tanzpädagogin lehrte sie bis kurz vor ihrem Tod eine einzigartige Synthese von Ausdruckstanz und klassischem Ballett.
Der aus Konstantinopel (Istanbul) stammende Apotheker Max Paluka und seine Frau mit jüdisch-ungarischer Abstammung siedelten mit ihren beiden Töchtern 1908 von München nach San Francisco über. Bereits ein Jahr später kam die (inzwischen geschiedene) Mutter mit ihren Kindern zurück und ließ sich in

Gret Palucca, 1972.

Dresden nieder. Gretel erhält Ballettunterricht an der Oper, wird aber für unbegabt gehalten.
Nach dieser frustrierenden Erfahrung bildete ein Auftritt der Ausdruckstänzerin Mary Wigman (S. 140) ein Schlüsselerlebnis. 18-jährig wurde Margarethe Paluka 1920 eine der ersten Schülerinnen Wigmans. Erste öffentliche Auftritte mit der Wigman-Tanztruppe folgen. Sie wird schnell zum Star, aber schon bald gibt es Dissonanzen. Palucca unterschied sich von der Tanzauffassung Wigmans von

Gret Paluccas Sprungkraft und Kondition waren legendär, um 1930.

Anfang an durch die pure Lebensfreude, die ihr Tanzen ausstrahlt, ihr Temperament und akrobatische Einlagen. Auch ist Gret Palucca kein Typ, der sich gerne unterordnet. Als sie 1923 bei einer Aufführung eigenmächtig einen in Wigmans Choreografie nicht vorgesehenen Extrasprung einfügt, kommt es zum Bruch. Sie trennen sich, und Paluccas Karriere als Solotänzerin nimmt ihren Anfang. Innerhalb weniger Jahre rückte Palucca in die erste Reihe der deutschen Tänzer auf und gab pro Saison bis zu hundert Gastspiele in Deutschland und Europa.

1924 eröffnete Gret Palucca eine eigene Schule in Dresden. Zweigstellen in Berlin (1928) und Stuttgart (1931) folgen. Die Schüler bekamen Unterricht in 24 praktischen und theoretischen Fächern, wie zum Beispiel Tanztechnik, Improvisation, rhythmische Erziehung, Tanzgeschichte und Anatomie. Damit unterschied sich ihre Schule grundlegend von der damals üblichen klassischen Ballettausbildung, die sich meist auf körperlichen Drill beschränkte. Sie dagegen ließ ihre Schüler improvisieren und experimentieren. 1924 heiratete Palucca Fritz Bienert, den Sohn von Ida Bienert (S. 172), der ersten privaten Kunstsammlerin der Modernen Kunst in Deutschland. Die Ehe hielt aber nur sechs Jahre.

1936 nahm Palucca am Eröffnungsabend der Olympischen Spiele in Berlin teil und tanzte unter den Augen Hitlers ein Solo. Trotzdem wurde sie 1939 mit einem Auftrittsverbot für alle staatlichen sowie städtischen Theater und Konzertsäle belegt. Es war bekannt geworden, dass sie Halbjüdin war. Auch musste sie die Leitung der Schule abgeben. Bis 1942 trat sie bei privaten Tanzabenden auf, bis ihr auch das, nun unter Androhung von KZ-Haft, untersagt wurde.

Beim Bombenangriff am 13./14. Februar 1945 auf Dresden verlor Palucca ihre Wohn- und Arbeitsräume und ihren gesamten Besitz. Doch bereits im Juli eröffnete sie ihre Schule neu. 1949 wurde ihre Schule verstaatlicht, blieb aber die führende Ausbildungsstätte für künstlerischen Tanz in der DDR. Palucca verband Ausdruckstanz und Ballett und nannte dies „Neuer künstlerischer Tanz". 1950 hatte sie ihren letzten Soloauftritt und wirkte dann als Lehrerin. Es gab häufig Differenzen mit Kulturfunktionären, die ihre Schule nach sowjetischem Vorbild zu einer sozialistischen Fachschule für Tanz umgestalten wollten. Palucca konnte aber immer wieder Zugeständnisse erzwingen. 1954 wurde sie zur Künstlerischen Leiterin der Schule berufen. Bis 1991 unterrichtete sie.

Am 22. März 1993 starb Gret Palucca im Alter von 91 Jahren in Dresden und wurde auf ihren Wunsch hin auf der Insel Hiddensee begraben. Hier hatte sie alljährlich ihre Sommeraufenthalte im eigenen Haus verbracht. Zu Beginn des 20. Jahrhunderts hatte es hier eine Künstlerkolonie gegeben, in der sie zuweilen zu Gast war.

Charlotte Meentzen
Kosmetikherstellerin

Charlotte Meentzen.

Die am 12. Juni 1904 in Dresden geborene Charlotte Meentzen war eine Wegbereiterin der Naturkosmetik. Sie setzte als erste deutsche Kosmetikerin die Anwendung pflanzlicher Wirkstoffe in die Praxis um. Sie entwickelte ein auf die individuelle Hautpflege abgestimmtes Konzept, das damals einer Revolution in der Schönheitspflege gleichkam und noch heute bei Fachleuten hohe Anerkennung findet.

Die Kenntnisse über Heilkräuter, die sie von ihrer Mutter vermittelt bekommen hatte, setzte Charlotte Meentzen nach einer Ausbildung zur Kosmetikerin um. 1930, als das Wirtschaftsleben geprägt war von Massenarbeitslosigkeit und geringer Kaufkraft, gründete sie auf der Prager Straße in Dresden ihr „Institut für natürliche Kosmetik". Da war sie 26 Jahre alt. Die Firmenneugründung war so erfolgreich, dass schon bald Ableger des Instituts in Berlin und Chemnitz eröffnet werden konnten. Noch im gleichen Jahr gründete sie gemeinsam mit ihrer Schwester Gertrude Seltmann-Meentzen eine Produktionsfirma für Naturkosmetika, die Firma „Charlotte Meentzen, Heilkräuter Kosmetik". Die Produkte bestanden aus Pflanzenölen, Bienenwachs und balsamischen und ätherischen Stoffen von Sträuchern, Kräutern und Pflanzen. Ein Jahr später errichteten die beiden Schwestern eine Schule für natürliche Kosmetik. In sechsmonatigen Kursen konnte man sich hier unter der Anleitung von Ärzten und Chemikern zur Kosmetikerin ausbilden lassen.

Charlotte Meentzen starb am 26. Februar 1940 bei der Geburt ihres Sohnes Geert-Dietrich. Daher musste ihre Schwester Gertrude das Unternehmen allein durch die schwierigen Kriegsjahre führen. 1946 baute sie den zerstörten Betrieb wieder auf. Wie bereits bei der ersten Gründung legte sie großen Wert auf das Zusammenspiel von Schulung und Produktion. Das zahlte sich aus. Die bei Meentzen ausgebildeten Kosmetikerinnen blieben zumeist den Produkten aus dem Hause treu.

1972 wurde Gertrude Seltmann-Meentzen zwangsenteignet, das Unternehmen verstaatlicht und in den VEB Kräutervital-Kosmetik Dresden umbenannt. Trotzdem gelang es immer wenigstens einem Familienmitglied, im Unternehmen zu arbeiten. 1991 wurde das Unternehmen durch die beiden Söhne der Meentzen-Schwestern, Geert-Dietrich Meentzen und Sigismund Seltmann, sowie einen Enkel von Gertrud Seltmann-Meentzen, Prof. Dr. Alexander Gerydadze, neu gegründet.

Gut sechzig Jahre nachdem sie sich selbstständig gemacht hatte und fünfzig Jahre nach ihrem Tod wurde „Charlotte Meentzen" damit wieder zu einem Markenzeichen. Zum Teil nach ihren Originalrezepten produzieren heute 40 Mitarbeiter fast einhundert Produkte, die in zwölf Ländern vertrieben werden. Dabei werden rund 60 hochwertige Pflanzenwirkstoffe verarbeitet.

Manfred Baron von Ardenne
Naturwissenschaftler, Unternehmer

Der am 20. Januar 1907 in Hamburg geborene Manfred von Ardenne wird wegen der umfassenden Spannweite seiner Forschungsarbeiten als einer der großen Universalgelehrten des 20. Jahrhunderts bezeichnet. Er entstammte einer großbürgerlichen Offiziers- und Beamtenfamilie, die aus Lothringen über Belgien nach Deutschland gekommen war. Als sein Vater 1913 ins Kriegsministerium versetzt wurde, siedelte Ardenne mit seinen Eltern und vier Geschwistern nach Berlin über. Bereits mit elf Jahren bastelte der Junge Fernrohre, fertigte Fotoapparate an und konstruierte Alarmanlagen.

In der elterlichen Wohnung experimentierte er in einem eigenen kleinen Labor. Nach einigen gefährlichen chemischen Experimenten wandte sich der wissbegierige Knabe allerdings auf Geheiß seiner Eltern einer ruhigeren Beschäftigung zu: der drahtlosen Telegrafie. Als 16-Jähriger erhielt Ardenne das erste Patent – für eine direkt

Manfred von Ardenne, 1979.

geheizte Mehrfachelektronenröhre. 600 weitere Patente sollten im Laufe seines langen, schaffensreichen Lebens folgen.

Das Gymnasium verließ er als 16-Jähriger, um seine ungewöhnliche technisch-erfinderische Begabung durch praktische Ausbildung in einer feinmechanischen Werkstatt weiter zu fördern. Zwei Jahre später begann Ardenne ohne Abitur ein Studium der Physik, Chemie und Mathematik an der Universität Berlin, ermöglicht durch die Fürsprache prominenter Wissenschaftler. Er kam jedoch bald zu der Auffassung, die akademische Ausbildung bringe ihn in seinen Forschungen nicht voran. Nach vier Semestern hatte er schließlich genug von naturwissenschaftlichen Vorlesungen und wandte sich als Autodidakt wieder ganz seinen privaten Forschungen auf dem Gebiet der angewandten Physik zu.

Dank der Lizenzerträge seiner Erfindungen konnte Ardenne bereits im Alter von 21 Jahren in Berlin-Lichterfelde sein „Forschungslaboratorium für Elektronenphysik" gründen, das sich rasch zu einem Institut entwickelte. Hier arbeitete Ardenne unter anderem an einer verbesserten Braunschen Elektronenstrahlröhre, einem Fernseh-Leuchtfleckabtaster und einem Breitbandverstärker. 1930 entstand ein Spezialgerät für die Lungendiagnostik. Mitte des 20. Jahrhunderts gingen eine Vielzahl bedeutender Erfindungen auf den Gebieten der Funk- und Fernsehtechnik und der Elektronenmikroskopie auf ihn zurück. So gelang Ardenne am 14. Dezember 1930 die weltweit erste vollelektronische Fernsehübertragung mit Kathodenstrahlröhre. Zur Funkausstellung in Berlin führte er 1931 das erste vollelektronische Fernsehen vor. Vom Kriegsdienst freigestellt, beteiligte sich Ardenne an der Entwicklung der Radartechnik und konstruierte in seinem unterirdischen Laboratorium ein Zyklotron für Atomversuche und einen Massenspektrografen. Wenige Monate nach Kriegsende wurde er in der Sowjetunion interniert. In einem ihm eigens dafür zur Verfügung gestellten Institut in Suchumi/Kaukasus schuf Ardenne einen magnetischen Isotopentrenner. Auch arbeitete er an der Entwicklung der sowjetischen Atombombe mit. Dafür erhielt er 1953 den Stalinpreis.

Ardenne kehrte im April 1955 aus der Sowjetunion zurück und entschied sich, in der DDR ansässig zu werden; er befürchtete ansonsten den Verlust seines umfangreichen Laboratoriums, das beschlagnahmt und mit in die UdSSR transportiert worden war. Der Wissenschaftler errichtete in Dresden auf dem Weißen Hirsch das „Forschungsinstitut Manfred von Ardenne", das einzige private Forschungsinstitut der DDR, das vornehmlich auf den Gebieten der Elektronen-, Ionen-, Kernphysik und Übermikroskopie arbeitete. Auf dem Gebiet der Medizin entwickelte von Ardenne die Sauerstoff-Mehrschritt-Therapie und die sogenannte systemische Krebs-Mehrschritt-Therapie zur Krebsbehandlung, bei der die

Metastasenbildung durch eine sauerstoffunterstützte Hyperthermie (Überwärmung), gegebenenfalls in Kombination mit einer Chemotherapie, in mehreren Behandlungsstufen unterdrückt werden sollte.

Ardenne war zwar nie Mitglied der SED, stand aber lange Zeit hinter den Zielsetzungen der staatstragenden Partei, die ihn und seine Arbeit förderte. Später kritisierte er das System zunehmend, machte Reformvorschläge und begrüßte im November 1987 die Entwicklung in der Sowjetunion unter Gorbatschow. Am 26. Mai 1997 starb Manfred von Ardenne 90-jährig in Dresden.

Gert Fröbe
Schauspieler

Der am 25. Februar 1913 in Zwickau als Karl-Gerhart Froeber geborene Gert Fröbe war einer der ganz wenigen deutschen Charakterdarsteller, die es zu internationaler Popularität gebracht haben. Seine Erfolgsbilanz umfasste das Kino ebenso wie Kabarett, Pantomime und Theater.

Fröbe wuchs in seiner Geburtsstadt auf. Sein Vater arbeitete als Lederhändler und Schuster. Er besuchte das Realgymnasium und bewies schon als Schüler sein Talent als Unterhalter – er spielte als Soloviolinist

Gert Fröbe.

im Rundfunk und trat als Stehgeiger im Zwickauer Umland auf. Nach dem Abitur absolvierte er am Dresdner Staatstheater eine Ausbildung zum Bühnenmaler. Hier begeisterte er sich für die Schauspielerei und wurde im Jahr 1935 Schüler von Erich Ponto (S. 137). Im Anschluss erhielt Fröbe 1937 am Wuppertaler Theater sein erstes Engagement. Erfolge feierte er zunächst in humoristischen und kabarettistischen Stücken. 1939 wechselte er ans Frankfurter Opernhaus und Schauspielhaus. Von 1940 bis 1944 war er dann am Wiener Volkstheater engagiert.

Nach dem Krieg tritt er als Jongleur und Pantomime in Lazaretten, Wirtshäusern und auf provisorischen Bühnen auf. Auch deklamiert er Morgenstern und Schiller.

Gert Fröbe 1942 am Wiener Volkstheater.

Andererseits wird er wegen seiner Mitgliedschaft in der NSDAP kritisiert. Tatsächlich war Fröbe 1929 als 16-Jähriger in die NSDAP eingetreten. Die Beiträge bezahlte damals seine Mutter. Aber er trat 1937 wieder aus. Außerdem wurde bekannt, dass Fröbe eine jüdische Familie mit Unterkunft und Lebensmitteln unterstützt hatte. Gegen eine „Sühnezahlung" von 300 Mark wurde er 1946 entnazifiziert.

Seine erste Hauptrolle als Filmdarsteller erhielt Fröbe 1948 in dem Film „Berliner Ballade" als „Otto Normalverbraucher". Seine internationale Filmkarriere begann 1955 mit dem französischen Film „Die Helden sind müde". Der endgültige Durchbruch gelang ihm 1964 mit der Rolle des Auric Goldfinger im James-Bond-Film „Goldfinger".

Gert Fröbe hat in über 125 Filmen gespielt. 22 Filme produzierte er in Englisch, 17 in Französisch und einen sogar in Japanisch. Für Letzteren musste er 52 Sätze in Originalsprache lernen, die er nie mehr vergaß. Für die TV-Serie „Der kleine Vampir" stand er im Jahr 1986 das letzte Mal vor der Kamera. Zu seinen populärsten Filmen zählen „Es geschah am hellichten Tag", „Die tollkühnen Männer in ihren fliegenden Kisten", „Dreigroschenoper", „Der Räuber Hotzenplotz" und besagter „James Bond 007 – Goldfinger". Fröbe wurde mit zahlreichen Ehrungen und Auszeichnungen bedacht.

Er verkörperte in einmaliger Manier den schwergewichtigen Charakterdarsteller, den Bösewicht, den Komiker oder auch einen liebenswerten Großvater. Er bestach mit seinem faltendurchfurchten Gesicht und durch eine faszinierende Mimik.

Gert Fröbe war fünfmal verheiratet. Mitte der 1980er-Jahre erkrankte er an Zungenkrebs und starb am 5. September 1988 an den Folgen eines Herzinfarkts in München.

Stefan Heym
Schriftsteller

Der am 10. April 1913 in Chemnitz als Helmut Flieg geborene Stefan Heym war einer der bekanntesten deutschen Autoren. Er war die „Unperson" der DDR.

Als Sohn einer jüdischen Chemnitzer Kaufmannsfamilie geboren, engagierte er sich früh als Antifaschist und

Stefan Heym. 1988.

wurde 1931 auf Druck der örtlichen Nationalsozialisten wegen eines antimilitaristischen Gedichts des Chemnitzer Gymnasiums verwiesen. Er machte in Berlin sein Abitur und floh nach dem Reichstagsbrand 1933 nach Prag, wo er den Namen Stefan Heym annahm.

1935 emigrierte er in die USA, studierte dank des Stipendiums einer jüdischen Hilfsorganisation in Chicago Germanistik. Nach seiner Einbürgerung wurde er 1943 zur US-Armee eingezogen. Als Spezialist für psychologische Kriegsführung nahm er an der Invasion in der Normandie teil und organisierte die Pressearbeit im besetzten Deutschland. Seine Aufgabe bestand vorwiegend im Verfassen von Texten, die per Flugblatt, durch Lautsprecherübertragungen und Rundfunksendungen die deutschen Soldaten beeinflussen sollten.

Nach Kriegsende leitete Heym die Ruhr-Zeitung in Essen und war anschließend in München Redakteur der Neuen Zeitung, einer der wichtigsten Zeitungen der amerikanischen Besatzungsmacht. Wegen seiner prosowjetischen Einstellung wurde Heym Ende 1945 in die USA zurückversetzt. Er verließ die Armee und arbeitete in den folgenden Jahren erneut als freier Schriftsteller. Sein Kriegsroman „The Crusaders" („Bitterer Lorbeer") von 1948 wird ein Bestseller. Als Kommunist verfolgt und aus Protest gegen den Koreakrieg verlässt er die USA und zieht, nach kurzem Aufenthalt in Prag, 1952 in die DDR. Nach der Niederschlagung der Arbeiterproteste 1953 in der DDR geht er auf Distanz zum SED-Regime, kritisiert später auch die Ausbürgerung von Wolf Biermann. Sein Roman „Collin" wurde 1979 von der DDR-Zensur abgelehnt. Er kommt in der BRD heraus, und Heym wird wegen angeblicher Devisenvergehen angeklagt und aus dem Schriftstellerverband ausgeschlossen. In den Achtzigern engagiert sich Heym verstärkt in der Friedensbewegung, schreibt die Romane „Ahasver", „Schwarzenberg" und seine Autobiografie „Nachruf". Nach der Friedlichen Revolution wurde Heym im November 1989 wieder in den Schriftstellerverband der DDR aufgenommen und 1990 juristisch rehabilitiert.

1994 gewann er für die PDS, ohne Parteimitglied zu werden, einen Sitz im Deutschen Bundestag, dessen Eröffnungssitzung er als Alterspräsident leitete. 1995 legte er das Mandat nieder. Stefan Heym starb am 16. Dezember 2001 in Israel an Herzversagen.

Rudolf Harbig
Sportler

Der am 8. November 1913 in Dresden geborene Rudolf Harbig war einer der größten Leichtathleten seiner Zeit. Er stellte in den Jahren zwischen 1936 und 1941 mehrere Weltrekorde auf, erzielte deutsche und Europameistertitel und blieb in 47 Rennen über 800 Meter ungeschlagen. Seine 1939 aufgestellte Weltbestleistung über 800 Meter (1:46,6 min) hätte 1948 und 1952 zum Olympiasieg gereicht und wurde erst 1955 vom Belgier Roger Moens verbessert.

Rudolf Harbig.

Rudolf Harbig erlernt nach der Schule den Beruf eines Tischlers und geht danach als Geselle auf Wanderschaft. Später wird er Gasableser bei den Dresdner Stadtwerken. Seine Qualitäten als Läufer werden durch Zufall entdeckt, als er 1934 beim „Tag des unbekannten Sportsmanns" die 800 Meter in 2:04 min läuft. Das systematische Training beginnt er erst mit über zwanzig Jahren. Bereits 1936 wird er Deutscher Meister über 800 Meter. Bei den Olympischen Sommerspielen in Berlin gewinnt er im gleichen Jahr mit der 4-mal-400-Meter-Staffel die Bronzemedaille. Über 800 Meter scheidet er, geschwächt durch einen Darminfekt, als Sechster im Vorlauf aus.

Erfolg reiht sich aber an Erfolg. Als Sternstunde der Leichtathletik gilt Harbigs Lauf über 800 Meter am 15. Juli 1939 in Mailand. Seine Weltrekordzeit war eine Leistung, die ihrer Zeit um Jahrzehnte voraus war. 1939 war Harbig zudem Inhaber der Weltrekorde über 400 Meter und über 1.000 Meter. Somit ist er der einzige Athlet in der Geschichte der Leichtathletik, der diese drei Weltrekorde gleichzeitig innehatte.

Während des Krieges wurde Harbig zu einer Fallschirmjäger-Einheit eingezogen. Er fiel am 5. März 1944 als Oberfeldwebel in Olchowez in der Nähe von Kirowograd in der Ukraine.

1951 wurde das neu gebaute Sportstadion in Dresden unter dem Namen Rudolf-Harbig-Stadion wiedereröffnet. Zuvor hatte es eine politische Auseinandersetzung gegeben: Die Verantwortlichen in der Stadtverwaltung lehnten die vorgeschlagene Namensgebung ab, weil Harbig 1937 der NSDAP beigetreten war. Kurze Zeit später kam aber die Kehrtwende. Nun hieß es, Harbig sei ein Arbeiterkind gewesen und jederzeit ein sportliches Vorbild, das „wie so viele Millionen Sportler den faschistischen Waffenrock anziehen musste". Tatsächlich war Harbig politisch desinteressiert und nur auf politischen Druck hin Parteimitglied geworden. Er wurde dann als internationaler Spitzensportler zur nationalen Leitfigur für die deutsche Jugend erhoben und außen- wie innenpolitisch für die Zwecke der NS-Propaganda instrumentalisiert.

Heute ist neben mehreren Straßen und Stadien in verschiedenen Städten auch der Intercity-Zug auf der Strecke Hamburg–München nach ihm benannt. Der Deutsche Leichtathletik-Verband vergibt zum Abschluss seiner jährlichen Meisterschaften den Rudolf-Harbig-Gedächtnispreis an einen Athleten, der eine besondere Leistung erzielte.

Helmut Schön
Fußballer, Bundestrainer

Der am 15. September 1915 in Dresden geborene Helmut Schön steht für die größte Ära des deutschen Fußballs. In seine Zeit als Bundestrainer von 1964 bis 1978 fielen 139 Länderspiele mit 87 Siegen und 31 Unentschieden. Die Statistik-Computer weisen ihn nach wie vor als den erfolgreichsten Trainer der Welt aus: Weltmeister 1974, Europameister 1972, Vize-Weltmeister 1966, WM-Dritter 1970, Vize-Europameister 1976.

Helmut Schön wurde als Sohn eines Kunsthändlers geboren. Eigentlich wollte er Chirurg werden, erlernte jedoch nach dem Abitur in der Sächsischen Staatsbank

Helmut Schön, 1974.

den Beruf eines Bankkaufmanns.

Beim Club „Dresdensia" bekam er den ersten Kontakt zum Fußballspiel, ehe er zum Renommierclub „Dresdner Sport-Club" wechselte. Als Ausnahmetalent spielte er bereits mit siebzehn Jahren in der Ersten Liga, mit der er zweimal Deutscher Meister wurde. 1937 wurde er in die Nationalmannschaft berufen und trug bei dem Spiel gegen Schweden zwei Treffer zum 5:0-Erfolg bei. Insgesamt bestritt er bis 1941 sechzehn Spiele im Nationaltrikot und erzielte dabei 17 Tore.

„Der Lange", wie er genannt wurde, spielte nach 1945 bei der SG Friedrichstadt, die als Nachfolger des Dresdner SC galt. 1950 wurde seine Mannschaft beim Endspiel um die DDR-Meisterschaft gegen Horch Zwickau „auf Anweisung von oben" betrogen. Der Nachfolger des DSC galt in der Ostzone als „bürgerliches Rudiment". Der Schiedsrichter war zu einer „fortschrittlichen Spielleitung" aufgefordert worden. SG Friedrichstadt verlor 1:5. Unmittelbar nach diesem Skandalspiel setzte sich beinahe die gesamte Friedrichstädter Mannschaft in den Westen ab. Schön ging nach Berlin zu Hertha BSC.

Er fand Gefallen an der Trainertätigkeit und beschloss deshalb, diese Laufbahn einzuschlagen. An der Sporthochschule in Köln erwarb er die Trainerlizenz. 1953 arbeitete er beim Saarländischen Fußballverband. Bereits drei Jahre später wurde er Assistent des Bundestrainers. 1964 legte dann der 67-jährige Herberger die Verantwortung der Nationalmannschaft in die Hände des 49-jährigen Helmut Schön.

Mit der Vizeweltmeisterschaft 1966 gelang Schön, der zuvor nicht unumstritten war, sein erster überzeugender Leistungsbeweis. Die acht Jahre von 1966 bis 1974 gelten als die spielerisch hochwertigste, ereignisreichste und erfolgreichste Phase in der Geschichte der deutschen Nationalelf. Dass er den Nationalspielern viele Freiräume und Mitspracherechte einräumte, wird als die herausragende Leistung seiner Amtszeit angesehen. Dies wurde ihm aber gerade zu Ende seiner

Trainerlaufbahn auch als Führungsschwäche ausgelegt. 1978 gab Schön sein Amt nach 14-jähriger Tätigkeit an Jupp Derwall ab.

Nach seinem Rückzug wurde es still um ihn, nur widerwillig äußerte er sich zum aktuellen Geschehen. Er starb am 23. Februar 1996 in Wiesbaden.

Heiner Müller
Schriftsteller, Intendant

Heiner Müller.

Der am 9. Januar 1929 in Eppendorf bei Chemnitz geborene Heiner Müller gehört zu den bedeutendsten deutschen Dramatikern des 20. Jahrhunderts. Mit seinen Werken und seiner Arbeit vor allem am Berliner Ensemble hat er das deutsche Theater dauerhaft verändert.

Müllers Vater wurde als Anhänger der Sozialistischen Arbeiterpartei (SAP) 1933 von den Nationalsozialisten verhaftet und ein Jahr im KZ Sachsenhausen inhaftiert. Da er deshalb seine Arbeit verlor, zog die Familie nach Waren an der Müritz in Mecklenburg. „Mecklenburg war für uns als Sachsen wie eine Emigration. Man war Ausländer", erinnerte sich Heiner Müller später. Hier besuchte er das Gymnasium, bis man 1944 den 15-Jährigen im „Volkssturm" zum Reichsarbeitsdienst einzog. Das Kriegsende erlebte er in amerikanischer Gefangenschaft. Zwei Jahre später kehrte die Familie nach Sachsen zurück, der Vater wurde Bürgermeister in Frankenberg in der Nähe von Chemnitz. Heiner Müller besuchte wiederum eine Oberschule und machte 1949 sein Abitur. Als sein Vater, nun Mitglied in der SPD, wegen seines Votums gegen die Zwangsvereinigung mit der KPD massiv unter Druck gesetzt wurde, entschloss sich die Familie 1951 in den Westen zu gehen. Heiner Müller zog hingegen nach Ost-Berlin.

Er arbeitete unregelmäßig als Literaturkritiker bei der Zeitschrift „Sonntag", ab 1953 bei der Zeitschrift „Neue deutsche Literatur". 1956 wurde er wissenschaftlicher Mitarbeiter im Schriftstellerverband der DDR und ab 1958 Mitarbeiter am

Maxim-Gorki-Theater Berlin. In den 1950er- und 1960er-Jahren schuf Heiner Müller sogenannte Produktionsstücke, in denen es um den Aufbau des Sozialismus in der DDR ging. Mit diesem in dieser Zeit beliebten Genre war auch eine kritische Haltung gegenüber der Regierungsideologie und -wirklichkeit verbunden. Das Stück „Die Umsiedlerin oder Das Leben auf dem Lande", in dem er sich kritisch mit der Industrialisierung der Landwirtschaft in der DDR und Korruption auseinandersetzte, wurde nach der Uraufführung im September 1961 verboten, der Regisseur B. K. Tragelehn aus Dresden wurde zu Strafarbeit im Braunkohleabbau in der Niederlausitz verurteilt, 32 Parteistrafen wurden verhängt, und Heiner Müller zwang man, eine erniedrigende Selbstkritik zu verfassen. Trotzdem wurde er aus dem Schriftstellerverband ausgeschlossen. Dies kam einem Berufsverbot gleich. Danach arbeitete er freischaffend und zumeist unter Pseudonym.

In den Sechzigerjahren verarbeitete Müller dann antike Stoffe, wie zum Beispiel in dem Stück „Philoktet" Motive nach dem griechischen Dramendichter Sophokles. Mit diesem Stück, das 1968 in München uraufgeführt wurde, wurde er im Westen bekannt. Inhaltlich dreht es sich um Gegensätzlichkeiten von Moralverhalten und Macht, die in der gesellschaftlichen Realität unauflösbar bestehen. Trotz aller Meinungsverschiedenheiten mit den Kulturfunktionären der DDR gestattete man ihm stets die Ausreise in den Westen. 1975 etwa lehrte er an der Universität im texanischen Austin.

Besonders in den Siebziger und Achtzigerjahren war sein Name in der deutschen Theaterszene populär. Seine Stücke vereinen marxistische Theorie und ästhetische Avantgarde in radikaler Form. In den Jahren von 1970 bis 1976 war er beim Berliner Ensemble als Dramaturg tätig. Danach wechselte er zur Volksbühne. Ein Jahr darauf erhielt er den Nationalpreis der DDR, was seiner Rehabilitierung gleichkam. 1988 wurde er auch wieder in der Schriftstellerverband aufgenommen. 1990 wurde er zum letzten Präsidenten der Akademie der Künste in Ostberlin gewählt, 1992 Mitglied im Direktorium der Akademie der Künste.

1990 wurde in Frankfurt/Main das Festival „Experimenta" zu Ehren Heiner Müllers veranstaltet. Zwei Drittel des Werkes von Müller wurden in aktuellen Inszenierungen deutscher Theater aus Ost und West aufgeführt. Die Veranstaltung war die bis dahin größte Werkschau eines einzelnen Künstlers. Im selben Jahr erhält er den Heinrich-von-Kleist-Preis. 1993 gab Müller sein Debüt als Opernregisseur mit der Inszenierung von „Tristan und Isolde" in Bayreuth. Die Darstellung wurde in der Fachwelt als „genial" bezeichnet. 1995 wurde Heiner Müller Intendant des Berliner Ensembles. Bald darauf starb er am 30. Dezember 1995 an Speiseröhrenkrebs.

Ulrich Mühe

Schauspieler

Der am 20. Juni 1953 in Grimma geborene Ulrich Mühe zählte durch seine feinfühligen Darstellungen im Film und auf der Bühne zu den wichtigsten deutschsprachigen Schauspielern, die auch international Beachtung fanden.

Der Sohn eines Kürschnermeisters absolvierte zunächst eine Lehre zum Baufacharbeiter sowie seinen Wehrdienst als Wachsoldat an der Mauer, den er wegen Magengeschwüren aber vorzeitig abbrechen musste. Ab 1975 ließ er sich an der Leipziger Theaterhochschule zum Schauspieler ausbilden; es folgten Engagements in Karl-Marx-Stadt, dann an der Ostberliner Volksbühne und am Deutschen Theater. Durch seine enorme Wandlungsfähigkeit steigt er bald zum Star des Ensembles auf. Im Herbst 1989 gehört Ulrich Mühe zu den DDR-Künstlern, die am 4. November an der Großdemonstration in Berlin teilnehmen und sich für eine Demokratisierung des Landes aussprechen.

In der neuen Bundesrepublik hat der Schauspieler keine Schwierigkeiten, sich durchzusetzen, europäische Bühnen stehen ihm nun offen. Heraus ragt der Film „Das Leben der Anderen", der 2007 mit dem Oscar als bester nicht-englischsprachiger Film ausgezeichnet wurde. Hier stellt er beklemmend authentisch die Wandlung eines undurchdringlichen Stasi-Manns dar, der sich innerlich vom SED-Regime abwendet. Kein halbes Jahr später gab Mühe bekannt, dass er an Magenkrebs litt. Wenige Tage später starb er am 22. Juli 2007 in seinem Sommerhaus im sachsen-anhaltinischen Walbeck. Er hinterließ fünf Kinder aus drei Ehen.

Ulrich Mühe in „Das Leben der Anderen", 2006.

Theo Adam, Sänger, Opernregisseur, (geb. am 1. August 1926 in Dresden), hat als Bassbariton vor allem Weltgeltung als Interpret von Partien aus Opern von Wagner und Strauss, als Interpret von Liedern von Brahms, Schubert und Strauss. Er erhielt 1949 ein Engagement an der Staatsoper Dresden. Ab 1953 gehörte er zum Ensemble der Berliner Staatsoper, debütierte 1952 in Bayreuth und 1969 an der Metropolitan Opera in New York. 2006 nahm Adam Abschied von seiner Karriere als Sänger. Seit 1972 war er auch als Opernregisseur tätig.

Cliff Aeros, Artist, Zirkusdirektor (geb. 4. Juni 1889 in Hamburg, gest. 18. Februar 1952 in Leipzig), hieß eigentlich Julius Jäger. Der gelernte Tischler ist in den Zwanzigerjahren die Sensation im Zirkus Sarrasani: Er springt aus 37 Metern Höhe durch einen messergespickten engen Reifen. 1942 gründet er den Zirkus „Aeros". Nach dem Krieg stieg er zum bedeutendsten Nachkriegsunternehmer des Schaugewerbes im Osten Deutschlands auf.

Christoph Friedrich von Ammon, Oberhofprediger, (geb. 16. Januar 1766 in Bayreuth, gest. 21. Mai 1850 in Dresden), vertrat einen historisch-kritischen Rationalismus, der auf Immanuel Kant fußt. Der Professor für Philosophie und Theologie wurde 1813 in Dresden Oberhofprediger und Oberkonsistorialrat, 1831 zudem Mitglied des Kultusministeriums.

Ernst Gebhard Salomon Anschütz, Lehrer, Volksliederdichter (geb. 28. Oktober 1780 in Goldlauter, gest. 11. Dezember 1861 in Leipzig), war ein vielseitig begabter Künstler und wirkte in Leipzig 50 Jahre lang als Lehrer. Bekannt sind vor allem seine Kinderlieder: „Fuchs, du hast die Gans gestohlen", „Alle meine Entchen" oder „Es klappert die Mühle am rauschenden Bach". Sein berühmtestes Lied ist das bekannte „O Tannenbaum".

August, Kurfürst von Sachsen, (geb. 31. Juli 1526 in Freiberg; gest. 12. Februar 1586 in Dresden), legte den Grundstock für einen frühmodernen Territorialstaat. Zahlreiche Landesordnungen gehen auf ihn zurück, aber er gründete 1560 auch die „Kurfürstliche Kunst- und Naturalienkammer". In erster Ehe war er verheiratet mit Anna von Dänemark (S. 27).

Michael Ballack, Fußballer (geb 26. September 1976 in Görlitz), gehörte jahrelang zu den Schlüsselspielern in der deutschen Nationalelf und war einer der besten Mittelfeldspieler Europas.

Jakub Bart-Cišinski, katholischer Priester, sorbischer Dichter (geb. 20. August 1856 in Kuckau, gest. 16. Oktober 1909 in Panschwitz), bekannt vor allem durch den ersten sorbischen Romanversuch *Narodowc a wotrod enc* („Patriot und Renegat").

Arndt Bause, Schlagerkomponist (geb. 30. November 1936 in Leipzig, gest. 11. Februar 2003 in Berlin), komponierte mehr als 1.200 Tanzmusiktitel, Musiken zu Trickfilmen des DEFA-Studios Dresden und 1987 das Musical „Gesang der Grille". Erfolgreich war er auch als Komponist von Schlagern für bekannte Sänger der DDR.

Günter Behnisch, Architekt (geb. 12. Juni 1922 in Dresden, gest 12. Juli 2010 in Stuttgart), galt als einer der führenden deutschen Architekten der Moderne. Er erlangte im Jahr 1972 durch den Bau des Münchner Olympiastadions weltweite Bekanntheit. In seiner Geburtsstadt setzte er vor allem mit dem St.-Benno-Gymnasium einen Akzent.

Bernardo Bellotto, genannt Canaletto, Maler (geb. 30. Januar 1721 in Venedig, gest. 17. November 1780 in Warschau), erhielt 1747 von Kurfürst Friedrich August II. das Angebot, als Hofmaler nach Dresden zu kommen. Er malte insgesamt 25 Veduten, unter anderem Ansichten von Plätzen und Straßen Dresdens, der Stadt Pirna und der Festung Königstein. Dabei bezog er das Alltagsleben in seine Gemälde ein.

Benno von Meißen, Bischof (geb. um 1010 in Hildesheim; gest. 16. Juni 1106 in Meißen), war von 1066 bis 1106 Bischof von Meißen und wird als Heiliger verehrt. Der Beginn des Weinanbaus im Elbtal wird ihm zugeschrieben. Der St. Benno-Verlag in Leipzig trägt heute seinen Namen, ebenso eine Buchhandlung, ein Gymnasium und das St. Benno-Stift in Dresden.

Melitta Bentz, Erfinderin des Kaffeefilters (geb. 31. Januar 1873 in Dresden, gest. 29. Juni 1950 in Minden), bastelte aus Löschpapier und einem Messingtopf ein Kaffeesieb. Für diese Urform des Kaffeefilters erhielt die Hausfrau 1908 Gebrauchsmusterschutz. Da die Suche nach einer größeren Produktionsstätte in Dresden erfolglos verlief, siedelte das Unternehmen 1929 nach Minden/Westfalen um. Heute sind die Melitta-Werke weltweit die Nummer eins auf dem Kaffeezubehörmarkt.

Kurt Beyer, Bauingenieur (geb. 27. Dezember 1881 in Dresden, gest. 9. Mai 1952 in Dresden), zeichnete 1930 für den Bau des Pumpspeicherwerkes in Niederwartha und zahlreicher weiterer Talsperren und Brücken in Dresden veranwortlich. Nach 1945 war er am Wiederaufbau vieler Brücken beteiligt, die im Zweiten Weltkrieg zerstört oder beschädigt worden waren.

Theodor Bickel, Kaufmann (geb. 30. Januar 1837 in Erlangen, gest. 5. April 1903 in Bozen), war einer der Erfinder der Plauener Spitze. Die maschinengestickte Tüllspitze machte den Namen Plauen im In- und Ausland bekannt und zu einem Qualitätsbegriff.

Gottlieb Traugott Bienert, Großindustrieller (geb. 21. Juli 1813 in Eschdorf, gest. 22. Oktober 1894 in Dresden), entwickelte in der später als „Bienertmühle" bekannt gewordenen Plauener Hofmühle die traditionelle Getreidemüllerei und Brotbäckerei zum industriellen Großbetrieb. Bekannt war er für sein soziales Engagement. Für die Mitarbeiter der Mühlenwerke gründete er eine Pensions-, Witwen- und Unterstützungskasse. Die Kinder der Beschäftigten wurden während der Arbeitszeit in einem fabrikeigenen Kindergarten betreut.

Ida Bienert, Kunstsammlerin, Mäzenatin (geb. 29. November 1870 in Langenbielau, Niederschlesien; gest. 18. August 1965 in München), war die Frau des Mühlenbesitzers Erwin Bienert, Sohn von Gottlieb Traugott Bienert. Sie gründete 1905 die erste Volksbibliothek Sachsens in Dresden-Plauen. Sie sammelte zeitgenössische, avantgardistische Bilder (Chagall, Dix, Gauguin, van Gogh, Klee, Kokoschka, Picasso). Ihre Schwiegertochter war Gret Palucca (S. 155).

Friedrich Eduard Bilz, Naturheilkundler (geb. 12. Juni 1842 in Arnsdorf b. Penig; gest. 30. Januar 1922 in Radebeul), wird als Vater der volkstümlichen Naturheilkunde bezeichnet. Seine Bücher erzielten eine Auflage von etwa 3,5 Millionen Exemplaren und wurden in zwölf Sprachen übersetzt. Bilz schuf und vertrieb eine ganze Reihe Produkte, die seine Gesundheitsphilosophie unterstützen sollten. Solche „Reform-Nährmittel" waren beispielsweise *Bilz-Nährsalz, Bilz-Nährsalzkakao, Bilz-Nährsalz-Schokolade* sowie *Bilz-Malz-Kaffee*. 1902 entwickelte er ein Erfrischungsgetränk, die *Bilz-Brause*. Daraus wurde dann 1905 *Sinalco* geboren – aus dem Lateinischen „sine alcohole" (ohne Alkohol).

Günter Blobel, Biochemiker, Nobelpreisträger (geb. 21. Mai 1936 in Waltersdorf (poln. Niegosławice), erhielt für seine bahnbrechenden Arbeiten auf dem Gebiet der molekularbiologischen Grundlagen der menschlichen Zelle 1999 den Nobelpreis für Medizin. Blobel wurde in Schlesien geboren und flüchtete 1945 mit seiner Familie nach Freiberg. Vor dem Mauerbau 1961 zog Blobel nach Frankfurt/Main, 1967 verlegte er seinen Lebensmittelpunkt in die USA. Rund 820.000 Euro des Preisgeldes für den Nobelpreis spendete er für den Wiederaufbau der Frauenkirche in Dresden.

Ernst Bloch, Philosoph (geb. 8. Juli 1885 in Ludwigshafen, gest. 4. August 1977 in Tübingen) galt als DDR-Staatsphilosoph, bis sich der überzeugte Marxist gegen das SED-Regime wandte. Er trat in den 20er-Jahren durch eigenwillige „utopische" Entwürfe einer sozialistischen Zukunft hervor. 1933 wurde er ins Exil gezwungen und lebte ab 1938 in den USA. Nach dem Krieg lehrte er an den Universitäten in Leipzig und – ab 1961 – in Tübingen.

Werner Bochmann, Schlager- und Filmkomponist, (geb. 17. Mai 1900 in Meerane, gest. 3. Juni 1993 in Schliersee), gehörte ab Mitte der 30er-Jahre zu den führenden Filmkomponisten des deutschen Kinos und prägte die goldene Zeit des Tonfilmschlagers. Er komponierte die Musik zu über 120 deutschen und internationalen Tonfilmen. Einige Titel: Die „Feuerzangenbowle", „Quax – der Bruchpilot", „Mit Musik geht alles besser", „Die kleine Stadt will schlafen gehen", „Der Theodor im Fußballtor".

Jakob Böhme, Mystiker, Philosoph (geb. 1575 in Alt-Seidenberg, dem heutigen Zawidów in Polen, gest. 17. November 1624 in Görlitz), verbreitete in seinen Schriften neben Naturmystik einen ausgeprägten Pantheismus. Anhänger hatte er besonders in den Niederlanden und England, wo sie als *Behmenists* bezeichnet wurden. Die Quäker trugen seine Gedanken bis nach Amerika.

Georg Jakob Bodemer, Besitzer einer Baumwollspinnerei (geb. 26. April 1807 in Leipzig, gest. 27. November 1888 in Pillnitz), führte die ersten mechanischen Spinnmaschinen in seinem Zschopauer Betrieb ein. Damit rückte Sachsen an die Spitze der deutschen Baumwollfabrikation. Er engagierte sich sozial. So gründete er in mehr als 200 Ortschaften Volks- und Stadtbibliotheken. Nach seinem Tode wurde bekannt, dass er 20 Jahre lang über die Hälfte seines großen Einkommens wohltätigen Zwecken zugeführt hatte.

Volker Braun, Schriftsteller (geb. 7. Mai 1939 in Dresden), wurde Anfang der Sechzigerjahre als Lyriker bekannt und machte sich bald auch als Dramatiker, Prosa-Autor und Essayist einen Namen. Er erhielt zahlreiche bedeutende Literaturpreise, darunter 1998 den Hans-Erich-Nossak-Preis und 2000 den Georg-Büchner-Preis.

Jurij Brězan, sorbischer und deutscher Schriftsteller (geb. 9. Juni 1916 in Räckelwitz (sorb. Worklecy), gest. 12. März 2006 in Kamenz), gilt als der bedeutendste sorbische Schriftsteller des 20. Jahrhunderts und Begründer der sorbischen sozialistischen Literatur. Mit dem Romanepos „Krabat oder Die Verwandlung der Welt" (1976) interpretierte Brězan den sorbischen Sagenstoff vom guten Zauberer Krabat in origineller Erzählweise.

Rudolf Bromme, Admiral (geb. 9. September 1804 in Anger/Leipzig, gest. 8. Januar 1860 in St. Magnus bei Bremen), war Befehlshaber der ersten deutschen Reichsflotte. Bromme diente in mehreren ausländischen Marinen. Als die 1848 von der Deutschen Nationalversammlung gewählte Frankfurter Reichsregierung die Gründung einer Bundesflotte beschließt, wird Bromme diese Aufgabe anvertraut.

Lothar-Günther Buchheim, Kunstsammler, Schriftsteller (geb. 6. Februar 1918 in Weimar, gest. 22. Februar 2007 in Starnberg), war Maler, Fotograf, Verleger, Kunstbuch- und Romanautor, Filmemacher, Sammler. Der Versuch, für seine Kunstsammlung ein Museum in Chemnitz einzurichten, misslang in den 90er-Jahren, deshalb gründete er das „Buchheim Museum der Phantasie" in Bernried am Starnberger See. 1992 wurde ihm die Ehrenbürgerschaft der Stadt Chemnitz verliehen.

Heinrich Graf von Bünau, Staatsmann, Historiker (geb. 2. Juni 1697 in Weißenfels, gest. 7. April 1762 in Oßmannstedt bei Weimar), war mit zwanzig Jahren Kammerherr, Hof- und Justizrat und Referendar im Geheimen Staatsrat, mit vierundzwanzig Präsident des Oberkonsistoriums und Visitator der Universität Leipzig, zehn Jahre danach Präsident des Appellationsgerichts. Bünaus Privatbibliothek umfasste etwa 42.000 Bände und stand allen offen.

Fritz Busch, Generalmusikdirektor (geb. 13. März 1890 in Siegen, gest. 14. September 1951 in London), war von 1922 an sächsischer Generalmusikdirektor an der Semperoper in Dresden, wo er eine neue Konzeption der Oper entwickelte, bei der Bühnenbild und Regie zu wichtigen Elementen wurden. Er feierte mit nahezu tausend Konzerten große musikalische Erfolge. 1933 von den Nazis vertrieben, emigrierte Busch nach Amerika und war danach Gastdirigent an fast allen großen Opernhäusern der Welt.

Heinrich Conrad Wilhelm Calberla, Kaufmann (geb. 29. Juni 1774 in Walle bei Braunschweig, gest. 22. August 1836 in Dresden), begründete 1817 die erste sächsische Zuckersiederei. Er richtete einen Dampftransportschiffsverkehr auf der Elbe ein, um den Rohzucker von Hamburg schneller und billiger nach Dresden transportieren zu können.

Christoph von Carlowitz, Diplomat (geb. 13. Dezember 1507 in Hermsdorf bei Dresden, gest. 8. Januar 1578 in Rothenhaus, Böhmen), hatte als Rat des Herzogs Moritz von Sachsen entscheidenden Einfluss auf dessen politische Haltung zunächst auf kaiserlicher Seite, nach 1547 als Haupt der Fürstenverschwörung gegen Karl V. Der Übergang der Kurwürde an die albertinische Linie des sächsischen Fürstenhauses ist wesentlich seinem Verhandlungsgeschick zu danken. Die Herren von Carlowitz gehören zu einem alten sächsischen Adelsgeschlecht, dessen Vertreter immer hohe Ämter als Hof- und Staatsbeamte innehatten.

Maria Cebotari, Opernsängerin (geb. 10. Februar 1910 in Kischinew/Bessarabien, gest. 9. Juni 1949 in Wien), debütierte nach dem Gesangsstudium in Berlin 1931 an der Staatsoper Dresden. 14 Jahre lang zog sie dann das Dresdner Publikum in ihren Bann. Gastspiele an allen führenden Häusern Europas und Nordamerikas ergänzten ihre Dresdner Zeit. Von 1935 bis 1943 sang sie auch in Berlin, 1946 bis 1949 in Wien.

Eberhard Cohrs, Schauspieler, Humorist (geb. 4. Januar 1921 in Dresden, gest. 17. August 1999 in Diensdorf am Scharmützelsee), war einer der beliebtesten deutschen Komiker und Schauspieler. Man nannte den „kleinen Mann mit der großen Gusche" zu Lebzeiten den „lustigsten Sachsen der Welt".

Heinrich von Cotta, Forstwissenschaftler (geb. 30. Oktober 1763 in Klein-Zillbach/Rhön, gest. 25. Oktober 1844 in Tharandt), gilt als Begründer der sächsischen Forstwissenschaft. Unter seiner Federführung gelang es im ausgehenden 18. und frühen 19. Jahrhundert, in Sachsen und Thüringen die bis dato alleinig auf die Jagd ausgerichtete Ausbildung der Forstleute so umzugestalten, dass eine auf wissenschaftlichen Erkenntnissen beruhende Forstwirtschaft möglich wurde. In der Lehranstalt in Tharandt wurden neben forstlichen Fachdisziplinen auch Naturwissenschaften, Mathematik, Vermessungskunde und Botanik unterrichtet.

Hedwig Courths-Mahler, Schriftstellerin, (geb. 18. Februar 1867 in Nebra/Unstrut, gest. 26. November 1950 in Rottach-Egern), siedelte 1895 nach Demnitz über, wo 1905 ihr erster Roman „Licht und Schatten" im Chemnitzer Tageblatt in Fortsetzungen erschien, dem bis 1948 weitere 206 Bücher folgten. In einer Gesamtauflage von etwa 80 Millionen Exemplaren auf den Markt gebracht, gelten sie als Inbegriff des Trivialromans.

Harry Dember, Physiker (geb. 11. Juli 1882 in Leimbach b. Mansfeld, gest. 22. März 1943 in New Jersey/USA), war ab 1923 Ordinarius und Direktor des Physikalischen Instituts an der TH Dresden. Er kam 1930 dem Kristallfotoeffekt auf die Spur, der als Dembereffekt Physikgeschichte schrieb. Noch heute findet er in der Halbleitertechnik, bei Solarzellen und in der Fotovoltaik Anwendung. Als jüdischstämmiger Beamter aus dem Amt gedrängt, emigriert er 1934 in die Türkei und später in die USA.

Carl August Devrient, Schauspieler (geb. 2. April 1798 in Berlin, gest. 5. August 1872 in Lauterberg im Harz), gehörte in zweiter Generation einer großen Schauspielerfamilie an. Sein Onkel, Ludwig Devrient, gilt als Größe in der deutschen Schauspielkunst. Die Brüder Eduard und Emil waren ebenso Schauspieler wie sein Sohn Friedrich. Er wirkte von 1821 an in Dresden, 1835 dann in Karlsruhe, 1839 in Hannover. Die Sängerin Wilhelmine Schröder-Devrient (S. 195) war seine Ehefrau.

Oscar Drude, Botaniker (geb. 5. Juni 1852 in Braunschweig, gest. 1. Februar 1933 in Dresden), war einer der Mitbegründer der Pflanzenökologie als wissenschaftliche Disziplin. 1879 wurde er zum Direktor des Botanischen Gartens und Professor der Botanik an der Technischen Hochschule Dresden berufen. Diese Tätigkeiten übte er bis zur Emeritierung 1920 aus.

Friedrich Wilhelm Enzmann, Mechaniker, Optiker (geb. 27. Januar 1802 in Großpöhla, gest. 13. Februar 1866 in Dresden), war zusammen mit seinem Bruder Carl Heinrich Enzmann der Begründer der Produktion fotografischer Apparate in Deutschland.

Carl August Emil Eschebach, Blechwaren- und Küchenmöbelfabrikant (geb. 4. Mai 1842 in Wittenberg, gest. 8. Februar 1905 in Monte Carlo), ist der Pionier der sächsischen Emaille-Industrie, und bis heute wird sein Name mit sächsischen Küchenmöbeln in Verbindung gebracht. Er zählte um 1900 zu den reichsten Männern Dresdens. Für seine Leistungen wurde Eschebach 1892 zum Kommerzienrat und 1898 zum Geheimen Kommerzienrat ernannt.

Evan Evans, Maschinenkonstrukteur, Baumwollspinnereibesitzer (geb. 4. August 1765 in Llanelltyd/Wales, gest. 9. Dezember 1844 in Geyer/Erzgebirge), legte ab 1798 den Grundstein für die industrielle Baumwollspinnerei in Sachsen.

Martin Flämig, Kirchenmusiker, Kreuzkantor (geb. 19. August 1913 in Aue, gest. 13. Januar 1998 in Dresden), gründete als Landeskirchenmusikdirektor der Evangelisch-Lutherischen Kirche Sachsens 1949 die Sächsische Landeskirchenmusikschule, die heutige Hochschule für Kirchenmusik in Dresden.

Paul Flechsig, Psychiater (geb. 29. Juni 1847 in Zwickau, gest. 22. Juli 1929 in Leipzig), wird als langjähriger Ordinarius für Psychiatrie an der Universität Leipzig mit seinen bahnbrechenden Arbeiten zur Anatomie des Gehirns zu den „Vätern der Neuroanatomie" gerechnet.

Paul Fleming, Dichter (geb. 30. August 1609 in Hartenstein, gest. 4. März 1640 in Hamburg), ist einer der bedeutendsten Barocklyriker. 1631, also mit nur 22 Jahren, wurde er zum „kaiserlichen Poeten" (Poeta laureatus) gekrönt. Seine Gedichte, in denen er persönliches Fühlen und Empfinden frei äußert – ohne die korrekte Form zu verletzen – sind lebensnah und von großer poetischer Kraft.

Jacob Heinrich Reichsgraf von Flemming, Generalfeldmarschall, Kabinettsminister, Kriegsratspräsident (geb. 3. März 1667 in Greifenberg/Hinterpommern (poln. Trzęsacz/Gryfice), gest. 30. April 1728 in Wien), prägte als Premierminister für fast zwei Jahrzehnte die sächsisch-polnische Politik. 1697 hatte er mit Verhandlungsgeschick die Wahl Augusts des Starken zum polnischen König durchgesetzt.

Wieland Förster, Bildhauer, Schriftsteller, (geb. am 12. Februar 1930 in Dresden), gehört zu den bedeutendsten Bildhauern Europas unserer Zeit. Begleitend und vorbereitend zu seinen großen Plastiken entstanden Grafiken und immer auch Texte, Reisenotizen, Prosa. Rund 340 Plastiken, meist Bronzegüsse, rund tausend Zeichnungen und etwa 350 Radierungen und Lithografien umfasst sein Oeuvre. Er studierte Bildhauerei an der Dresdner Hochschule für Bildende Künste, war dann Meisterschüler. 1961 zog er nach Berlin und lebt seitdem dort als freischaffender Künstler. 1978 wurde er Vizepräsident der Akademie der Künste der DDR, 1985 folgte seine Ernennung zum Professor. 1996 war er Gründungsmitglied der Sächsischen Akademie der Künste.

Joseph Frölich, Hofnarr (geb. 18. Februar 1694 in Altausee/Steiermark, gest. 24. Juni 1757 in Marienmont bei Warschau), galt als einer der kuriosesten Zauberkünstler des 18. Jahrhunderts. 1727 kam er als „Kurzweiliger Rat" nach Dresden an den Hof Augusts des Starken.

Franz Ludwig Gehe, Fabrikant (geb. 7. Mai in Merkwitz bei Oschatz, gest. 22. Juni 1882 in Dresden), gründete 1866 eine Drogen-Appretur-Anstalt, aus der sich eine bedeutende chemisch-pharmazeutische Fabrik entwickelte. Hieraus ging das Arzneimittelwerk Dresden hervor.

Paul Gerhardt, Kirchenlieddichter (geb. 12. März 1607 in Gräfenhainichen im Kurfürstentum Sachsen, gest. 27. Mai 1676 in Lübben), schuf mehr als 130 Liedtexte und wurde nach Martin Luther der bedeutendste Liederdichter der deutschen evangelischen Christenheit. Das Evangelische Gesangbuch enthält heute 26 Lieder, deren Texte von Gerhardt stammen.

Johannes Friedrich Heinrich Görges, Elektrotechniker (geb. 21. September 1859 in Lüneburg, gest. 7. Oktober 1946 in Aue), folgte nach 17-jähriger Industrietätigkeit 1901 dem Ruf an die Technische Hochschule Dresden und wurde Ordinarius für Elektrotechnik und Direktor des neuen Elektrotechnischen Instituts. Unter seiner Leitung avancierte dieses zu einem Zentrum der elektrotechnischen Lehre und Forschung in Deutschland. 30 Jahre wirkte Görges an der TH Dresden, der er in der Amtsperiode 1914/15 als Rektor vorstand.

Georg Joachim Göschen, Buchhändler, Verleger, Drucker (geb. 22. April 1752 in Bremen, gest. 5. April 1828 in Grimma), gründete 1785 in Leipzig die G. J. Göschen'sche Verlagshandlung, die durch Gesamt- und Einzelausgaben etwa von Klopstock, Wieland, Goethe oder Iffland berühmt wurde.

Henriette Goldschmidt, Frauenrechtlerin, Pädagogin (geb. 25. November 1825 in Krotoschin (poln. Krotoszyn), gest. 3. Januar 1920 in Leipzig), gründete mit Louise Otto-Peters (S. 103) und Auguste Schmidt 1865 in Leipzig den „Allgemeinen deutschen Frauenverein" und kämpfte um Zugang zu Bildung und öffentlichem Leben für die Frauen. Sie forderte ein soziales Dienstjahr für junge Frauen, vergleichbar der Wehrdienstpflicht des Mannes.

Wilhelm Leberecht Götzinger, Pfarrer, Heimatforscher (geb. 1. September 1758 in Struppen bei Pirna, gest. 23. April 1818 in Neustadt/Sachsen), schrieb den ersten Wanderführer für die Sächsische Schweiz. Dadurch trug er wesentlich zum Bekanntwerden dieser Landschaft in der Literatur bei.

Johann Christoph Gottsched, Literaturtheoretiker, Dichter, Universalgelehrter (geb. 2. Februar 1700 in Juditten b. Königsberg (russ. Kaliningrad), gest. 12. Dezember 1766 in Leipzig), wollte die deutsche Bühnendichtung und Schauspielkunst nach dem Muster der französischen Klassiker reformieren. 1730 war er zum außerordentlichen Professor der Philosophie, vier Jahre später zum ordentlichen Professor für Logik und Metaphysik an der Universität Leipzig berufen worden.

Anton Graff, Maler (geb. 18. November 1736 in Winterthur/Schweiz, gest. 22. Juni 1813 in Dresden), spielte in der Dresdner Frühromantik eine wichtige Rolle. Er wurde 1766 zum Hofmaler der sächsischen Kurfürsten und als Lehrer an die 1764 gegründete Kunstakademie berufen. Er soll – gemeinsam mit seinem Landsmann Adrian Zingg – den Begriff „Sächsische Schweiz" für das Elbsandsteingebirge geprägt haben.

Maria Grollmuß, Lehrerin, Journalistin (geb. 24. April 1896 in Leipzig, gest. 6. August 1944 im KZ Ravensbrück), leistete nach der Machtübernahme der Nationalsozialisten 1933 aktiven Widerstand von der Oberlausitz aus. 1934 wurde sie nach einer Denunziation verhaftet und zuerst nach Dresden, schließlich in das Gefängnis Berlin-Moabit gebracht. Im ein Jahr später geführten Prozess vor dem Volksgerichtshof Berlin wurde sie wegen Vorbereitung zum Hochverrat zu sechs Jahren Zuchthaus und sechs Jahren Ehrverlust verurteilt.

Anton Günther, Volkssänger, Texter, Komponist (geb. 5. Juni 1876 in Gottesgab/ Böhmen (tschech. Boží Dar), gest. 29. April 1937 ebenda), war als Deutscher von der böhmischen Seite des Erzgebirgskamms vor allem in Sachsen populär. Hier hatte er auch die meisten Auftritte. Etliche seiner fast 200 Lieder zählen bis heute zum Repertoire von Volksmusikern der Region.

Ludwig Güttler, Trompeten-Virtuose (geb. 13. Juni 1943 in Sosa im Erzgebirge), ist seit Mitte der 1970er-Jahre überwiegend als Solist und später auch Dirigent im In- und Ausland tätig, wobei er sich hauptsächlich der Trompetenliteratur des 18. Jahrhunderts widmet. Nach der deutschen Wiedervereinigung engagierte er sich an herausragenden Positionen für den Wiederaufbau der Dresdner Frauenkirche.

Eugen Gutmann, Mitbegründer der Dresdner Bank (geb. 24. Juni 1840 in Dresden, gest. 21. August 1925 in Berlin), führte das Konzept der Filialbank in Deutschland ein. Er war von 1872 bis 1920 Vorstandsvorsitzender der Bank, anschließend bis zu seinem Tod Ehrenvorsitzender des Aufsichtsrats. Maßgeblich war er am Aufstieg des Unternehmens vom Lokalinstitut zu einer der größten deutschen Universalbanken beteiligt.

Richard Hartmann, Fabrikant (geb. 8. November 1809 in Barr/Elsass, gest. 16. Dezember 1878 in Chemnitz), war einer der Pioniere des sächsischen Eisenbahnbaus. Zwischen 1848 und 1929 wurden in dem von ihm gegründeten Unternehmen 4.612 Lokomotiven gebaut. Deshalb trug Hartmann den Beinamen „Sächsischer Lokomotivkönig".

Corinna Harfouch, Schauspielerin (geb. 16. Oktober 1954 in Suhl), gehört zu den anerkanntesten und vielseitigsten deutschen Schauspielerinnen. Nach Schulbesuch und Abitur in Großenhain begann sie 1978 in Dresden ein Studium der Textilwirtschaft. 1981 war sie Meisterschülerin am Theater im Palast der Republik in Berlin. Ihre erste Kino-Produktion folgte 1983. Bekannt wurde sie 1986 in der DDR durch die Rolle der lebensfrohen Emmi in dem Film „Das Haus am Fluss". Bei der Verleihung der „Goldenen Kamera" 2007 wurde Corinna Harfouch als beste Schauspielerin ausgezeichnet.

Gottfried Christoph Härtel, Musikverleger (geb. 27. Januar 1763 in Schneeberg, gest. 25. Juli 1827 in Cotta), rief 1798 mit der „Allgemeinen Musikalischen Zeitung" die erste anspruchsvolle deutsche Musikzeitschrift ins Leben. Sein Verlag brachte mit Mozart, Haydn und Beethoven die Wiener Klassik vollständig heraus, und Härtel konnte außer Weber und Schubert alle Komponisten des frühen 19. Jahrhunderts gewinnen.

Peter Härtling, Schriftsteller (geb. 13. November 1933 in Chemnitz), ist einer der vielseitigsten und beliebtesten deutschen Autoren. Er hat viele Preise, Auszeichnungen und Ehrungen bekommen. Bislang schrieb er fast 30 Romane und Erzählungen, dazu Dramen, Gedichte, Essays und Kinderbücher.

Erich Heckel, Maler, Holzbildhauer (geb. 31. Juli 1883 in Döbeln, gest. 27. Januar 1970 in Hemmenhofen/Bodensee), gilt als einer der wichtigsten Repräsentanten des deutschen Expressionismus. Mit Ernst Ludwig Kirchner (S. 184) und Karl Schmidt-Rottluff (S. 135) war er Mitbegründer der Künstler-Gruppe „Die Brücke" (1905). 1937 wurden Heckels Werke von den Nationalsozialisten als „entartet" diffamiert.

Stephan Hermlin, Schriftsteller (geb. 13. April 1915 in Chemnitz, gest. 6. April 1997 in Berlin), eigentlich Rudolf Leder, gilt als einer der anerkannten und wichtigen Schriftsteller der DDR. Er gehörte zu den Hauptinitiatoren und war der Verfasser des Offenen Briefs, mit dem die DDR-Künstlerprominenz 1976 Stellung gegen die Ausbürgerung Wolf Biermanns bezog.

Rolf Hoppe, Schauspieler (geb. 6. Dezember 1930 in Ellrich/Harz), war von 1962 an über zwanzig Jahre am Dresdner Staatsschauspiel verpflichtet. Gleichzeitig spielte er in über hundert Filmen mit. In den Indianerfilmen der späten Sechziger war er meist der Bösewicht. International bekannt wurde er 1981 in seiner Rolle als Nazi-General in „Mephisto".

Julius Ambrosius Hülße, Mathematiker, Techniker (geb. 2. Mai 1812 in Leipzig, gest. 26. Juni 1876 in Dresden), zählte zu den führenden Vertretern des höheren technischen Bildungswesens in Sachsen im 19. Jahrhundert. Er organisierte die Polytechnische Schule in Dresden so um, dass sich daraus die Technische Hochschule entwickeln konnte.

Max Jacob, Handpuppenspieler (geb. 10. August 1888 in Bad Ems, gest. 8. Dezember 1967 in Hamburg), belebte in den 1920er-Jahren das volkstümliche Handpuppenspiel neu, indem er der Figur des Kaspers bürgerliche und pädagogische Züge verlieh. Er begründete die Hohnsteiner Puppenspiele, die zu Weltruhm gelangten.

Sigmund Jähn, Astronaut, (geb. am 13. Februar 1937 in Morgenröthe-Rautenkranz/Vogtland), war der erste Deutsche im All. Am 26. August 1978 flog er zusammen mit dem russischen Kommandanten Waleri Bykowski mit dem Raumschiff Sojus 31 zur Orbitalstation Salut 6 der damaligen Sowjetunion. Neun Tage lang umkreisten die Kosmonauten die Erde. Nach seiner Rückkehr promovierte Jähn 1983 am Zentralinstitut für Physik der Erde in Potsdam auf dem Gebiet der Fernerkundung der Erde. Seit 1990 ist er im russischen Kosmonautenausbildungszentrum als freier Berater für das Astronautenzentrum des „Deutschen Zentrums für Luft- und Raumfahrt" (DLR) und seit 1993 auch für die „European Space Agency" (ESA) tätig.

Johannes Karasek, Räuberhauptmann (geb. 9. September 1764 in Smichov b. Prag (tschech. Smíchov), gest. 14. September 1809 in Dresden), ist eine der bekanntesten, aber auch widersprüchlichsten Figuren der Oberlausitz. Er war der Kopf einer erfolgreichen und lange Zeit unerkannten Bande, die ihren Stammsitz in Leutersdorf hatte. Für die einen war er eine Art „Robin Hood", für die anderen ein infamer Verbrecher.

August Karolus, Physiker (geb. 16. März 1893 in Reihen, gest. 1. August 1972 in Zürich), entwickelte 1924 als Professor am physikalischen Institut der Universität Leipzig den „Kerr-Effekt" für die schnelle Übertragung von Bildern. In Zusammenarbeit mit den Unternehmen Siemens und Telefunken wurde 1927 der erste Bildübertragungsdienst Berlin–Wien möglich.

Kunz von Kaufungen, Amtmann zu Altenburg, Söldnerführer (geb. vor 1410, hingerichtet 14. Juli 1455 in Freiberg), raubte die Prinzen Ernst und Albrecht aus dem Altenburger Schloss, weil er sich um seinen Sold betrogen fühlte. Auf der Flucht nach Böhmen wurde er gestellt.

Ernst Keil, Publizist, Verleger (geb. 6. Dezember 1816 in Langensalza, gest. 23. März 1878 in Leipzig), begründete das erste große deutsche Massenblatt „Die Gartenlaube". Die Erstauflage 1853 betrug 5.000 Exemplare, zehn Jahre später hatte das Blatt 157.000 Abonnenten, 1876 erreichte die Auflage 382.000 Exemplare. Die Zeitschrift nahm nachhaltigen Einfluss auf die Entwicklung der Allgemeinbildung und des nationalen Gedankens in Deutschland. Ihr Erfolg beruhte auf der konsequenten Verbindung von Wort und Bild.

Ernst Ludwig Kirchner, Maler, Bildhauer (geb. 6. Juni 1880 in Aschaffenburg, gest. 15. Juni 1938 in Fraunkirch bei Davos), gehört zu den Hauptvertretern des deutschen Expressionismus. Er wurde ein Gründungsmitglied der Künstlervereinigung „Die Brücke", die sich 1905 in Dresden formierte. Von den Nationalsozialisten als „entartet" diffamiert, werden 639 seiner Werke aus deutschen Museen entfernt. Gesundheitlich angegriffen und verzweifelt über die Entwicklung in Deutschland, wählt er 1938 im Exil den Freitod.

Max Klinger, Maler, Bildhauer (geb. 18. Februar 1857 in Leipzig, gest. 4. Juli 1920 in Großjena), war als Maler, Grafiker und Bildhauer die bedeutendste Künstlerpersönlichkeit des deutschen Jugendstils um die Jahrhundertwende. Den Zenit seines Ruhmes erreichte er mit dem Beethovenmonument, für dessen Aufstellung er auf eigene Kosten die Südfassade des Museums der Bildenden Künste in Leipzig umbauen ließ.

Hans Kohlhase, Bauer, Händler, (geb. um 1500 in Fürstenwalde, hingerichtet 22. März 1540 in Berlin), wurden auf der Reise nach Leipzig auf Anordnung des Junkers von Zaschnitz zwei Pferde geraubt. Nach langem, erfolglosem Rechtsstreit veröffentlichte Kohlhase 1534 einen Fehdebrief und steckte Wittenberg in Brand. Den Stoff griff Heinrich von Kleist in seiner Novelle „Michael Kohlhaas" auf.

Julius Traugott Jacob von Könneritz, Politiker (geb. 31. Mai 1792 in Merseburg, gest. 28. Oktober 1866 in Dresden), wurde 1830 Kanzler der konservativen Landesregierung, 1831 sächsischer Justizminister und übernahm 1833 das Hausministerium. Auf ihn geht die Trennung von Justiz und Verwaltung in den höheren Instanzen zurück.

Józef Ignacy Kraszewski, Schriftsteller (geb. 28. Juli 1812 in Warschau, gest. 19. März 1887 in Genf), zählt zu den bekanntesten polnischen Autoren in Deutschland. Die „Sachsen-Trilogie" wird bis heute immer wieder aufgelegt. Weil er 1863 beim Januaraufstand mit den Revolutionären sympathisiert hatte, die sich gegen das russische Zarenreich erhoben, war Kraszewski nach Dresden emigriert, das für 20 Jahre seine Zuflucht wurde. Er war sehr produktiv. Sein literarisches Gesamtwerk umfasst 223 Romane und Erzählungen in 500 Bänden sowie 15 dramatische Werke.

Franz Gerhard von Kügelgen, Maler (geb. 6. Februar 1772 in Bacharach, ermordet 27. März 1820 in Loschwitz), war Professor an der Kunstakademie, Mitglied der Königlich Preußischen Akademie der Künste in Berlin und Mitglied der Kaiserlich Russischen Akademie der Künste in St. Petersburg. Er erlangte vor allem als Porträtmaler Bedeutung. Das Kügelgensche Stadthaus „Gottessegen" in Dresden war Treffpunkt von Künstlern und Persönlichkeiten der Frühromantik.

Johann Heinrich Lahmann, Naturheilkundler (geb. 30. März 1860 in Bremen, gest. 1. Juni 1905 in Friedrichstal bei Radeberg), war ein deutscher Arzt und Naturheiler. Er meinte, alle Krankheiten würden durch falsche Ernährung verursacht und könnten folglich durch richtige Nahrungsaufnahme vermieden werden. Er empfahl eine weitgehend vegetarische Ernährung. Diese setzte er auch in seinem 1888 eröffneten Sanatorium auf dem Weißen Hirsch ein, in dem die Patienten zusätzlich mit Luftbädern, Bewegung und Liegekuren – alles an der frischen Luft – therapiert wurden.

Wilhelm August Eberhard Lampadius, Hüttentechniker, Chemiker (geb. 8. August 1772 im Weserbergland, gest. 13. April 1842 in Freiberg), gilt als Entdecker des Schwefelkohlenstoffs. Er erforschte Mineralien und lieferte insbesondere mit seinen Experimenten zur Erzeugung von Leuchtgas einen außerordentlichen Beitrag zur Einführung der Gasbeleuchtung in Deutschland.

Jacob Leupold, Mechaniker, Bergwerkskommissar (geb. 22. Juli 1674 in Planitz b. Zwickau, gest. 12. Januar 1727 in Leipzig), verfasste die neunbändige technische Enzyklopädie *Theatrum machinarum generale*, die 472 Kupfertafeln enthielt. Es war eine ausführliche Beschreibung und Gebrauchsanweisung für fast alle zu seiner Zeit bekannten Maschinenarten, die europaweit Aufsehen erregte.

Ulrike von Levetzow, Freundin Goethes (geb. 4. Februar 1804 in Löbnitz b. Groitzsch, gest. 15. November 1899 in Trieblitz (tschech. Třebívlice), wurde als Goethes letzte Liebe berühmt. Als dieser 1821 die 17-Jährige trifft, ist er 72 Jahre alt. 1823 hielt er schriftlich um ihre Hand an, wurde aber abgewiesen. Ulrike ging ins Kloster und stirbt im hohen Alter als Äbtissin und „Stiftsdame zum Heiligen Grabe" in Trieblitz.

Karl Liebknecht, Politiker und Schriftsteller (geb. 13. August 1871 in Leipzig, ermordet 15. Janaur 1919 in Berlin), zählte bis 1917 mit Rosa Luxemburg zur Führungsriege des äußersten linken antimilitaristischen Flügels der SPD. 1918 war er einer der Gründer der Kommunistischen Partei Deutschlands. Nach dem „Januaraufstand" wurde er am selben Tag wie Rosa Luxemburg ermordet.

Wilhelm Liebknecht, Politiker und Journalist (geb. 28. März 1826 in Gießen, gest. 6. August 1900 in Berlin), war eine der bedeutendsten Persönlichkeiten der Sozialdemokratie. 1864 ließ er sich in Leipzig nieder und gründete zusammen mit August Bebel (S. 109) die Sozialdemokratische Arbeiterpartei Deutschlands, eine Vorläuferpartei der SPD. Wilhelm Liebknecht war lange Zeit Mitglied des Reichstags und gab das sozialdemokratische Blatt „Vorwärts" heraus. Er war der Vater von Karl Liebknecht.

Bernhard August Freiherr von Lindenau, Politiker (geb. 11. Juni 1779 in Altenburg, gest. 21. Mai 1854 in Altenburg), beförderte entscheidend die Staatsreform von 1830 in Sachsen, in der die Vorrechte des Adels teilweise aufgehoben wurden. Er gilt als der eigentliche Schöpfer der neuen liberaleren Landesverfassung des Königreiches Sachsen. 1830 bis 1834 war er sächsischer Innenminister und bis 1843 Vorsitzender des Gesamtministeriums, hatte damit einen Vorläufer des Ministerpräsidentenamtes inne.

Fritz Löffler, Kunsthistoriker (geb. 12. September 1899 in Dresden, gest. 15. Mai 1988 in Dresden), war nach dem Zweiten Weltkrieg bis 1951 bei den Staatlichen Kunstsammlungen Dresden und anschließend bis zu seiner Pensionierung 1967 am Landesamt für Denkmalpflege Sachsen tätig. Er setzte sich in dieser Zeit konsequent für den Erhalt und Wiederaufbau architektonisch und historisch bedeutsamer, zumeist in ruinösem Zustand befindlicher Gebäude der Stadt ein.

Erich Loest, Schriftsteller, (geb. am 24. Februar 1926 in Mittweida), zählt zu den bedeutenden Autoren der Nachkriegszeit in Deutschland. Er war 1944/45 Soldat, danach Hilfsarbeiter, später bei der „Leipziger Volkszeitung". Seit 1950 arbeitet er als freischaffender Schriftsteller. 1957 wurde er aus politischen Gründen verhaftet und zu einer siebenjährigen Zuchthausstrafe verurteilt. 1981 verließ er die DDR. Er lebt heute wieder in Leipzig. Seit Ende der 1980er-Jahre ist Loests Thema vor allem die deutsche Teilung und die Wiedervereinigung.

Wilhelm Gotthelf Lohrmann, Astronom, Geodät (geb. 30. Januar 1796 in Dresden, gest. 20. Februar 1840 in Dresden), wurde 1825 Leiter der Trigonometrischen Katastervermessung und war Mitbegründer der Technischen Hochschule Dresden. Vom Dachboden seines Hauses aus beobachtete er mithilfe eines Fraunhofer'schen Refraktors den Mond und fertigte Karten des Erdtrabanten an.

Albert Lortzing, Komponist, Schauspieler, Sänger, Kapellmeister (geb. 23. Oktober 1801 in Berlin, gest. 21. Januar 1851 in Berlin), stand bereits mit 18 Jahren – meist als jugendlicher Liebhaber und Sänger – auf der Bühne. Ab 1833 hauptsächlich in Leipzig engagiert, entdeckte er die Oper für sich. 1837 wurde seine wohl berühmteste Oper „Zar und Zimmermann" uraufgeführt. Lortzing selbst sang den Peter Iwanow.

Ernst Christoph Graf von Manteuffel, Gesandter, Kabinettsminister (geb. 22. Juli 1676 in Kerstin/Pommern (poln. Karscino), gest. 30. Januar 1749 in Leipzig), wurde 1705 zum kursächsisch-polnischen Legationsrat bestellt. 1715/16 erfolgte seine Beförderung zum Kabinettsminister und Wirklichen Geheimen Rat. Er hielt sich sowohl am polnischen Hof in Warschau als auch am sächsischen Hof in Dresden auf. Ab 1728 leitete er die sächsisch-polnische Außenpolitik.

Rudolf Mauersberger, Chordirigent, Komponist, Kreuzkantor (geb. 29. Januar 1889 in Mauersberg/Erzgebirge, gest. 22. Februar 1971 in Dresden), kam 1930 an die Dresdner Kreuzkirche, wo er mehr als 40 Jahre lang den Kreuzchor leitete. Er komponierte Werke mit biblischen und zeitgenössischen Texten. Er war der Lehrer von Peter Schreier (S. 195) und Theo Adam (S. 170).

Hans Mayer, Literaturwissenschaftler, Soziologe (geb. 9. März 1907 in Köln, gest. 19. Mai 2001 in Tübingen), emigrierte mit Beginn der Nazizeit und kehrte 1945 nach Deutschland zurück. Da ihm der Bruch mit dem Faschismus im Osten entschiedener zu sein schien, nahm er in Leipzig eine Professur für Literaturwissenschaft an. Er wurde zu einem einflussreichen Kritiker der neueren deutschen Literatur. Weil es immer wieder zu Reibereien mit den DDR-Machthabern kam, kehrte er 1963 von einer Reise in den Westen nicht zurück.

Amalie Marschner, Pädagogin, Frauenrechtlerin (geb. 30. November 1794 in Heldrungen, gest. 29. Januar 1883 in Dresden), gründete 1843 den Verein zum Frauenschutz in Dresden, um verwaisten Kindern Unterstützung und ein sinnvolles Leben zu geben. Der Verein unterhielt eine Lehr- und Erziehungsanstalt, einen Kindergarten und ein Pensionat. Sie verfasste eine große Zahl an Büchern über ihre Arbeit und Erkenntnisse im pädagogischen und sozialen Bereich.

Heinrich August Marschner, Komponist (geb. 16. August 1795 in Zittau, gest. 14. Dezember 1861 in Hannover), wurde 1821 Kapellmeister, später Musikdirektor der Dresdner Oper. Mit seiner Forderung nach einer deutschen, von ausländischen Einflüssen befreiten Nationaloper beeinflusste er nachhaltig Richard Wagner (S. 97). Seine eigenen Opern feierten große Erfolge.

Kurt Masur, Dirigent, (geb. am 18. Juli 1927 in Brieg/Schlesien – heute Brzeg, Polen), hat als Gewandhaus-Kapellmeister fast dreißig Jahre lang das musikalische Leben der Stadt Leipzig geprägt. Unter seiner Leitung gewann das traditionsreiche Gewandhaus-Orchester vor allem auf über 900 Tourneen ins Ausland auch internationale Anerkennung, 1991 bis 2002 war er Chefdirigent des New York Philharmonic Orchestra sowie 2000 bis 2007 des London Philharmonic Orchestra, 2002 bis 2008 Musikdirektor des Orchestre National de France. 1989 gehörte Masur zu den sechs prominenten Leipzigern, die mit ihrem Aufruf „Keine Gewalt!" wesentlich zur Stabilisierung der Lage während der Montagsdemonstration von Hunderttausend Leipzigern beitrugen.

Moritz von Sachsen, Herzog und Kurfürst von Sachsen (geb. 21. März 1521 in Freiberg, gefallen 11. Juli 1553 b. Sievershausen), begründete das albertinische Kurfürstentum. Er hatte den Schmalkaldischen Bund – ein Bündnis protestantischer Landesfürsten und Städte – abgelehnt und unterstützte den katholischen Kaiser Karl V. Zum Dank dafür wurde er von diesem 1547 mit der Kurwürde belehnt. Später wechselte Moritz die Seiten und stellte sich gegen den Kaiser.

Paula Modersohn-Becker, Malerin (geb. 8. Februar 1876 in Dresden, gest. 19. November 1907 in Worpswede), aufgewachsen in Dresden, zieht sie 1888 mit den Eltern nach Bremen. Mit 22 Jahren lässt sie sich mit ihrem Mann, dem Maler Otto Modersohn, in der Worpsweder Künstlerkolonie nieder. In den zehn produktiven Jahren bis zu ihrem frühen Tod im Kindbett entstehen 750 Gemälde und 1.500 Zeichnungen, die heute in allen Kunsthallen Europas hängen.

Julius August Mosen, Jurist, Dichter, Dramaturg (geb. 8. Juli 1803 in Marieney bei Oelsnitz/Vogtland, gest. 10. Oktober 1867 in Oldenburg), zählte in seiner Zeit zu den bekanntesten deutschen Poeten. Sein Werk umfasste Lyrik, historische Dramen, Erzählungen und einen Roman. Seine Gedichte sind als Lieder mehrfach in die mündliche Volksüberlieferung eingegangen, wie etwa das Andreas-Hofer-Lied „Zu Mantua in Banden". Er war aber auch ein politischer Dichter. Diese Werke sind heute weitgehend vergessen. Er vertrat die Ansicht, die Kunst sollte im Dienst der politischen Tagesfragen stehen.

Thomas Müntzer, deutscher Theologe und Revolutionär (geb. um 1490 in Stolberg/Harz, hingerichtet 27. Mai 1525 Mühlhausen/Thüringen), kam 1520 als Prediger durch Empfehlung von Martin Luther (S. 15) nach Zwickau und geriet unter den Einfluss der hussitisch geprägten „Zwickauer Propheten". Unter Berufung auf seine innere Erleuchtung forderte Müntzer eine radikale Umgestaltung des kirchlichen und politischen Lebens. 1524 ging er nach Thüringen. Er predigte Kampf gegen alle kirchliche und weltliche Obrigkeit und wurde zum Führer des Bauernkrieges in Thüringen.

Bruno Naumann, Fabrikant (geb. 10. Oktober 1844 in Hartha, gest. 22. Januar 1903 in Dresden), gründete 1868 eine kleine Werkstatt für Feinmechanik, bevor der Kaufmann Erich Seidel in das Unternehmen investierte und dieses 1870 den Namen „Seidel & Naumann" erhielt. Um 1900 hatte die Firma bereits 1.800 Beschäftigte. Die Fabrik war der erste deutsche Hersteller von Singer-Nähmaschinen und produzierte nach dem Fahrrad „Germania" ab 1900 auch Schreibmaschinen, darunter die berühmte „Erika".

Johann Gottlieb Naumann, Musiker, Komponist (geb. 17. April 1741 in Blasewitz b. Dresden, gest. 23. Oktober 1801 in Dresden), wurde 1764 als zweiter Kirchenkompositeur am Dresdner Hof angestellt, ab 1776 als Kapellmeister. 1777 holte ihn König Gustav III. von Schweden nach Stockholm, wo Naumann drei schwedische Opern schrieb. Naumann, der zu Lebzeiten großes Ansehen genoss, wurde sehr schnell vergessen und erst im 20. Jahrhundert als einer der führenden Komponisten am Ausgang des 18. Jahrhunderts wiederentdeckt.

Friederike Caroline Neuber, Schauspielerin (geb. 22. Februar 1697 in Reichenbach/Vogtl., gest. 28. November 1760 in Laubegast), war die erste große Theaterleiterin, die „Mutter des Deutschen Theaters". Sie erarbeitete mit Johann Christoph Gottsched (S. 180) eine Reform des Theaters: Theater sollte nicht nur unterhalten, sondern auch erziehen. 1750 war die „Neuberin", wie sie landläufig genannt wurde, durch wirtschaftliche Not gezwungen, ihre Wanderbühne aufzugeben. Spätere Versuche, eine neue Theatergruppe zu gründen, blieben ebenso erfolglos, wie ein Gastspiel in Wien. Sie starb völlig verarmt und in

Vergessenheit geraten. Die Kirche lehnte ein Begräbnis ab, sodass sie heimlich an der Leubener Friedhofsmauer begraben wurde.

Max Pechstein, Maler (geb. 31. Dezember 1881 in Zwickau, gest. 29. Juni 1955 in Berlin), schloss sich nach seinem Studium an der Dresdner Kunstakademie der Künstlervereinigung „Die Brücke" an. In der Zeit zwischen den Weltkriegen hat er mit seinen dekorativen Bildern großen gesellschaftlichen und wirtschaftlichen Erfolg. 1933 erhält er Malverbot, und 326 seiner Werke werden aus deutschen Museen entfernt. Er übersteht die Zeit des Nationalsozialismus in „innerer Emigration" auf dem Land. Rehabilitiert, wurde er 1945 Professor an der Hochschule für Bildende Künste in Berlin.

Erich Ohser, Grafiker und Karikaturist (geb. 18. März 1903 in Untergettengrün/ Vogtland, gest. 5. April 1944 in Berlin), arbeitet in den 20er-Jahren als Buchillustrator, Karikaturist und Schnellzeichner und lernt seine späteren Freunde und Kollegen Erich Knauf und Erich Kästner (S. 152) kennen. Unter dem Pseudonym *e. o. plauen* schuf er unter anderem die Karikaturenserie „Vater und Sohn". In Erwartung eines Todesurteils wegen abfälliger Bemerkungen über die nationalsozialistischen Machthaber nahm er sich in der Haft das Leben.

A. R. Penck, Maler, Bildhauer, (geb. am 5. Oktober 1939 als Ralf Winkler in Dresden) ist einer der bedeutendsten Gegenwartskünstler. Er wird als Vater der „Neuen Wilden" bezeichnet. Bekannt wurde er mit seiner Malweise im Strichmännchenformat, das er aus graphischen Symbolen herleitete. Sein Pseudonym, das an den Dresdner Eiszeitforscher Albrecht Penck erinnert, nutzt er seit 1968. Er hatte sich viermal an den Kunstakademien in Dresden und Berlin beworben – und wurde jedes Mal abgelehnt. Sein Stil passte nicht in den DDR-Kunstbetrieb, er wanderte in den Westen aus. Seit 1989 lehrte er als Professor an der Kunstakademie in Düsseldorf. Seit seiner Emeritierung 2003 lebt und arbeitet er in Dublin.

Samuel Freiherr von Pufendorf, Völkerrechtler, Historiker (geb. 8. Januar 1632 in Dorfchemnitz/Kursachsen, gest. 26. Oktober 1694 in Berlin), wandte sich nach der Schulzeit im Erzgebirge und einem abgebrochenen Theologiestudium an der Universität Leipzig juristischen, naturphilosophischen und medizinischen Studien zu. Er wurde Historiograph am schwedischen und brandenburgischen Hof. Als Wegbereiter der Aufklärung gilt er vor allem, weil nach seiner Freiheitslehre der Mensch kraft seiner Vernunft fähig ist, die Gebote des sozialen Zusammenlebens zu erkennen und danach zu handeln.

Curt Querner, Maler, Zeichner (geb. 7. April 1904 in Börnchen, gest. 10. März 1976 in Kreischa), war ein Vertreter der Neuen Sachlichkeit. Zeitlebens blieb er in seinem künstlerischen Grundkonzept dem Realismus verpflichtet. Eindrucksvolle Aquarell-Serien von Landschaften des Vorerzgebirges und der Menschen in seinem Umfeld stammen aus seinem Atelier. Seine bevorzugte Malweise war Aquarell. 1971 erhielt er den Käthe-Kollwitz-Preis, 1972 den Nationalpreis der DDR.

Neo Rauch, Maler, (geb. am 18. April 1960 in Leipzig), zählt zu den populärsten Künstlern unserer Zeit. In seinen Gemälden verbinden sich Elemente der Werbegrafik, des Sozialistischen Realismus und des Comics. Insbesondere in den USA avancierte Rauch ab 1999, nach zahlreichen Ausstellungen in den renommiertesten Galerien, zum Star des internationalen Kunsthandels. 2005 wurde er zum Professor an die Leipziger Hochschule für Grafik und Buchkunst berufen.

Louis-Ferdinand von Rayski, Maler (geb. 23. Oktober 1806 in Pegau bei Leipzig, gest. 23. Oktober 1890 in Dresden), ließ sich 1839 in Dresden nieder, wo er sich vor allem als gesuchter Bildnismaler etablierte. Er schuf Porträts in realistischer, den Impressionismus vorbereitender Malweise, daneben Landschaften und Tierstücke.

Elisa Charlotte Constantia Freifrau von der Recke, Dichterin (geb. 20. Mai 1756 in Schönberg (lett. Skaiskalne), gest. 13. April 1833 in Dresden). Sie lebte ab 1798 fast ausschließlich in Dresden, schrieb pietistisch-empfindsame Gedichte, Tagebücher und Memoiren – ein immer wieder von ihr beschriebenes Thema war die Unsterblichkeit der Seele.

Maria Reiche, Mathematikerin, Forscherin (geb. 15. Mai 1903 in Dresden, gest. 8. Juni 1998 in Lima), begann 1946 Erdzeichnungen in der Wüstenebene zwischen Nazca und Pampa im Süden Perus zu katalogisieren. Bis in die 60er-Jahre vermaß sie zu Fuß ein Gebiet von rund 150 Quadratkilometern. Dank ihrem Wirken wurden die Linien 1994 in die Liste des Weltkulturerbes aufgenommen. Heute zählen sie neben der Inkakultur zu den großen Attraktionen Perus.

Nikolai Grigorjewitsch Repnin-Wolkonski, Fürst, Diplomat, Gouverneur (geb. 1778 – Geburtsort unbekannt, gest. 6. Januar 1845 in Jagotina/Gouvernement Poltawa (Russland), sorgte als Gouverneur des russischen Generalgouvernements in Sachsen 1813/14 dafür, dass die von den Franzosen als Munitionsdepot genutzte Frauenkirche in Dresden restauriert wurde. Zudem ließ er den Großen Garten für die Bevölkerung öffnen und die Freitreppe zur Brühlschen Terrasse bauen.

Gerhard Richter, Maler, (geb. am 9. Februar 1932 in Dresden), zählt zu den populärsten und höchstdotierten Künstler der Gegenwart. 1951 bis 1956 studierte er Malerei an der Kunstakademie in Dresden. 1961 floh er nach Westdeutschland. Anfangs bewegte sich sein Stil zwischen Photorealismus und Pop-Art. Ab 1976 fertigt er abstrakte Gemälde mit starker Farbigkeit im Großformat. Gerhard Richter lebt und arbeitet seit Anfang der 1980er-Jahre in Köln.

Ernst Friedrich August Rietschel, Bildhauer (geb. 15. Dezember 1804 in Pulsnitz, gest. 21. Februar 1861 in Dresden), war einer der bedeutendsten deutschen Bildhauer des Spätklassizismus. Aus der Fülle der von ihm gestalteten Denkmäler und Bauplastiken stechen das Lessing-Denkmal in Braunschweig (1848/49), das Goethe-Schiller-Denkmal in Weimar (1852–1857) und das Luther-Denkmal in Worms (1858–1868) hervor. Ein Großteil des umfangreichen Nachlasses Rietschels ist seit 1889 im Besitz der Dresdner Skulpturensammlung im Albertinum.

Friedrich August Graf von Rutowski, Generalfeldmarschall, Gouverneur von Dresden (geb. 19. Juni 1702 in Warschau, gest. am 16. März 1764 in Pillnitz), war ein illegitimer Sohn Augusts des Starken und seiner Mätresse Fatima. 1727 ernannte ihn Friedrich August I. zum Oberst der Garde du Corps und General-major der Kavallerie. Ab 1740 amtierte er als Gouverneur von Dresden, Chef und Kommandeur der Leibgrenadiergarde sowie als Landzeugmeister. Im Ersten Schlesischen Krieg führte er an der Seite der preußischen, bayerischen und französischen Verbündeten die sächsischen Truppen gegen Prag, das am 26. November 1741 erobert wurde.

Ferdinand von Schill, Offizier (geb. 6. Januar 1776 in Wilmsdorf b. Dresden, gefallen 31. Mai 1809 in Stralsund), wurde nach 18 Dienstjahren als Offizier im Dienste Preußens 1807 vom König ermächtigt, ein Freikorps zu gründen, um bei der Verteidigung des Landes mitzuwirken. Am 28. April 1809 zog er auf eigene Faust in den Kampf gegen Napoleon. Die Hoffnung, sein Vorbild werde einen Volksaufstand entfachen, erfüllte sich nicht.

Johannes Schilling, Bildhauer (geb. 23. Juni 1828 in Mittweida, gest. 21. März 1910 in Klotzsche b. Dresden), wurde 1868 als Professor an die Kunstakademie berufen, an der er bis kurz vor seinem Tod lehrte. Er hat das Erscheinungsbild von Dresden geprägt. Zu seinen bedeutendsten Werken zählten die Gruppe der „Vier Jahreszeiten" am Aufgang zur Brühlschen Terrasse und das König-Johann-Denkmal auf dem Dresdner Theaterplatz.

Johann Hermann Schein, Thomaskantor (geb. 20. Januar 1586 in Grünhain, gest. 19. November 1630 in Leipzig), war von 1616 an bis zu seinem Tod Thomaskantor in Leipzig. Neben Motetten, geistlichen Konzerten, geistlichen Liedern und Madrigalen erschienen von ihm zahlreiche weltliche Lieder sowie Suiten. Seine viersätzigen Orchestersuiten stellen den Anfang selbstständiger deutscher Instrumentalmusik dar.

Louis Ferdinand Schönherr, Erfinder und Unternehmer (geb. 22. Februar 1817 in Plauen, gest. 8. Januar 1911 in Thoßfell), gilt als Begründer des sächsischen Webstuhlbaus und Erfinder des mechanischen Webstuhls. Die Schönherrsche Maschinenfabrik in Chemnitz hatte 1887 schon 30.000 Webstühle produziert, einen bedeutenden Teil davon für den Export.

Peter Schreier, Sänger, Dirigent, (geb. am 29. Juli 1935 in Meißen), war neben Theo Adam (S. 170) der bekannteste Opern- und Konzertsänger der DDR. Als Zehnjähriger wurde Schreier Mitglied des berühmten Dresdner Kreuzchores und stand unter Rudolf Mauersberger (S. 188) schon bald als Alt-Solist auf der Bühne. Nach einer privaten Gesangsausbildung studierte er von 1956 bis 1959 Dirigieren und Gesang an der Dresdner Musikhochschule. 1959 gab er sein Bühnendebüt. Seit 1966 trat er weltweit auf den wichtigsten Bühnen auf. Trotz verlockender Angebote blieb er aber stets der Deutschen Staatsoper Berlin treu. Sein Album „Peter Schreier singt Weihnachtslieder" war mit rund 1,4 Millionen Exemplaren der mit Abstand meistverkaufte Tonträger in der Geschichte der DDR. 1970 dirigierte Schreier zum ersten Mal ein Konzert der Staatskapelle Dresden. Ende 2005 beendete er seine Gesangskarriere und widmet sich seither dem Dirigieren sowie der Leitung von internationalen Meister-Klassen.

Wilhelmine Schröder-Devrient, Opernsängerin (geb. 6. Dezember 1804 in Hamburg, gest. 26. Januar 1860 in Coburg), gilt als die größte deutsche Gesangstragödin des 19. Jahrhunderts. 1823 heiratete Wilhelmine Schröder in Berlin den aus den Niederlanden stammenden Schauspieler Carl August Devrient (S. 177), mit dem sie nach Dresden zog. Bis 1847 hatte sie ein Engagement an der Dresdner Hofoper. Im Mai 1849 wurde sie Zeugin blutiger Auseinandersetzungen zwischen Bürgern und königlich-sächsischem Militär. Als man einen getroffenen Aufständischen an ihr vorbeitrug, rief sie dessen Kameraden zu: „Rächt euch an der Reaktion!" Nach der Anklage wegen Hochverrats verließ sie die Stadt bei Nacht und Nebel und floh über Berlin und Zürich nach Paris.

Ernst Edler von Schuch, Dirigent (geb. 23. November 1846 in Graz, gest. 10. Mai 1914 in Kötzschenbroda b. Dresden), wurde 1872 als Musikdirektor an die Dresdner Hofoper verpflichtet. Über vierzig Jahre prägte er das Dresdner Musikleben und führte die Oper zu ihrem internationalen Ruf als wichtige Uraufführungsstätte für Werke von Richard Strauss.

Friedrich von Siemens, Glasfabrikant (geb. 8. Dezember 1826 in Menzendorf bei Lübeck, gest. 24. Mai 1904 in Dresden), entdeckte gemeinsam mit seinem

Bruder Werner (dem Gründer der heutigen Siemens AG) das Prinzip des Regenerativofens mit Gasfeuerung zum Erzielen extrem hoher Temperaturen. 1867 übernahm er eine Glasfabrik in Dresden. Dort entwickelte Siemens neue Verfahren in der Glasherstellung und der industriellen Heiztechnik. Er wurde zum größten Glasfabrikanten Deutschlands und galt als der „Glaskönig" Sachsens.

Friedrich Adolph August Struve, Apotheker (geb. 9. Mai 1781 in Neustadt/ Sachsen, gest. 29. September 1840 in Berlin), erfand das künstliche Mineralwasser als wissenschaftlich exakte Nachbildung des natürlichen Mineralwassers. 1803 hatte er sich als Arzt und Apotheker in Stolpen niedergelassen und 1805 die Salomonisapotheke in Dresden übernommen. 1821 entstand in der Dresdener Seevorstadt die erste Trinkkuranstalt, die in Leipzig, Warschau, Kiew und Moskau bald eine Reihe von Nachfolgern fand.

Karl Stülpner, Wildschütz (geb. 29. September 1762 in Scharfenstein, gest. 23. September 1841 in Scharfenstein), gilt noch heute als erzgebirgischer Volksheld und Anwalt der Armen. Er lehnt sich gegen die feudalen Jagdgesetze auf. Als er 1795 mit Gleichgesinnten die Burg Scharfenstein belagert, wird er für vogelfrei erklärt. Es bleibt ihm nur die Flucht in die Wälder.

Georg Philipp Telemann, Komponist (geb. 14. März 1681 in Magdeburg, gest. am 25. Juni 1767 in Hamburg), kam 1701 nach Leipzig, um Jura zu studieren. Doch die Eindrücke des Leipziger Musiklebens ließen ihn den Berufsweg des Musikers einschlagen. 1704 wurde er Organist und Musikdirektor in Leipzig. Telemann schuf unter anderem 50 Opern, etwa 1.400 Kantaten und 120 Solokonzerte für verschiedene Instrumente. Damit gilt er als der produktivste Komponist seiner Zeit.

Johannes Tetzel, Dominikaner (geb. um 1465 in Pirna, gest. 1. August 1519 in Leipzig), betrieb ab 1504 Ablasshandel: Den Gläubigen wurde gegen Zahlung eines Geldbetrages die Vergebung ihrer Sünden zugesagt. Dies veranlasste Martin Luther (S. 15), seine 95 Thesen gegen die unwürdige Art der Ablassverkündigung zu verfassen.

Christian Thomasius, Jurist, Philosoph (geb. 1. Januar 1655 in Leipzig, gest. 23. September 1728 in Halle/Saale), hat mit seinen Schriften die Entwicklung des Rechtswesens maßgeblich beeinflusst. Er leistete einen wichtigen Schritt zur Abschaffung von Inquisition, Hexenverfolgung und Folter.

Ludwig Tieck, Schriftsteller, Dramaturg (geb. 31. Mai 1773 in Berlin, gest. 28. April 1853 in Berlin), war der produktivste Autor der deutschen Romantik, der mit seinem vielfältigen Werk alle Phasen der romantischen Bewegung beeinflusste. Von 1819 bis 1841 lebte er in Dresden. Er war 1825 bis 1830 Dramaturg des Hoftheaters. Fast täglich lud er zu Vorleseabenden, die weit über Dresden hinaus berühmt wurden. 1841 ging er als Vorleser des preußischen Königs nach Berlin.

Heinrich von Treitschke, Historiker, Publizist (geb. 15. September 1834 in Dresden, gest. 28. April 1896 in Berlin), war über Jahrzehnte hinweg ein viel gelesener nationalistisch-liberaler Historiker und Publizist. Als Verkünder nationaler Machtpolitik, Antisemit und Gegner des Sozialismus formte er wesentlich das politische Geschichtsbild im Deutschland der Kaiserzeit und auch danach.

Heinrich Leo von Treitschke, General (geb. 30. Januar 1840 in Dresden, gest. 17. Juni 1927 in Dresden), übte als Kommandierender General des 2. Königlich-Sächsischen Armeekorps eine Funktion aus, die zu den drei am stärksten herausgehobenen Positionen im sächsischen Kontingent des deutschen Reichsheers zählte. Er war ein Vetter des Historikers Heinrich von Treitschke.

Werner Tübke, Maler (geb. 30. Juli 1929 in Schönebeck, gest. 27. Mai 2004 in Leipzig), war einer der bedeutendsten, aber auch umstrittensten Maler der DDR. Er gehörte mit Bernhard Heisig, Wolfgang Mattheuer und Heinz Zander zur sogenannten Leipziger Schule. Tübke wurde vor allem durch das Bauernkriegspanorama in Bad Frankenhausen über die Bauernkriege im 16. Jahrhundert populär. An dem 14 x 123 Meter großen Rundbild mit mehr als 3.000 Figuren arbeitete er mit seinen Helfern von 1976 an acht Jahre lang. Es zählt zu den größten Tafelbildern der Welt.

Walter Ulbricht, SED-Politiker (geb. 30. Juni 1893 in Leipzig, gest. 1. August 1973 in Berlin), war von 1960 bis 1971 Vorsitzender des Staatsrates und damit faktisch das Staatsoberhaupt der DDR. Mauerbau, Sprengung der Leipziger Universitätskirche, „Bitterfelder Weg" und „Neues Ökonomisches System", aber auch der Versuch, eine Lockerung der sowjetischen Vorherrschaft zu erreichen, fallen in seine Regierungszeit.

Christoph Johann Friedrich Graf Vitzthum von Eckstädt, Minister des Innern und für auswärtige Angelegenheiten (geb. 14. Oktober 1863 in Dresden, gest. 30. Dezember 1944 in Tiefhartmannsdorf/Schlesien [poln. Podgórki]), entstammte dem Uradelsgeschlecht der Vitzthum von Eckstädt. Er wirkte nach einer Laufbahn in der königlich-sächsischen Verwaltung neun Jahre als Innen- und Außenminister.

Robert Volkmann, Musikpädagoge, Komponist (geb. 6. April 1815 in Lommatzsch, gest. 30. Oktober 1883 in Budapest), schuf mehr als 70 Tondichtungen. Seine 1. Symphonie wird als die bedeutendste zwischen Schumann und Brahms genannt. Zu seiner Zeit ein international anerkannter Komponist, sind er und seine Werke heute nahezu vergessen.

August Christoph Graf von Wackerbarth, Kabinettsminister, Generalfeldmarschall (geb. 22. März 1662 in Kogel b. Lauenburg, gest. 14. August 1734 in Dresden), wurde 1718 zum Gouverneur in Dresden, 1730 erfolgte die Ernennung zum königlich-polnischen und kurfürstlich-sächsischen Generalfeldmarschall. Ab 1727 ließ er durch Johann Christoph Knöffel bei Radebeul Schloss Wackerbarth als seinen Alterssitz bauen, das aber erst kurz vor seinem Tod fertiggestellt wurde.

Abraham Gottlob Werner, Mineraloge, Montanwissenschaftler (geb. 25. September 1749 in Wehrau b. Görlitz, gest. 30. Juni 1817 in Dresden), gilt als der Begründer der Geognosie, der Lehre von der Struktur und dem Bau der festen Erdkruste. 1775 war er als Inspektor und Lehrer für Bergbaukunst und Mineralogie an die Bergakademie Freiberg berufen worden.

Johann Paul Wallot, Architekt (geb. 26. Juni 1841 in Oppenheim a. Rhein, gest. 10. August 1912 in Langenschwalbach/Taunus), baute von 1900 bis 1906 das Ständehaus an der Brühlschen Terrasse. Bereits 1894 hatte er Lehraufträge an der Kunstakademie und an der Technischen Hochschule übernommen. Von Dresden aus leitete er im Zeitraum 1897 bis 1907 auch die Errichtung des Reichstagspräsidentenpalais. Schlagartig berühmt war Wallot 1882 geworden, als er den Architektenwettbewerb zum Bau des Berliner Reichstages gewann.

Herbert Wehner, SPD-Politiker (geb. 11. Juni 1906 in Dresden, gest. 19. Januar 1990 in Bonn), zählte als langjähriger stellvertretender Partei- und Fraktionsvorsitzender der SPD zum politischen Urgestein der Bonner Nachkriegsrepublik. Der leidenschaftliche Parlamentarier, dessen scharfe Attacken und bissige Zwischenrufe gefürchtet waren, zog sich 1983 aus der Politik zurück.

Jens Weißflog, Skispringer (geb. 21. Juli 1964 in Steinheidel-Erlabrunn), zählt zu den erfolgreichsten Athleten in der Geschichte des Skispringens. Der dreifache Olympiasieger, zweifache Weltmeister, Gesamtweltcupsieger von 1984 und vierfache Gewinner der Vierschanzentournee beendete seine Sportkarriere 1996.

Johann Joachim Winckelmann, Archäologe, Kunsthistoriker, Bibliothekar (geb. 9. Dezember 1717 in Stendal, ermordet 8. Juni 1768 in Triest), gilt als Begründer der Archäologie als Kunstwissenschaft. Er war der bedeutendste Kenner der antiken Kunst seiner Zeit. 1748 war er Bibliothekar beim Grafen von Bünau (S. 175) auf Schloss Nöthnitz bei Dresden geworden, der mit 42.000 Bänden eine der größten deutschen Privatbibliotheken des 18. Jahrhunderts besaß. 1755 ging Winckelmann nach Rom und erhielt 1763 die wissenschaftliche Aufsicht über Roms Altertümer.

Johann Heinrich Winkler, Philosoph, Philologe, Naturforscher, Rektor der Universität Leipzig (geb. 12. März 1703 in Wingendorf/Oberlausitz, gest. 18. Mai 1770 in Leipzig), war der Wegbereiter der Elektrizitätsforschung in Deutschland. Ursprünglich Professor für Philosophie und Philologie, wurde er ab den 1740er-Jahren durch seine grundlegenden Beiträge zur Erforschung der Reibungselektrizität bekannt.

Katarina Witt, Eiskunstläuferin (geb. 3. Dezember 1965 in Staaken), gehörte in den 1980er-Jahren zu den besten Eiskunstläuferinnen der Welt. Sie war zweifache Olympiasiegerin (1984 und 1988), vierfache Weltmeisterin (1984, 1985, 1987 und 1988), sechsfache Europameisterin (1983 bis 1988) und mehrfache DDR-Meisterin. Nach der Beendigung ihrer aktiven Sportlerkarriere trat sie international in großen Eisrevuen und Fernsehproduktionen auf.

Peter von Zahn, Hörfunk- und Fernsehjournalist (geb. 29. Januar 1913 in Chemnitz, gest. 26. Juli 2001 in Hamburg), gehörte zu den Rundfunkpionieren, die nach dem Zweiten Weltkrieg wesentlich am Wiederaufbau des Hörfunks und der Gründung des Fernsehens in der Bundesrepublik beteiligt waren. Er verfasste nahezu dreitausend Hörfunkbeiträge und drehte mehr als tausend Fernsehfilme.

Handrij Zejler, Pfarrer, Dichter, Komponist (geb. 1. Februar 1804 in Salzenforst, gest. 15. Oktober 1872 in Lohsa), gründete 1842 die erste sorbische Wochenzeitschrift „Tydzenska Nowina" und schuf mit seinen Gedichten wie den Zyklen „Pocasy" (Die Jahreszeiten) und „Serbski kwas" (Die sorbische Hochzeit), die von K.A. Kocor zu Oratorien vertont wurden, sorbisches Kulturgut.

Gustav Anton Zeuner, Direktor der Bergakademie Freiberg und des Königlichen Polytechnikums Dresden (geb. 30. November 1828 in Chemnitz, gest. 17. Oktober 1907 in Dresden), gilt als Begründer einer wissenschaftlichen Schule der Technischen Thermodynamik. Zudem hat er als Lehrer und Forscher einen bedeutenden Beitrag zur Herausbildung der ingenieurwissenschaftlichen Disziplinen Maschinenlehre und Technische Thermodynamik geleistet.

Heinrich Zille, Graphiker, Zeichner (geb. 9. Januar 1858 in Radeburg, gest. 9. August 1929 in Berlin), gehört zu den populärsten Zeichnern und Karikaturisten des vergangenen Jahrhunderts. In ungezählten Zeichnungen, voran im „Simplicissimus", der „Jugend" und den „Lustigen Blättern" hielt er mit bissiger Kritik das Leben und das soziale Elend in den Berliner Mietskasernen und Hinterhöfen fest.

Johann von Zimmermann, Erfinder und Unternehmer (geb. 27. März 1820 in Pápa/Ungarn, gest. 2. Juli 1901 in Berlin), gründete 1848 die erste deutsche Werkzeugmaschinenfabrik. Damit wurde Chemnitz zur Wiege des deutschen Maschinenbaus und bis zum Ende des Zweiten Weltkrieges zum wichtigsten Maschinenbaustandort in Deutschland.

Adam Friedrich Zürner, Pfarrer, Kartograph, Vermesser (geb. 15. August 1679 in Marieney/Vogtland, gest. 18. Dezember 1742 in Dresden), wurde 1716 von Kurfürst August dem Starken zum „Königlich Polnischen und Churfürstlich Sächsischen Geographus" ernannt. Er vermaß die Strecken auf allen Poststraßen mit einem eigens hierfür konstruierten Wagen und ließ sie markieren. Somit wurde er zum Vater der Postmeilen- und Distanzsäulen in Kursachsen.

Während der Regierungszeit Augusts des Starken und seines Sohnes stellte Zürner an zahlreichen bedeutenden Post- und Handelsstraßen und in fast allen Städten des Kurfürstentums Sachsen Postmeilensäulen zur Angabe der Entfernungen auf. Die Meile basierte auf der Dauer einer Postkutschfahrt über zwei Wegstunden. Eine Kurfürstliche Meile entspricht somit der Entfernung von etwas mehr als neun Kilometern.

Bildnachweis

66 Ölgemälde von Gerhard von Kügelgen, 1810; Foto: Segui-Vilar/picasaweb
68 aus: Rudolf Linke, Städtische Gaswerke zu Leipzig 1838–1938
69 aus: Deutsches Taschenbuch auf das Jahr 1837. Hg. von Karl Büchner
70 aus: Meyers Großes Konversations-Lexikon, 1905–1909
72 Gemälde von Ferdinand Schimon 1825, Fotothek
74 Lithographie um 1820, Albertina, Wien
75 Gemälde von Johann Carl Rössler, 1800
77 aus: Bibliothek des allgemeinen und praktischen Wissens. Bd. 5, 1905
79 aus: Krieg und Sieg 1870–71, Herausgeber Julius von Pflugk-Harttung
81 Gemälde von Wilhelm von Kügelgen, 1836
82 aus: Christian Stukenbrock und Barbara Töpper, 1000 Meisterwerke der Europäischen Malerei von 1300 bis 1850, Staatliche Kunstsammlungen Dresden
83 Franz Hanfstaengl, Lithographie 1848, Archiv Sächsische Zeitung
84 Landeshauptstadt Dresden/Sylvio Dittrich
85 Deutsche Fotothek
89 aus: Die Gartenlaube, Heft 23, 1883
90 Deutsche Fotothek
91 TU Dresden
93 aus: Adolph Kohut, Berühmte israelitische Männer und Frauen, Vol. 1, Leipzig 1900
94 aus: Modern Music & Musicians, University Society, New York, 1918
95 Verband Deutscher Konzertchöre
97 Gemälde von Cäsar Willich, um 1862, Siegfried Schade/Panoramio
100 aus: C. Dietzschold; „Der Cornelius Nepos der Uhrmacher", 1910
101 Deutsche Fotothek
103 aus: Die Gartenlaube, 1871
105 Lithographie von Andreas Staub, etwa 1839; Foto: Peter Geymayer
106 Deutsche Fotothek
108 Deutsche Fotothek
109 Deutsche Fotothek
111 Karl-May-Verlag, Bamberg
112 Karl-May-Verlag, Bamberg
114 Gemälde von Robert Sterl, Fotothek
114 Technikmuseum Berlin
116 Zeitschrift für Physikalische Chemie, Band 46, 1903
117 Deutsche Fotothek
119 Deutsches Hygiene-Museum Dresden
120 Deutsches Hygiene Museum Dresden
122 Firmenarchiv Dental-Kosmetik Dresden
123 Firmenarchiv Dental-Kosmetik Dresden
124 Pressefoto Audi AG
125 Pressefoto Audi AG

127	Paulae, wikipedia
128	aus: Hans Stosch-Sarrasani, Durch die Welt im Zirkuszelt. Berlin, 1940
129	Sammlung Holger Naumann
130	Deutsche Fotothek
132	Deutsche Fotothek
133	Joachim-Ringelnatz-Museum, Cuxhaven
134	aus: Gerhard Ritter, Carl Goerdeler und die deutsche Widerstandsbewegung
135	dpa
136	Kunsthalle Hamburg, Foto: hanneorla/flickr
137	Deutsche Fotothek
139	Robin Kromat, wikipedia
140	Deutsche Fotothek
142	BArch, Bild 146-1981-072-61
143	Deutsche Fotothek
145	Deutsche Fotothek
146	Institut zur Bewahrung der sächsischen Mundart, Leipzig
148	aus: Akademie der Künste. Die Mitglieder und ihr Werk, 1960
149	Stiftung Oskar Reinhart, Winterthur
150	Deutsche Fotothek
151	Von der Heydt-Museum, Wuppertal
152	Archiv Sächsische Zeitung
153	Erich Kästner Gesellschaft e.V., München
154	Deutsche Fotothek
155	dpa
156	Archiv Sächsische Zeitung
158	Firmenarchiv Charlotte Meentzen Kräutervital Kosmetik GmbH
159	Sächsische Zeitung/Marion Gröning
161	Archiv Sächsische Zeitung
162	Gustav Manker
163	Deutsche Fotothek
164	Archiv Ulrike Harbig
166	Archiv Sächsische Zeitung
167	dpa
169	Cinema Verlag GmbH

Baumgärtel, Siegmar/Gertoberens, Klaus: Dresden Stadtlexikon, 2009

Bräunlich, E., Schulze, J., Walther, K., Zwarg, M.: Hundert sächsische Köpfe, 2002

Delau, Reinhard/Licht, Wolfgang: Berühmte Persönlichkeiten am sächsischen Hof, 2001

Gehrken, Eva: Sachsens berühmte Frauen, 1999

Gertoberens, Klaus: Sächsische Erfindungen, 2006

Hempel, Gunter/Hempel, Irene: Wahre Geschichten aus Sachsens Musikleben, 1996

Naumann, Günter: Sächsische Geschichte in Daten, 2003

Pusch, Luise: Weiblich, berühmt und aus Sachsen, 2008

Riedel, Horst: Stadtlexikon Leipzig von A bis Z, 2005

Rüdiger, Bernd: Sachsens berühmte Männer, 2000

Seltmann, Ingrid: Berühmte Persönlichkeiten der Oberlausitz, 2009

Sundermann, Peter: 100 berühmte Sachsen, 2010

Literatur- und Quellennachweis

Bayerische Staatsbibliothek
www.deutsche-biographie.de

Biographisch-Bibliographisches Kirchenlexikon
www.bautz.de

Personen zur sächsischen Kirchengeschichte
http://www.evlks.de/landeskirche/geschichte/personen

www.frauenwiki-dresden.de

Institut für Sächsische Geschichte und Volkskunde e.V., Dresden
Onlinelexikon Sächsische Biografie
http://isgv.serveftp.org/saebi/projekt.php

Lexikon und Enzyklopädie zur Geschichte und Gegenwart der Stadt Leipzig.
www.leipzig-lexikon.de

Mitteldeutscher Rundfunk
www.mdr.de/geschichte-mitteldeutschlands

Oberlausitzische Gesellschaft der Wissenschaften e.V.
Biographisches Lexikon der Oberlausitz
www.olgdw.de/biographisches-lexikon-der-oberlausitz.html

Sächsische Staatsbibliothek
http://personen-wiki.slub-dresden.de

Sächsische Landesbibliothek – Staats- und Universitätsbibliothek Dresden (SLUB)
und andere Interdisziplinäre Wissensplattform zur Geschichte, Kultur und Landeskunde
Sachsens
www.SACHSEN.digital.de

Sächsische Staatskanzlei
www.geschichte.sachsen.de

Stadtbibliothek Chemnitz
http://www.stadtbibliothek-chemnitz.de/digitale-bibliothek/chemnitzer-autorenlexikon.html

WHO'S WHO. The People-Lexicon
www.whoswho.de/templ/home.php

gebunden
16,5 x 23 cm
200 Seiten
mit vielen Abbildungen
ISBN 978-3-938325-31-5
14,90 Euro

Sächsische Erfindungen von 1650 bis heute
Klaus Gertoberens

Sachsen war und ist Nährboden für viele Innovationen. Viele Erfindungen haben hier ihre Wiege. Die interessantesten werden von Klaus Gertoberens in diesem Buch vorgestellt. Welche Hürden mussten bei der Umsetzung neuer Erfindungen überwunden werden? Welche Bedeutung hatten sie in der Geschichte und welchen Stellenwert haben sie heute noch? Auf diese und andere Fragen gibt dieses Buch spannende und oftmals vergnügliche Antworten. Wer hätte zum Beispiel gedacht, dass die Erfinderin des Kaffeefilters Melitta Bentz die Löschblätter aus den Schulheften ihrer Kinder für den ungetrübten Kaffeegenuss zweckentfremdete.

Impressum

© edition Sächsische Zeitung SAXO'Phon GmbH.
    Ostra-Allee 20, 01067 Dresden | www.editionsz.de

Layout und Satz. **Dresdner Verlagshaus Technik GmbH, Antje Madaus**

Druck. **Medienhaus Lißner**

Titel. **Lucas Cranach, Martin Luther, „Novalis", Clara Schumann, Karl May, Erich Kästner, Heiner Müller (v.l.n.r.)**

Alle Rechte vorbehalten
1. Auflage Juni 2011

ISBN. 978-3-938325-84-1